CAPAX DEI

Kurt Krenn

CAPAX DEI

Die Gott-Fähigkeit des Menschen

Philosophische Aspekte

Verlag St. Josef

Die Deutsche Bibliothek verzeichnet diese Publikation
in der Deutschen Nationalbibliografie;
detaillierte bibliografische Daten sind im Internet
über http://dnb.ddb.de abrufbar.

ISBN 978-3-9018-5327-2

© Verlag St. Josef, 2013

Tel.: 0043[0]2742 360088
Fax: 0043[0] 2742 20284
E-Mail: verlag@stjosef.at
Internet: http://stjosef.at
Verlag: St. Josef, A-3107 Kleinhain
Kremser Straße 7
Herstellung: Passavia Druckservice GmbH & Co. KG

Inhalt

Zum Geleit 9

Einführung 11

I. Die Gottesfrage denken
Beiträge zur Philosophie

Die Frage nach der Wirklichkeit
*Die ursprüngliche Einheit von Ethik
und Wissenschaft im Menschen* 17

Der springende Punkt
*Kann das vernünftige Denken
zur Gotteserkenntnis angehalten werden?* 37

Seele und Gewissen
*Warum sich die Psychologie
längst auf metaphysischen Bahnen bewegt* 75

Zum Verhältnis von Wahrheit und Freiheit
*Der Begriff der Toleranz
und das Lebensgefühl unserer Zeit* 89

II. An Gottes Wirklichkeit glauben
Beiträge zur Theologie

Existiert Gott?
*Die wirkliche Wirklichkeit Gottes
als Herausforderung der Theologie*...................... 109

Das Systematische in der Theologie
Versuch einer Kosten-Nutzen-Analyse.................... 133

Erkenntnis und Erfahrung
*Spekulative Präambeln zur Wahrheitsfähigkeit
der Theologie* 151

Die Wahrheit des Menschen
*Reflexionen zum Menschenbild der Enzyklika
„Redemptor hominis"*................................. 187

III. Den Glauben leben
Reflexionen zur Herausforderung des Christseins

Der theologische Pluralismus
und die Einheit in der Lehre
*Zur Situation heutiger Theologie
angesichts einer Neuevangelisierung Europas* 215

Die Wesens- und Identitätsfrage der Kirche
*Die Gemeinschaft im Handeln
bedarf der Einheit in der Glaubenslehre* 241

Gewissen und Wissenschaft
*Der Mensch in der Auseinandersetzung
mit Wissenschaft und Technik* 253

Geschichtsphilosophien und Utopien
Alte und neue Formen religiöser Verführung 263

Biographische Daten 289

Personenverzeichnis 293

Zum Geleit

Es sind nunmehr neun Jahre, dass eine spät erkannte schwere Krankheit Bischof Kurt Krenn gezwungen hat, den Hirtenstab aus der Hand zu legen und sich in die Stille und Einsamkeit des Krankenzimmers zurückzuziehen. Gleichwohl ist er keineswegs vergessen. Viele erinnern sich an den bisweilen streitbaren Kirchenpolitiker, an den schlagfertigen Gesprächspartner in vielen Talk-Shows, auch – und nicht zuletzt – an den leutseligen, den einfachen Menschen zugewandten Oberhirten. Das alles war Kurt Krenn.

Aber – doch daran denken heute nur noch wenige außer seinen bis heute dankbaren Studenten – er war in erster Linie, und zwar mit Leib und Seele, Professor, akademischer Lehrer, Forscher. Davon legt das vorliegende Buch, das eine Auswahl aus Krenns teilweise zum ersten Mal veröffentlichten Schriften enthält, ein eindrucksvolles Zeugnis ab. Diese Texte zeigen ihren Verfasser als eigenständigen, dann und wann auch widerständigen Denker, der auch außerhalb des deutschen Sprachraums Beachtung fand.

Besonders charakteristisch für sein Denken ist die Wahl seiner Themen, die ausnahmslos ins Zentrum der Probleme unserer Zeit zielen: Gott – Wahrheit – Mensch. Nicht umsonst haben die Herausgeber den Titel „Capax Dei – die Gott-Fähigkeit des Menschen" gewählt.

Gerade im Blick auf die Gegenwartsbedeutung dieser Themen gebührt dem Buch die Aufmerksamkeit namentlich der Fachwelt.

Rom, im Juni 2013 *Walter Kardinal Brandmüller*

Ehemalige Studenten haben angeregt, mehrere Vorträge von Bischof Prof. Dr. Kurt Krenn zu publizieren. Das ist sehr schön, da sie auf diese Weise ihrem Professor die Ehre erweisen wollen. Aber sie wollen noch mehr: Sie sind überzeugt, dass das Buch die Tiefe seines philosophischen Denkens zeigen und seine wahrhaftige katholische Theologie vorstellen werde.

Allen, die bei der Herausgabe des Buches tätig waren, vielen Dank! Besonders aber danken wir Exz. Prof. Kurt Krenn für seine wissenschaftliche Arbeit und bitten den lieben Gott um reichlichen Segen für ihn und um Kraft in seinem Leiden.

Im Gebet verbunden,

Krakau, im Juni 2013
Marian Kardinal Jaworski

Einführung

Als einer seiner ehemaligen Regensburger Studenten konnte ich mich 1987 und in den Folgejahren nur wundern, welches Zerrbild von Kurt Krenn ab seiner Ernennung zum Wiener Weihbischof in österreichischen Medien und auch – noch schmerzlicher – in vielen Kirchenkreisen gepflegt wurde. Später, als Journalist, bestaunte ich die ideologische Hartnäckigkeit, mit der in Bezug auf seine Person Vorurteile künstlich am Leben erhalten und Differenzierungen vermieden wurden – bis zu seinem Rücktritt 2004, mit dem man ihn und sein Wirken dem Vergessen anheim gab.

Mag sein, dass unser Zeitalter sich überhaupt mit Differenzierungen schwer tut. Zu sehr prägt die Sprache der Macht und des Marktes, der Politik und der Ökonomie unsere Berichterstattung und leider auch unser Denken. Sachfremde Terminologie und Parteilichkeit haben längst auch in der Kirche Einzug gehalten, womit aber ihr Wesen nur verfehlt werden kann. Wo nicht mehr nach Wahrheit gesucht wird, weil die Plausibilitäten oder gar die Meinungen zu reichen scheinen, wo keine Argumentation mehr gewagt wird, weil sich die Gesellschaft längst in ideologischen Stellungskriegen verfestigt hat, wo Logik leichter wiegt als Emotion, wo Moden und Trends das Ewige unterspülen, da hat der Philosoph keinen leichten Stand.

Kurt Krenn war stets standfest. Aber nicht, weil er „in sich ruhte", wie manche meinten, und wie man – oberflächlich, wie unsere Zeit es eben liebt – aus seinem Äußeren, aus Sprache und Habitus schließen mochte. Seine Standfestigkeit war aber nie autoreflexiv, sondern theozentrisch. Anders formuliert: Es ging Kurt Krenn – anders als

Einführung

vielen seiner Kritiker und manchen seiner Anhänger – nie um Kurt Krenn! Es wäre ihm stets zu banal, zu schlicht, zu anspruchslos, ja auch zu langweilig gewesen, das Eigene in den Vordergrund zu rücken, sich selbst oder eigene Gedanken wichtig zu machen und originell erscheinen zu lassen. Sein Anspruch war stets größer, höher, weiter: Dem Menschen durch alle Nebel des Heutigen hindurch die wirkliche Wirklichkeit Gottes zu sagen – das war sein Begehr.

Dabei stand er theologisch wie philosophisch auf solidem Boden, denn der Mensch kann – wie das Erste Vaticanum dogmatisierte – Gott, den Urheber und das Ziel aller Dinge, mit dem natürlichen Licht der menschlichen Vernunft aus den geschaffenen Dingen mit Sicherheit erkennen. Dieses katholische und zugleich optimistische Menschenbild ließ den Priester und den Professor, den Lehrer und den Hirten Kurt Krenn nicht müde werden im Argumentieren und Begründen. Seine Regensburger Vorlesungen waren das Gegenteil von Dialogverweigerung: Kluge Fragen und argumentierter Widerspruch waren ihm stets willkommen; gedankenloses Nachplappern war ihm ebenso zuwider wie argumentationsfreie Zustimmung.

Kurt Krenn teilte die Ambition seines Regensburger Professorenkollegen Joseph Ratzinger, den christlichen Glauben als vernünftig, und die menschliche Vernunft als Gott-fähig zu erweisen. Mögen ihre argumentativen Wege sich unterscheiden wie sich auch ihre theologischen Disziplinen unterschieden, so teilten sie doch dieses Ziel der Wiederversöhnung von fides und ratio – wie auch die priesterliche Demut, sich ganz und gar im Dienst des Evangeliums zu verzehren.

Müsste ich in einem Satz sagen, worum es dem Philosophen und Theologen Kurt Krenn wohl ging, so würde ich zitieren, was er mir in einem Interview 1989 sagte: „Der Mensch hat ein Recht auf die Wahrheit und ein Recht auf Gott." Dieses Postulat setzt die Gott-Fähigkeit des Menschen voraus, denn der Mensch kann nur ein

Einführung

Recht auf die Wahrheit haben, wenn er wesentlich wahrheitsfähig ist, die Wahrheit nicht selbst machen und erdenken muss, sondern sie erkennen und anerkennen kann. Der Mensch kann nur Gott-fähig sein, wenn es bei aller stets größeren Unähnlichkeit jenes Minimum an Ähnlichkeit gibt, die wir Gottebenbildlichkeit nennen und als Christen im Schöpferwillen festmachen. Als Abbild Gottes geschaffen und zur Gotteskindschaft berufen, streckt sich der Mensch nach einer Wirklichkeit aus, die weit über alles Machbare, Erfindbare, Ausdenkbare hinausgeht und metaphysisch Erkennen, spirituell aber Demut voraussetzt.

Wer den Menschen so sieht, erkennt aber zugleich, dass alles Verschweigen der Wahrheit – auch der menschlichen Wahrheitsfähigkeit – eine Unterlassungssünde ist. Wenn der Mensch ein Recht auf Gott hat, dann korrespondiert mit diesem Recht eine Pflicht. Wer erfüllt die Pflicht, dem Menschen seine Wahrheit und die Wahrheit Gottes zu sagen? Kurt Krenn stellte sich dieser Pflicht, und er mahnte alle, die in der Kirche Verantwortung tragen, dieser Pflicht nachzukommen. Er sah die Auskunftsfähigkeit der Christen – einschließlich vieler kirchlicher Verantwortungsträger – über ihren eigenen Glauben schwinden; sah vieler Christen Zeugnisbereitschaft in der Krise. Wenn er in diesem Mahnen gegen den Trend schwamm und viele Jahre kraftvoll wider den Strom ruderte, dann stets um des Menschen willen, der ein Recht auf die Wahrheit und ein Recht auf Gott hat.

Dieses Recht des Menschen und seine Berufung, Gott zu erkennen, um ihn zu lieben, konnten Kurt Krenn nicht kalt und gleichgültig lassen. Äquidistant war er dagegen, auf seine Person bezogen, gegenüber Erfolg und Niederlage, Applaus und Schmähung, Anerkennung und Widerspruch. Diese Gleichgültigkeit in Bezug darauf, wie man ihn selbst behandelte, haben viele wohl missinterpretiert als Härte, manche gar als Einladung, weiter, härter und ungerechter

Einführung

auf ihn einzuprügeln. Auch ein knappes Jahrzehnt nachdem sich der Pulverdampf vergangener Gefechte verzogen hat, ist das Denken und Wirken von Kurt Krenn noch immer nicht einer differenzierten, authentischen oder gar einer menschlichen und gerechten Würdigung unterzogen worden. Dies kann auch das vorliegende Buch nicht leisten. Es hat nicht den Anspruch, den Menschen und sein Wirken zu werten. Es würdigt auch nichts von seinem Wirken und Nachwirken als Bischof. Es will lediglich einige originelle Texte aus der Feder von Kurt Krenn zugänglich machen, die ihn als theologischen und philosophischen Denker erkennen lassen können.

Als Theologen und Philosophen wollte und konnte man ihn in Österreich ab 1987 fast gar nicht sehen. Mit diesem Buch kann diese Lücke zumindest für jene geschlossen werden, die sich um diesen Blick auf die Persönlichkeit von Kurt Krenn mit der Bereitschaft zu denken aufrichtig bemühen. Dabei geht es mitnichten darum, ihm Gerechtigkeit zuteil werden zu lassen. Er selbst ja hat längst etwas Größeres gefunden, wie sein bischöflicher Wahlspruch eindrucksvoll bestätigt: „Christi misericordia pax nostra". So sehr dieses Leitwort zu Beginn seines bischöflichen Wirkens überrascht haben mag, so sehr gewann es Wirklichkeit in den letzten Jahren des Leidens. In der Barmherzigkeit Christi fand er seinen Frieden.

Graz, im Juni 2013 *Stephan Baier*

I.
Die Gottesfrage denken

Beiträge zur Philosophie

Die Frage nach der Wirklichkeit

*Die ursprüngliche Einheit
von Ethik und Wissenschaft im Menschen*[1]

In diesem Beitrag geht es nicht mehr um die sozialen Vorübungen, die bisher die Anbahnung eines Gesprächs zwischen den modernen Naturwissenschaften und der Theologie bzw. der Kirche begleiten mussten. Längst ist ein Gespräch zwischen beiden Seiten von fast allen Seiten erwünscht. Längst hat man sich darüber ausgesprochen, dass etwaige Fehler in der vergangenen Geschichte nicht mehr das Verhältnis zwischen der Theologie und den Wissenschaften heute belasten sollen. Längst hat man einander des Respekts und der Aufmerksamkeit versichert. Längst hat man sich darin verständigt, der Zukunft und dem gemeinsamen Wohl der Menschheit dienen zu müssen. Längst hat man wahrgenommen, dass die Euphorie im Erleben von Fortschritt und Wachstum abgelöst wurde von verdrossener Ernüchterung und misstrauischer Alternativromantik der Menschen. Längst lassen sich die Theologie und die Wissenschaften alle möglichen kritischen und sozialen Imperative von einem Stimmungs- und Meinungspotential auferlegen, das sich heute meist recht einfach und unbescheiden die „Gesellschaft" nennt.

---

[1] Erstveröffentlichung in: Beiträge zur Systemforschung. Von den humanistischen Naturwissenschaften zur Renaissance des Integralen Humanismus. Festschrift für Adolf Adam zum 65. Geburtstag, Linzer Universitätsschriften 4, Linz 1985, 155–167.

Die Frage nach der Wirklichkeit

Es wird schließlich auch nicht möglich sein, die ideale Kommunikation in der Sprache und in den Begriffen zwischen der Theologie und den Wissenschaften zu finden. Selbst wenn man meinen sollte, vom selben zu sprechen, bleibt immer noch die Frage, in welcher gleichen oder verschiedenen Ebene man vom selben spricht. Zu beachten bleibt auch, dass vieles ehedem zwischen Theologie und den Naturwissenschaften Gemeinsame, das von der Philosophie entfaltet wurde und einer gemeinsamen Sprache zwischen Theologie und den Wissenschaften diente, heute nicht mehr wirksam ist. Nicht einmal mehr die ehedem von der Philosophie für die Naturwissenschaft entwickelte „Induktion" hat wissenschaftliche Wirksamkeit. Über weite Strecken der Geistesgeschichte lässt sich verfolgen, dass der einmal von Aristoteles eingebrachte „Universalbegriff" immer mehr in seiner Geltung zurückweicht, je mehr sich vor allem die Naturwissenschaften auf eigene Beschreibungsweisen für ihre Gegenstände festlegen. In den fortschreitenden Wissenschaften wird das Einzelne in seiner fast reinen Punktualität und in seiner wachsenden Losgelöstheit von jeder inneren Notwendigkeit immer mehr zur Kategorie für das Wirkliche, wie es die Wissenschaften sehen. Das Quantitative hat als Maßstab des Wirklichen das Qualitative weithin verdrängt, die Summe der Einzelnen die Idee des Ganzen. In den Methoden der Wissenschaften interessiert nicht mehr die metaphysisch gestellte Frage nach dem Wirklichen „an sich". Das Wirkliche interessiert die Wissenschaften nur mehr in der Perspektive, wie es sich einfacher und vollständiger beschreiben lässt (vgl. Wittgenstein, Tractatus logico-philosophicus, 6.341 und 6.342). Auch der Gedanke der Substanz, an den sich die Vernunft im Ablauf ihrer Geschichte immer wieder zurückwendet, um die Vernünftigkeit der Vernunft durch eine Einheit alles Wirklichen zu gewährleisten, besitzt in den Wissenschaften heute kaum die Wirksamkeit einer minimalen Hypothese.

Die Frage nach der Wirklichkeit

Die ehemals gemeinsame Bedeutungswelt von Theologie und Wissenschaften, von Glaube und Vernunft ist im Welt- und Wissensbild unserer Zeit längst zerbrochen. Papst Johannes Paul II. erinnerte in seiner Rede an Wissenschafter und Studenten im Kölner Dom am 15. November 1980 an jene Selbstbestimmung des Zweiten Vatikanischen Konzils (Gaudium et Spes 36) angesichts von Wissenschaft und Forschung: „Es (das Konzil) hat ausdrücklich die Unterschiedlichkeit der Erkenntnisordnungen von Glaube und Vernunft ausgesprochen, es hat die Autonomie und Freiheit der Wissenschaften anerkannt und ist für die Freiheit der Forschung eingetreten. Wir fürchten nicht, ja, wir halten es für ausgeschlossen, dass eine Wissenschaft, die sich auf Vernunftgründe stützt und methodisch gesichert fortschreitet, zu Erkenntnissen gelangt, die in Konflikt mit der Glaubenswahrheit kommen. Dies kann nur dort der Fall sein, wo die Unterschiedlichkeit der Erkenntnisordnungen übersehen oder verleugnet wird. Diese Einsicht, die von den Wissenschaftern vollzogen werden sollte, könnte die geschichtliche Belastung des Verhältnisses von Kirche und Naturwissenschaft überwinden helfen und einen partnerschaftlichen Dialog ermöglichen, wie er ja schon vielfach im Gang ist. Es geht dabei nicht nur um Vergangenheitsbewältigung, sondern um neuartige Probleme, die sich aus der Rolle der Wissenschaften in der heutigen Gesamtstruktur ergeben." Eine neue Gemeinsamkeit von Wissenschaften und Glaube ist geboten. Diese neue Gemeinsamkeit sollte ihre Fortschritte weniger im Unterschied von Glauben und Vernunft finden. Der Fortschritt dürfte paradoxerweise im Bewusstsein der eigenen inneren Grenze liegen.

Es ist gar nicht einfach, von inneren Grenzen der Wissenschaften zu sprechen. Wohl stellen sich die Wissenschaften selbst als der forschende und vernunfthafte Umgang mit ganz bestimmten und begrenzten Bereichen von Gegenständen vor. Sie wenden auch sehr bewusst gewählte Methoden an, die wiederum nur ein fest einge-

Die Frage nach der Wirklichkeit

setztes wissenschaftliches Interesse vertreten können. Dennoch wird es kaum eine Wissenschaft geben, die zugeben wollte, es gäbe ein erreichbares Ende dieser Wissenschaft, sei es, weil sich der Gegenstand einem weiteren Forschen und Erkennen grundsätzlich versperrt, sei es, weil ein idealer und nicht mehr zu überbietender Endzustand einer Wissenschaft gefunden werden kann. Es dürfte vielmehr zu den ungesagten Dogmen einer jeden Wissenschaft gehören, dass es immer weiter geht, dass es immer weiter gehen muss, dass jeder Wissensstand überbietbar ist. So behauptet jede Wissenschaft ihre besondere Unendlichkeit in ihrem, wenngleich begrenzten, Gegenstandsbereich.

Allerdings gibt es heute bereits ein Bewusstsein von inneren Grenzen aus der tatsächlichen Erfahrung der grenzenlosen Vermehrbarkeit des Wissens und der Möglichkeiten, etwas damit zu verändern. Man ahnt in den Prozessen solcher Vermehrbarkeit die Gefahr der Selbstzerstörung. Das aktuellste Thema der Selbstzerstörung ist zurzeit mit der nuklearen Technologie verknüpft: Nicht nur die militärische Atomrüstung und eine nukleare kriegerische Auseinandersetzung, sondern auch die durchaus unkriegerischen Atomkraftwerke bilden den konkreten Horizont der Selbstzerstörung. Man ist heute nicht mehr bereit, irgendeinem wissenschaftlichen Ideal einfach die Grenzenlosigkeit seiner Verwirklichung einzuräumen. Auch überall dort, wo in Medizin, Chemie und Biologie irreversible Prozesse eingeleitet werden können, winkt heute bereits das warnende Motiv der Selbstzerstörung. Dieses Motiv, das heute von Wissenden und Unwissenden gleichermaßen verwendet wird, ist jedoch eher negativ und pragmatisch und gegenüber der Wissenschaft selbst nicht argumentativ. Sicher spielt in diesem negativen Motiv der Selbstzerstörung durch wissenschaftliche Grenzenlosigkeit die Vermutung eine gewisse Rolle, dass die Grenzenlosigkeit eine innere Anmaßung ohne letzte Wahrheit ist. Doch eine kritische Wissenschaft der Wissenschaften leitet dieses negative Motiv nicht ein.

Das heute Beeindruckende einer solchen Selbstzerstörung kommt aus der Erfahrung einer grundtiefen Ohnmacht: Wir sehen uns ohnmächtig darin, das jeweils gebotene Gleichgewicht zu finden, herzustellen und zu garantieren. Man sollte nicht der Meinung huldigen, die früheren Zeiten seien weniger gefährlich und selbstzerstörerisch gewesen. Der Unterschied zu heute ist eigentlich nur der, dass man heute zu einer Verschiebung der Wissens- und Machtgrenzen nicht mehr das entsprechende Gegengewicht finden zu können glaubt, so dass das drohende Gefühl spürbar wird, das „Gleichgewicht der Gegengewichte" gehe verloren. Früher war es eher damit getan, einfach verfügbare Gegenkräfte aufzubauen, die Wirtschaft, Leistungsfähigkeit, Wissen, politische und militärische Macht, Besitz und Wohlstand, Verteilung und Chancen ins Gleichgewicht bringen sollten. Dieses Gleichgewicht konnte der Mensch sowohl für sich persönlich als auch für die verschiedensten Dimensionen der Gemeinschaft und Allgemeinheit aufbauen.

Ein sehr schnell erkennbarer Grund für das gefährdete Gleichgewicht ist heute die Unmöglichkeit, die Wissensgebiete und die darin auftretenden Probleme zu überschauen oder gar in ihrer Gesamtheit noch irgendwie zu beherrschen. In diesem Rahmen ist die Spezialisierung schon so intensiv geworden, dass selbst die Ansätze zu einer gebietsübergreifenden „Metasprache" oder zu einem verwendbaren „Metawissen" schon für gescheitert zu erklären sind. Je mehr sich das Wissen in den einzelnen Gebieten vertieft, umso mehr wächst es in sich und wird gleichzeitig umso weniger jenem mitteilbar, der diesen Prozess der Spezialisierung nicht mitmacht. Dieses spezialisierte Wissen verliert immer mehr seine kommunikative „Außenseite" und zwingt uns Menschen immer mehr dazu, entweder einander auf ungesagten Grundlagen zu vertrauen oder die Katastrophe des

Die Frage nach der Wirklichkeit

totalen Misstrauens zu riskieren. Damit schwindet das Wissen um das Gleichgewicht, das uns bislang eine Gewissheit gab, unsere Welt und die Vorgänge in der Welt seien vernünftig. Und vieles von der sogenannten Allgemeinbildung, die uns das kulturelle Gefühl gab, wir stünden in einer lebbaren Mitte unserer Welt, war nichts anderes als die Sprache des Gleichgewichts, die uns das Gefühl für die Möglichkeit und Wirklichkeit des Gleichgewichts vermittelte.

Schon die Pastoralkonstitution des Zweiten Vatikanischen Konzils, Gaudium et Spes (10), stellt in ihrer Analyse zur Gegenwart fest: „In Wahrheit hängen die Störungen des Gleichgewichts, an denen die moderne Welt leidet, mit jener tiefen Störung des Gleichgewichts zusammen, welche im Herzen des Menschen liegt. Im Menschen selbst bekämpfen ja viele Elemente einander. Während er sich nämlich einerseits als Geschöpf vielfach begrenzt erfährt, fühlt er andererseits in seiner Sehnsucht, dass er zu einem grenzenlosen und höheren Leben berufen ist. Von mancherlei Seite angefordert, muss er das eine wählen, auf das andere verzichten. Als schwacher, sündiger Mensch tut er oft das, was er nicht will, und was er will, das tut er nicht. So leidet er an einem inneren Zwiespalt, und daraus entstehen so viele und schwere Zerwürfnisse auch in der Gesellschaft."

Das Wort vom Gleichgewicht ist sicher zunächst nur ein Bild für eine problematische Wirklichkeit. Dieses Bild würde uns zu falschen Vorstellungen verführen, wollten wir einen festen Punkt oder einen festen Begriff ausmachen, wo gleichsam jede Wirklichkeit gewogen und ins Gleichgewicht gebracht wird. Auch die Vorstellung vom totalen Gleichgewicht der Kräfte bleibt für uns problematisch, weil totales Gleichgewicht auch die Verneinung jedweder Veränderung und jedweden Fortschritts bedeuten könnte. Anderseits jedoch erblicken wir in den Krisen und Katastrophen, die unsere Gegenwart erfüllen, immer eine Störung und einen Mangel des Gleichgewichts. Auch die Theologie als die vernunfthafte Wahrnehmung und Darstel-

Die Frage nach der Wirklichkeit

lung der Religion kann hierüber kein anderes Problembewusstsein haben als die anderen Wissenschaften.

Wir empfinden das Gleichgewicht in unseren Lebensbereichen auf sehr verschiedene Weise: Einmal bedeutet Gleichgewicht den gegenseitigen Ausgleich der Interessen, einmal den Zustand des politischen oder militärischen Friedens, einmal die Funktionsfähigkeit eines Regelkreises, einmal die gerechte Verteilung der Güter und den sozialen Frieden, einmal den überschaubaren und berechenbaren geordneten Zustand der Natur und ihre Regelmäßigkeiten. Ein andermal hingegen ist das Gleichgewicht der Name für die seelische Ausgewogenheit des Menschen, ein andermal wird das Gleichgewicht in unserem Erkennen und Wissen dann erreicht, wenn wir bislang Unbekanntes mit uns bereits Bekanntem zu verbinden verstehen, ein andermal findet der Mensch das Gleichgewicht des „Sinnes", wenn ein höheres Ziel die Taten, Entscheidungen, Mühen und Entsagungen „sinnvoll" macht, und wieder ein andermal bemisst der Mensch das Gleichgewicht nach dem, ob etwas nützlich, förderlich und stabilisierend für sein Dasein ist.

In all diesen Situationen ist der Mensch in seiner Vernunft und in seiner Entscheidungsfreiheit herausgefordert. Das Gleichgewicht zeigt sich dann als gefunden, wenn für den Menschen das Gleichgewicht nach Art einer „Gleichung" irgendwie überschaubar und verfügbar erscheint. Es muss jedoch deutlich festgehalten werden, dass trotz der hier gemachten Betonung des Gleichgewichts keinerlei Theorie oder Ideologie des Gleichgewichts versucht werden soll. Eine solche Betonung will nicht im geringsten den Eindruck erzeugen, der Begriff des Gleichgewichts könnte zum Argument für eine höhere und vielleicht göttliche Kraft werden, die gleichsam von außen her das Gleichgewicht der Welt herstellen und bewahren sollte. Gleichgewicht und Gleichung sollen nur daraufhin geprüft werden, wie weit sie ein Bild der Wirklichkeit und vor allem ein Bild

Die Frage nach der Wirklichkeit

der besonderen Wirklichkeit des Menschen sein können. Die Frage wird darin bestehen: Kann der Mensch sich erschöpfend in dem begreifen, was auf der Ebene von Gleichgewicht und Gleichung sich darstellen lässt?

Es mag Zeiten gegeben haben, in denen jeder gesunde und normale Mensch glaubte, zu wissen, was Wirklichkeit sei. Mit Selbstverständlichkeit vertraute man dem Vorhandenen, dem Greifbaren, dem Sinnlichen, dem Dinglichen. Mit diesem behaupteten selbstverständlichen Verhältnis zur Wirklichkeit meinte man, dem gesunden Menschenverstand jenen Dienst zu tun, der von Illusionen, abstrusen Spekulationen und von himmelhohen Utopien den Menschenverstand fernhalten sollte. Durch solches naive Festhalten an der sogenannten Wirklichkeit konnte jedoch in vielem nicht jener Wirklichkeitsverlust verhindert werden, der vor allem in den objektivierenden Naturwissenschaften einsetzen sollte.

Wenn hier von einem Wirklichkeitsverlust gesprochen wird, so wird damit nicht behauptet, dass die Naturwissenschaften gemäß ihren Methoden und Gegenständen das wahre und richtige Wissen nicht gefunden hätten. Es ist vielmehr eine andere Gegebenheit, die uns darüber nachdenken lässt: Zwischen der objektiven Richtigkeit (oder Wahrheit) der Naturwissenschaften und dem, was wir mit Wirklichkeit meinen, tut sich eine immer größere Schere auf. Zunächst war es für den Fortschritt der Naturwissenschaften sicher unerlässlich, von der individuellen Position des Menschen abzusehen. Es war notwendig, von den Gefühlen, den persönlichen Bedürfnissen, dem Dasein und den sozialen Rollen des Menschen abzusehen, um die gegenständlichen Tatsachen zu beobachten, zu messen, zu beschreiben, zu berechnen und in neue Leistungsschemata der Technik zu bringen. Damit wurden das Wissen und Können der Naturwissenschaften immer objektiver, immer unabhängiger von der individuellen Wurzel im Menschen. Die objektiven Schemata des Wissens in den Naturwissenschaften wurden nach und nach immer mehr auch der Persönlichkeit des Forschers und Erfinders entzogen, so dass diese Schemata des Wissens weithin begreifbares Gemeingut der Menschheit geworden sind, die man sich aneignen, wissen und fortentwickeln kann.

Die Schemata des heutigen Wissens tragen bereits die inneren Strukturen der „totalen Objektivierung". Bestanden die ersten Schritte zum naturwissenschaftlichen Wissen darin, dass der Mensch das ihm Bekannte mit dem ihm noch Unbekannten auszugleichen und zu verbinden verstand, so haben sich heute die objektiven Schemata vom Menschen gelöst und verselbständigt. Diese Verselbständigung ins Objektive mag durchaus als notwendiger Fortschritt der Wissenschaften gedeutet werden. Dennoch fordert dieser Fortschritt auch seinen Preis.

Welcher Preis ist es nun, der sich uns in solchem Fortschritt auferlegt? Immanuel Kant, dessen erkenntniskritische Philosophie entscheidend von der Allgemeingültigkeit und Notwendigkeit der naturwissenschaftlichen Sätze beeindruckt war, ordnete dem Menschen als dem Subjekt des Erkennens die entscheidenden Gründe für den Fortschritt der Wissenschaften zu. Für Kant noch war der erkennende Mensch die „Waage der Wirklichkeit". Der erkennende Mensch musste die Vielheit der Tatsachen in seinem transzendentalen und apriorischen Gefüge zum Stand des allgemeinen und notwendigen Wissens erheben. So wurde jene Ansicht vom Menschen, die man oft die Kopernikanische Wende der Philosophie nennt, in der Vorrede zur zweiten Auflage der „Kritik der reinen Vernunft" zur erschließenden Einsicht der Philosophie Kants: „Ich sollte meinen, die Beispiele der Mathematik und Naturwissenschaft, die durch eine auf einmal zustande gebrachte Revolution das geworden sind, was sie jetzt sind, wären merkwürdig genug, um dem wesentlichen Stücke der Umänderung der Denkart, die ihnen so

Die Frage nach der Wirklichkeit

vorteilhaft geworden ist, nachzusinnen, und ihnen, soviel ihre Analogie, als Vernunftserkenntnisse, mit der Metaphysik verstattet, hierin wenigstens zum Versuche nachzuahmen. Bisher nahm man an, alle unsere Erkenntnis müsse sich nach den Gegenständen richten; aber alle Versuche, über sie a priori etwas durch Begriffe auszumachen, wodurch unsere Erkenntnis erweitert würde, gingen unter dieser Voraussetzung zunichte. Man versuche es daher einmal, ob wir nicht in den Aufgaben der Metaphysik damit besser fortkommen, dass wir annehmen, die Gegenstände müssen sich nach unserer Erkenntnis richten ... Es ist hiemit ebenso, als mit den ersten Gedanken des Kopernikus bewandt, der, nachdem es mit der Erklärung der Himmelsbewegungen nicht gut fort wollte, wenn er annahm, das ganze Sternenheer drehe sich um den Zuschauer, versuchte, ob es nicht besser gelingen möchte, wenn er den Zuschauer sich drehen, und dagegen die Sterne in Ruhe ließ."

Die Gegenstände müssen sich nach unserer Erkenntnis richten: damit schien Kant dem Menschen noch einmal zurückzugeben, was er durch die Dominanz des wissenschaftlichen Objektivierens zu verlieren begann. Doch auf dem Weg des Erkennens gelang es auch Kant nicht mehr, den Menschen in seinem Innersten und Eigentlichen die Anwesenheit von Wirklichkeit sein zu lassen. Im Bereich des Erkennens lässt Kant den Menschen nur mehr die „Waage des Wissens", nicht aber mehr die „Waage der Wirklichkeit" sein. Nur mehr in der Unbedingtheit des sittlichen Handelns billigt die Philosophie Kants dem Menschen die Wirklichkeit als sein erfahrbares Eigentliches zu. So sehr Kant zunächst noch einmal dem Menschen den Grund seines Erkennens und Wissens zu bewahren schien, so sehr hat schließlich seine kritische Philosophie zu jener Abhebung des Wissens vom Boden der Wirklichkeit beigetragen. Für das objektivierende Wissen sollte schließlich sehr bald die Frage nach der Wirklichkeit und nach dem „An-sich" keine entscheidende Frage

Die Frage nach der Wirklichkeit

mehr sein. Jede mögliche Rückfrage nach der Wirklichkeit wurde immer mehr in den Gleichungen des bloß objektiven Wissens verdrängt. Nur mehr in den Fragen der Ethik konnte der Mensch den Anspruch aufrechterhalten, die „Waage der Wirklichkeit" zu sein. Damit jedoch war der Mensch in der Kompetenz der Vernunft zutiefst zerrissen: Den selbständig gewordenen objektiven Schemata des Wissens stand der Mensch gegenüber, der Ethik und Normen gegenüber den Wissenschaften fast nur mehr als Protest, Misstrauen und Skepsis am Fortschritt anmelden konnte.

René Descartes wird oft als der Vater des neuzeitlichen Denkens bezeichnet. Sicher nicht zu Unrecht. Vielleicht ist aber auch gerade in der Philosophie des Descartes jener unbedingte Wunsch und jener gescheiterte Wunsch zugleich sichtbar, das Denken des Menschen noch einmal mit dem „Sein" untrennbar und einfachst zu verbinden. Nach der Durchführung seines radikalen methodischen Zweifels kommt Descartes gleichsam zur einfachsten und nicht mehr auflösbaren Zusammenschau: „Cogito (ergo) sum." Die Gewissheit von der Wahrheit des Denkens im „Cogito-sum" hält noch einmal im Kern des Denkens die unlösbare Verbindung von Denken und Wirklichkeit aufrecht. Doch bereits in der methodischen und philosophischen Anwendung der einfachsten Gewissheit des „Cogito-sum" ist diese ursprüngliche Wirklichkeitserfahrung im Denken verloren. Was zunächst einfachste „Erfahrung" des Denkens war, wird zu einer „Methode" der Wirklichkeit; die „Erfahrung" der Wirklichkeit selbst ist unwiederbringbar verloren. Descartes versucht zwar mit Meisterschaft, der Wirklichkeit ein zuverlässiges Kriterium zu geben, wenn er sagt, dass alles wahrhaft ist, was klar und deutlich erfasst wird (clara et distincta perceptio). Dennoch ist die clara et distincta perceptio ein Kriterium des „Wissens", dem sich eine „Erfahrung" der Wirklichkeit versperrt. Auch wenn Descartes mit diesem Kriterium alle Bereiche der Wirklichkeit, von den körperlichen Dingen bis zu Gott, mit Notwendigkeit an die Wirklichkeit anzubinden behauptet, bleibt die Verbindung des Gedankens und seiner Wirklichkeit eine Zusammensetzung, die verneinbar ist und nicht mehr die unbedingte Einfachheit des „Cogito-sum" wiederholen kann.

Im „Cogito-sum" scheint es Descartes einzigartig zu gelingen, die Einheit von Gedanken (Erkennen, Wissen) und Sein zu fassen und gleichzeitig den Unterschied von Gedanken und Sein zu nützen. Descartes zeichnet in seiner Philosophie genau das vor, was die Wissenschaften (vor allem die Naturwissenschaften) schließlich zu ihrer Eigenart erhoben haben: das Formale wird zur ausschließlichen Darstellung des Realen. So sagt Descartes: „Quidquid clare et distincte percipitur vere est" (was klar und deutlich erfasst wird, ist wirklich). Es ist die Formalität des Erfassens (clare et distincte), die zur sicheren und ausschließlichen Darstellung des Wirklichen erklärt wird. Das Formale (clare et distincte) wird zum ausschließlichen Kennzeichen des Realen. Kein anderer Weg als der Weg des Formalen führt zum Realen. Mit dieser völligen Überlagerung des Realen durch das Formale wird die „Methode" (bei Descartes das „clare et distincte percipere") als das entscheidende Kriterium der Wirklichkeit in den Wissenschaften vorbereitet. Für das Selbstverständnis der Wissenschaften wird es in der Folge sodann ausreichend sein, eine Methode zu praktizieren, die widerspruchsfrei, möglichst einfach und vollständig ist, um im jeweiligen Wissen die Wirklichkeit darzustellen.

Seit Descartes' Gleichsetzung der Methode mit der Wirklichkeit wird es in den Wissenschaften immer deutlicher: Die Wirklichkeit findet im Wissen statt, die methodischen Maßstäbe des Wissens sind die Darstellungsebene des Wirklichen geworden. Das Wissen der Wissenschaften ist in diesem Sinn zum Formalismus geworden. Bei Galileo Galilei, einem Zeitgenossen des Descartes, wird mit dem Formalismus der Methode das Kriterium für Wirklich-

Die Frage nach der Wirklichkeit

keit durch quantitative Messbarkeit aufgestellt. So zum Beispiel wird die menschliche Sinneserkenntnis bezüglich ihrer Wirklichkeit darin korrigiert, dass Galilei die Qualitäten der sinnlichen Wahrnehmung auf verschiedene Qualitäten der homogenen Materie, auf deren graduelles Mehr oder Weniger, auf ihre langsamere oder schnellere Bewegung zurückführt. Schließlich ist es für Galilei die mathematische Methode, die den Zugang zur Natur bietet. Das Buch der Natur ist für ihn in mathematischen Lettern geschrieben, seine Buchstaben sind Dreiecke, Kreise und andere geometrische Figuren.

Ohne Zweifel ist die Mathematisierung der Wissenschaften und sogar aller möglichen Lebensbereiche längst über uns gekommen. In vielem ist dadurch die Welt der Tatsachen überschaubarer, austauschbarer und machbarer geworden. Dennoch muss auch im Hochgefühl der allgemeinen Mathematisierung der Welt vermeldet werden, dass es nicht einfach die Wirklichkeit ist, was die Mathematisierung darstellt und verstehbar zu machen versucht. Friedrich Nietzsche war zweifellos von einer grundlegenden Aversion gegen alles, was er wissenschaftliches Denken nannte, geprägt. Dennoch lohnt es sich, jenen Verdacht gegen die Wissenschaft anzumelden, den Nietzsche in seinem Buch „Die fröhliche Wissenschaft" ausspricht: „Wir operieren mit lauter Dingen, die es nicht gibt, mit Linien, Flächen, Körpern, Atomen, teilbaren Zeiten, teilbaren Räumen – wie soll Erklärung auch nur möglich sein, wenn wir alles erst zum Bilde machen, zu unserem Bilde! Es ist genug, die Wissenschaft als möglichst getreue Anmenschlichung der Dinge zu betrachten, wir lernen immer genauer uns selber beschreiben, indem wir die Dinge und ihr Nacheinander beschreiben. Ursache und Wirkung: eine solche Zweiheit gibt es wahrscheinlich nie – in Wahrheit steht ein Kontinuum vor uns, von dem wir ein paar Stücke isolieren; so wie wir eine Bewegung immer nur als isolierte Punkte wahrnehmen,

Die Frage nach der Wirklichkeit

also eigentlich nicht sehen, sondern erschließen ..." (Ed. Kröner, Stuttgart 1976, S. 132.)

Nietzsche geht in seinem Verdacht gegen die Wissenschaft noch weit über jenen Anspruch hinaus, der in der Mathematisierung der Wissenschaften besteht: Nicht mehr die Methoden der Mathematisierung bestimmen die Wirklichkeit, die Wissenschaft ist für Nietzsche nichts anderes als die möglichst getreue „Anmenschlichung" der Dinge, das heißt, der Mensch macht alles zu seinem Bilde; der Mensch selbst spielt sich in diesem Sinn zur „Methode der Wirklichkeit" auf. Nietzsche betrachtet den Menschen als untauglich, sich zur Methode der Wirklichkeit zu erheben. Die Wirklichkeit sei bei weitem anders als der Mensch sich eingebildet und „angemenschlicht" hat: „Es gibt eine unendliche Menge von Vorgängen in dieser Sekunde der Plötzlichkeit, die uns entgehen. Ein Intellekt, der Ursache und Wirkung als Kontinuum, nicht nach unserer Art als willkürliches Zerteilt- und Zerstückt-Sein, sähe, der den Fluss des Geschehens sähe, würde den Begriff Ursache und Wirkung verwerfen und alle Bedingtheit leugnen ...".

Nietzsche ist in seinem Verdacht gegen die Wissenschaft bis zum letztmöglichen Schritt vorgedrungen: der Mensch als die angemaßte Methode der Wirklichkeit. Es sind nicht die weiteren Schlussfolgerungen der Philosophie von Nietzsche, die sich uns aufdrängen müssten. Dennoch ist genau das in Verdacht gekommen, was die Krise und das Elend der heutigen Wissenschaftlichkeit im Grunde ausmachen könnte: Nicht mehr die Physik, die Mathematik, die Technik sind es, die in ihren Methoden und Maßstäben die Wirklichkeit vereinnahmen möchten. Der Mensch selbst hat sich zur Formalität und Methode hochstilisiert, um die Realität in sich zu vereinnahmen und in sich anzumenschlichen.

Es mag sein, dass die Mathematisierung der Welt dieser Veränderung im Selbstverständnis des Menschen förderlich war. Dennoch

Die Frage nach der Wirklichkeit

ist damit die Krise von heute noch nicht entsprechend ausgemessen. Das heutige Elend des Menschen liegt in der falsch gewählten Alternative. Die Alternative für den Menschen ist: Der Mensch als Formalität oder als Realität. Nichts fällt dem Menschen schwerer, als mit seinem Dasein zurechtzukommen. Jeder Mensch besitzt von sich selbst eine Art Grundgewissheit, das heißt, jeder erfasst im Letzten von sich selbst, dass er etwas Einmaliges und Unwiederholbares ist. In dieser Grundgewissheit von seiner Einmaligkeit und Unwiederholbarkeit geht dem Menschen etwas von seiner Realität, von seinem unvertauschbaren Dasein auf. Es ist die Auseinandersetzung mit sich selbst, die den Menschen zur Alternative von Realität oder Formalität veranlasst.

Der Mensch in der gewählten Alternative der Formalität: Der Mensch kann sich zum Grundbild eines „Systems" erklären, kann fast beliebig viele Formalitäten wählen, in deren System er sich einbringt. Im Grund ist dies der Versuch, sich in frei gewählten Formalitäten in dem Sinn zu objektivieren, dass das eigene einmalige und unwiederholbare subjektive Dasein des Menschen unthematisch und ungegenständlich wird. So gibt es heute viele Beschreibungssysteme, die der Mensch wählen kann, um sich in ihnen selbstverstehend fortzubringen. Dem heutigen Menschen kommen dabei die Systeme der Psychologie, der Soziologie, der Sprachwissenschaft, der Entscheidungstechnik usw. zustatten. Sobald der Mensch sein entscheidendes Selbstverständnis nur mehr in die Formalität einbringt, wird wohl jede seiner Taten und Entscheidungen systemrelevant, aber auch gleichzeitig austauschbar und von der besonderen Identität des einzelnen Menschen losgelöst. In diesem Augenblick ist keine Tat und keine Bestimmung des einzelnen Menschen mehr so, dass sie im Grund des einzelnen Menschen stünde und eine unübertreffbare Letztgültigkeit hätte. In diesem Augenblick ist das Handeln und Entscheiden des Menschen eine Frage der „Technik"

Die Frage nach der Wirklichkeit

im weitesten Sinn geworden, das Dasein des einzelnen Menschen erschöpft sich in seiner Einbürgerung in ein bestimmtes System.

Verbirgt und versperrt sich etwas für jenen Menschen, der in der Formalität seine Realität auszuschöpfen trachtet? Sehr wohl. Dem Menschen als dem bloßen Bürger eines Systems geht das Kriterium für Gut und Böse verloren. In einem System gelten sehr wohl die Maßstäbe des Nützlichen, Förderlichen, Schädlichen, Stabilisierenden, Optimierenden usw. Die Maßstäbe eines Systems rühren jedoch nie unmittelbar an das Gute und Böse, denn Gut und Böse haben jeweils etwas Unübersteigbares und Letztes im Menschen. Wie der Mensch im günstigsten und im ungünstigsten Fall nie mehr sein kann als ein Mensch, so stehen auch Gut und Böse in derselben Grundgelegtheit des Menschen, für die es weder einen Ersatz noch einen Fortschritt darüber hinaus gibt. An der Einmaligkeit, Unwiederholbarkeit und Unersetzbarkeit eines jeden Menschen muss sich Gut und Böse messen. Nur an diesem Letzten des Menschseins ist Gut und Böse verstehbar, denn Gut und Böse sind mehr als nur die Förderlichkeit oder Schädlichkeit innerhalb eines Systems. Gut und Böse sind in ihrer innersten Unabtretbarkeit die Erfahrung der eigentlichen Wirklichkeit des Menschseins für den Menschen. Gut und Böse sind mit der Einmaligkeit und Unwiederholbarkeit des Menschen zuinnerst verbunden. Erst das Heraustreten des einmaligen und unwiederholbaren Menschen aus dem System macht den Menschen im eigentlichen Sinn wirklichkeitsfähig, macht den Menschen in Gut und Böse seiner Taten und seines Wollens erfahrungsfähig bezüglich seiner Wirklichkeit. Wohl versucht man häufig, Gut und Böse im Sinne der Güterabwägung innerhalb eines Systems zu bestimmen. Dennoch müssen wir festhalten, dass Gut und Böse nicht einfach mit dem Förderlichen, Nützlichen bzw. mit dem Schädlichen gleichzusetzen sind. Ohne Zweifel spielt sich das Geschehen von Gut und Böse vornehmlich in den Maßstäben unserer Systeme ab.

Die Frage nach der Wirklichkeit

Dennoch ist Gut und Böse schließlich nur das, was vom einmaligen und unwiederholbaren einzelnen Menschen getragen und am einmaligen und unwiederholbaren Menschen ausgetragen wird.

Gut und Böse werden heute aus der Sicht eines naturwissenschaftlich inspirierten Denkens oft wie mythologische Größen jener Menschen gedeutet, deren Verstehen sich noch nicht angemessen in die Systeme eingeführt hat oder sich nicht einführen will. Wenn man jedoch von der Einmaligkeit und Unwiederholbarkeit, gegenüber welcher die Systeme im einzelnen und im gesamten letztlich unsensibel sind, ausgeht, zeigen sich Gut und Böse als etwas wesentlich anderes denn als Unausgedachtes oder Mythologisches. Gut und Böse treten als Erfahrung der Wirklichkeit dort auf, wo der Mensch sich jenseits der Systeme als einmalig und unwiederholbar erfasst. Und wenn der Mensch im Wissen, in den Systemen und in der Technik den Verlust der Wirklichkeit feststellen muss, ist umgekehrt für den Menschen die Erfahrung von Gut und Böse ein unzweifelhaftes Kriterium der Wirklichkeit. Gut und Böse sind in einer Welt der Systeme das nicht mehr überbietbare Kriterium der Wirklichkeit.

Der Ruf nach Einbringung der Ethik, nach Normen und Werten im Bereich von Wissenschaft und Technik wird heute immer hörbarer. Die Angst vor der drohenden Selbstzerstörung des Menschen und vor der Zerstörung der Welt durch immer steigende Möglichkeiten des Menschen lässt viele nach einer Ethik rufen. Man begreift, dass die Frage „Kann man das?" nicht mehr das einzige Problem unseres Zeitalters sein kann. Die große Dringlichkeit der Frage „Darf man das?" ist angesichts der drohenden totalen Zerstörung bewusst geworden.

Es mag Zeiten gegeben haben, in denen eine ethische Perspektive in den Wissenschaften und in der Technik eher als überflüssig oder den Fortgang der Wissenschaften als behindernd angesehen wurde. Heute jedenfalls besteht das unabwendbare Bedürfnis nach

Die Frage nach der Wirklichkeit

Ethik, nach Maßen, nach Normen, Werten, Geboten und Verboten. Es wäre jedoch ein fataler Irrtum, wollte man die Berechtigung der Ethik nur von dem Zustand ableiten, dass die Selbstzerstörung des Menschen und der Dinge durch den ungehemmten Fortschritt der Technik und der Wissenschaften alles bedroht. Eine Ethik, die nur die Aufgabe zu übernehmen hätte, die Maßlosigkeit zu verneinen und die totale Zerstörung aufzuhalten, wäre keine Ethik, sondern nur eine krampfhafte Ideologie des Untergangs. Aus den Extremwerten der Selbstzerstörung kann keine gültige Ethik entstehen. Eine Ethik kann sich nicht einfach aus Angst und Selbstzerstörung bedingen.

Die Ethik spannt sich in ihren Forderungen zwischen Gut und Böse: Das Gute ist zu tun, das Böse ist zu meiden. Du sollst, du sollst nicht; du darfst, du darfst nicht. Eine wahrhaft gültige Ethik kann nur überzeugen, fordern, gebieten und verbieten, wenn sie nicht erst die letzte Reaktion des Menschen vor dem Untergang ist, sondern zu allen Zeiten und in allen Phasen der Geschichte und des Fortschritts aus demselben Ursprung wie die Wahrheit der Wissenschaften gültig ist.

Die wahre Gültigkeit der Ethik muss darin liegen, dass die Ethik eine erfahrene Gestalt der Wirklichkeit des Menschen ist. Es ist der Mensch, der sich von der Wirklichkeit seiner Einmaligkeit und Unwiederholbarkeit entfernen kann. Es ist auf der einen Seite die Formalisierung, die das gewiss bewundernswerte wissenschaftliche Wissen des Menschen von der Realität wegführt. Das Gelten des Guten und Bösen auf der anderen Seite jedoch wäre jene Bindung an die Wirklichkeit des Menschen, die nicht erst angesichts einer drohenden Katastrophe bedeutsam wird, sondern immer schon den Menschen in jeder seiner Taten und Situationen in der Wirklichkeit hält. So hat die Ethik nicht der irrationale, letzte Rest einer durch und durch rational werdenden Welt zu sein. Die Ethik ist eine ebenso ur-

Die Frage nach der Wirklichkeit

sprüngliche Gestalt der Wirklichkeit des Menschen wie das Denken, Erkennen und Wissen des Menschen.

Es ist derselbe Mensch, der denkt, erkennt, forscht und die Welt verfügbar macht, und der nach Gut und Böse entscheidet und handelt.

Wie jedoch kann der gemeinsame Ursprung von Ethik und rationaler Wissenschaft behauptet und dargestellt werden? Immer mehr haben sich das Entscheiden und das Erkennen in der Zivilisation der Vernunft voneinander entfernt, so dass man heute das Entscheiden und Erkennen eher als Interesse bzw. Wissen des Menschen verstehen möchte. Vor allem ist es das Entscheiden, das entweder als irrationales Interesse des Menschen denunziert wird oder so weit den Maßstäben und Regeln der Systeme untergeordnet wird, dass Entscheidungen nur mehr als Spiele zur Stabilisierung oder Destabilisierung eines Systems angesehen werden.

Wenn wir notgedrungen nach der ursprünglichen Einheit von Ethik und Wissenschaft suchen, so ist es zunächst eigentlich nur noch die Philosophie, die die Spuren dieser ursprünglichen Einheit anzugeben weiß. Die Philosophie geht mit gutem Grund nicht davon ab, dass jeder geistige Akt des Menschen, über seine konkrete Gestalt hinaus, von etwas getragen sein muss, was die Philosophie „Identität" nennt. Der geistige Akt eines Menschen ist mit keinem anderen Vorgang in der Welt der Dinge vergleichbar. Was den geistigen Akt des Menschen so unübertrefflich macht, ist die Identität als die Mitte des geistigen Aktes. Geistig aktiv kann somit nur der sein, der in jedem Akt sein „selbst", seine Identität, gestaltet. Freilich ist gerade die Identität durch die fortschreitende Objektivierung in den Wissenschaften zur scheinbar überflüssigsten Größe geworden – die Identität ist ein leeres Wort, eine Tautologie. Dass der Mensch selbst und dass auch die Gegenstände der Wissenschaft zu ihrer Erkennbarkeit und Wissbarkeit in einer Identität stehen müssen,

Die Frage nach der Wirklichkeit

wird nicht mehr bedacht. Mit dem Vergessen der Identität hat auch das Vergessen der Wirklichkeit in den Wissenschaften und Systemen begonnen. Nur noch in der abgrundtiefen Angst der Menschen vor der totalen Katastrophe und vor dem Tod meldet sich das einmalige und unwiederholbare Selbst des Menschen. Dieses Selbst des Menschen hätte jedoch ungleich mehr Dimensionen, als nur das Herz der menschlichen Angst zu sein.

Schon Kant meinte, dass nichts im Himmel und auf der Erde den guten Willen des Menschen übertreffen kann. Nur das Selbst des Menschen kann die Freiheit und die freie Entscheidung des Menschen frei sein lassen. Frei ist nur der Mensch, der ohne äußere Bedingung an seinem Selbst das Gute will. Freilich versandet diese Hinwendung zum Selbst dann wiederum zu einem untragbaren Egoismus, wenn in diesem Selbst nicht vom guten und liebenden Menschen jene Zuwendung von Liebe erfahren wird, die eine Gegenwart des Schöpfergottes im Menschen ist.

Der springende Punkt

*Kann das vernünftige Denken
zur Gotteserkenntnis angehalten werden?*[1]

Das Denken, das nun befragt werden soll, erscheint auf den ersten Blick nackt und leer und allgemein und keinem besonderen Lebenszweck zugetan. Es sieht so aus, als müssten wir nun das Denken zum Kreisen bringen und es solange zweckfern und objektunbestimmt kreisen lassen, bis schließlich im bloßen Denken vielleicht doch ein harter Kern sich einstellt, der uns etwas über Gott verrät. Die Frage ist: Kann das vernünftige Denken zur Gotteserkenntnis angehalten werden? Über das Denken wird an sich sehr viel gesprochen, weil jedermann diese Tätigkeit für sich und seine Einsichten beanspruchen möchte. Selten jedoch wird dieses Denken als solches ausgegrenzt und gegen ein anderes Tun abgesteckt.

Mit „vernünftigem Denken" ist nicht bloß das korrekte Sich-Bewegen innerhalb der Gesetze und Regeln der sogenannten Logik gemeint. Zumindest seit der Hegelschen „Logik" ist das Problem der Integration der Logik in die metaphysische Thematik und Eigenbewegung bewusst geworden. Man sieht in der Logik nicht mehr jene inhaltsunabhängige und zweckfreie Kunst des „richtigen Denkens". Die Gottesfrage ist keine Frage nach dem richtigen Gebrauch der

---

[1] Erstveröffentlichung in: Kurt Krenn (Hrsg.), Die wirkliche Wirklichkeit Gottes. Gott in der Sprache heutiger Probleme, Verlag Ferdinand Schöningh, München, Paderborn, Wien 1974, 159–185.

Der springende Punkt

logischen Gesetze und Regeln. Gott wird auf dem Weg der bloßen Logik an unser Denken keine Ansprüche stellen, ob wir mit der Logik gut oder übel verfahren.

Damit schließen wir von Anfang an unser Interesse an jenen subtilen logischen Verfahren aus, die immer wieder ausgeheckt werden, um sich als verbürgt sichere Gottesbeweise auszugeben. Logik ohne inhaltliche Bindung kann gleichermaßen erbringen, dass Gott existiert und dass Gott nicht existiert. Denn Logik, die in innerer Beziehungslosigkeit zu konkreten Inhalten angewendet wird, kann nichts anderes erbringen als eine vielleicht unbegrenzte Zahl von Tautologien über die jeweiligen Inhalte und ihre durchgeführten Beziehungen. Die zum Inhalt indifferente Logik ist im strengen Sinn nicht weiterführend, denn die wissenschaftlichen Fortschritte dieser Logik bewegen sich innerhalb des jeweiligen Inhalts, ohne dadurch den jeweiligen Inhalt selbst auch nur im Geringsten in Frage zu stellen. Die Logik besorgt in ihrem wissenschaftlichen Einsatz für den jeweiligen Inhalt alle erforderlichen wissenschaftlichen Relationen innerhalb des jeweiligen Inhalts. Außer einer Frage kann dabei jede Frage gestellt werden; ausgeschlossen bleibt die Frage nach der Existenz des jeweiligen Inhalts. Dies war gemeint, als wir feststellten, die zum Inhalt indifferente Logik könne wissenschaftlich nichts anderes als die Tautologie des jeweiligen Inhalts erbringen.

Im Hinblick auf die Gottesfrage ist somit festzustellen: Es kann nicht die rein funktionelle, inhaltsungebundene Logik sein, die uns im Bedenken der Welt zu einem Schluss wie diesem freisetzt. Wenn die Welt endlich ist, muss Gott existieren. Damit träfe die Kritik der evangelischen Theologie an einer vernunftgemäßen natürlichen Gotteserkenntnis zu. Der kritische Einwand wäre richtig, alles Bedenken der Endlichkeit der Dinge erbringe nichts anderes als die Ausarbeitung der Fraglichkeit und Endlichkeit des Endlichen. Damit wären die Gottesbeweise nicht Wege zur Antwort auf die Fraglichkeit des

Der springende Punkt

Endlichen, sondern nur die Austragung menschlichen Denkens innerhalb der Endlichkeit.

Es ist nun auch die Frage zu erledigen, ob es einen „mathematischen Gottesbeweis" geben kann. Weiterführend von den Aussagen über die inhaltsindifferente Logik, kann behauptet werden, dass eventuelle mathematische Beweise sowohl für die Existenz Gottes als auch für die Nicht-Existenz Gottes geführt werden können. Ob der mathematische Beweis für oder gegen die Existenz Gottes geführt wird, hängt nur vom Axiomensystem ab, das man der Beweisführung zugrunde legt. Denn die Mathematik kann immer nur innerhalb einer axiomatisierten Theorie gültige Aussagen machen. Das Axiomensystem selbst ist allerdings nicht Gegenstand der Mathematik, sondern ist als vorgegeben hinzunehmen. So liefert die Mathematik im Rahmen einer axiomatisierten Theorie nur tautologische Aussagen[2].

Die wichtigste Forderung an ein Axiomensystem ist die Forderung nach seiner Widerspruchsfreiheit. Stellt der Mathematiker die Frage, ob es etwas gibt, kann diese Frage nur bedeuten, ob es etwas geben kann, ob etwas widerspruchsfrei ist. Mit der radikal durchgeführten Frage nach der Widerspruchsfreiheit – eigentlich nur eine andere Sicht der Tautologie – hat das mathematische Denken die äußerste Grenze seiner Möglichkeiten im Fragen nach Wirklichkeit und Existenz erreicht.

Logik und Mathematik können einen höchsten Grad von Abstraktivität und allgemeinster Richtigkeit erreichen. Dennoch gelingt weder in der Logik noch in der Mathematik der Ausbruch aus dem Formalen. Es gelingt nicht der denkerische Überstieg in die Existenz,

---

[2] Vgl. R. *Sauer*, Mathematik und Naturerkenntnis, in: Grenzprobleme der Naturwissenschaften. Studien und Berichte der Katholischen Akademie in Bayern, Hrsg. K. Forster, Bd. 37, Würzburg 1966, 13–37.

Der springende Punkt

ein denkerisch adäquates Verhältnis von Begriff und Sein wird nicht erreicht. Sofern wir etwas über die Existenz Gottes erfahren wollen, werden weder das logische noch das mathematische Denken zu bewegen sein, jenen Schritt zu tun, der über die tautologische Widerspruchsfreiheit hinaus die Frage der Existenz in die denkerische Bewegung einschließt. Ob Gott existiert oder nicht existiert, bleibt in diesem Denken etwas Gleichgültiges.

Es wäre zu oberflächlich, wollten wir nach diesen Überlegungen einerseits das Problem der Immanenz des Logischen und Mathematischen und andererseits das Suchen nach einer Transzendenz in der Verlängerung des Begrifflichen und Formalen vorschnell beenden. Das Verhältnis von Wesen zum Dasein der Dinge, von der Essenz zur Existenz der Dinge (wobei man das Mathematische und Logische im immanenten Denkbereich des Essentiellen unterbringen könnte), ist nichts anderes als jene Zuständlichkeit der endlichen Dinge, die ausnahmslos und durchgehend alle endlichen Dinge betrifft. Zum inneren Gefüge eines jeden endlichen Dinges gehört es, dass Essenz und Existenz des Dinges für das Denken in einer unüberwindbaren Unterscheidung voneinander bleiben. Diese gewisse Beziehungslosigkeit der letzten Größen (Essenz, Existenz) im Selbstverständnis eines endlichen Dinges, dieses nicht ausgleichbare Verhältnis von Essenz und Existenz eines endlichen Dinges bezeichnet im weiteren das, was die Philosophie die „Kontingenz" eines Endlichen nennt.

Beim bloßen Hören des Wortes „Kontingenz" könnte der Verdacht aufkommen, Gott sei auf schnellem Weg in das denkerische Gefüge der Dinge eingeführt. Diesem Verdacht muss widersprochen werden: „Kontingenz" bedeutet aus diesem Zusammenhang noch kein kausales Abhängigkeitsverhältnis von einem Gott; „Kontingenz" impliziert noch kein absolut Notwendiges, noch kein höchstes und vollkommenstes Seiendes. „Kontingenz" bedeutet hier nur, dass im letzten Selbstverständnis eines Dinges, das im Verhältnis

Der springende Punkt

von Essenz und Existenz gehalten wird, etwas unausgeglichen, etwas unausgesprochen bleibt, weil es nicht auszusprechen ist, weil es nicht in Gleichheit zuende gedacht werden kann. Essenz und Existenz nämlich finden im Zuendedenken ihrer Dimension keine vollkommen ausgemittelte Einheit und Gleichheit zueinander.

Es ist allerdings müßig, über die Frage der Kontingenz des Endlichen zu handeln, solange mathematisches und naturwissenschaftliches Denken darüber befragt werden. Solange eine wissenschaftliche Erkenntnis und Methode sich innerweltlichen und erfahrbaren Gegenständen zukehrt, können nur innerhalb dieser Gegenstandswelt Erkenntnisbeziehungen hergestellt werden, die von zufälligen empirischen Wahrnehmungen bis zu allgemeinsten Naturgesetzen sich erstrecken. Die Naturwissenschaft erreicht selbst in ihrer größten Vollendung niemals etwas Transzendentales, Unendliches, Überweltliches: Denn alles Tun und jeder Fortschritt vollziehen sich innerhalb der Axiomatik der Weltlichkeit und Erfahrbarkeit, so dass jeder Fortschritt sich letztlich in das allgemeinste identische Gefüge der Welthaftigkeit einzuordnen hat und jede Tatsache nur als wissenschaftlich relevant gilt, sofern sie ihre Verstehbarkeit innerhalb dieser Welthaftigkeit ausschöpfen lässt.

Die Naturwissenschaft ist in ihrer Anlage und in ihren Möglichkeiten nichts anderes denn eine in möglichst vielen innerweltlichen Verhältnissen versuchte Selbstbestätigung der Welt und des mit dem Endlichen befassten Erkennens. Die Naturwissenschaft ist in ihrem konsequenten Selbstverständnis „a-theistisch". Freilich ist mit diesem „Atheismus" nicht einem etwa transzendenten, überweltlichen Gott die Möglichkeit der Existenz abgesprochen. Der „Atheismus" aller in innerweltlichen Axiomen strukturierten Wissenschaften ist vielmehr ein „Atheismus der Unzuständigkeit" in der Gottesfrage.

Allerdings kommt es immer wieder zum bedauerlichen Missverständnis, den immanenten Wissenschaften (somit auch den Naturwissenschaften) theologische Dimensionen abzufordern. Die Naturwissenschaften werden selbst in ihrer längsten Verlängerung und Erweiterung kein Weg zu Gott sein. Sie werden immer nur die Verlängerung ihrer Innerweltlichkeit sein, nicht aber zu einer Transzendenz fähig sein. Daher kann die fromme, aber unbegründete Ansicht nicht unwidersprochen bleiben, es ginge nur um den rechten Blick oder um den guten Willen, um in den Naturwissenschaften den transzendenten Gott zu finden.

Mit der Ausklammerung der naturwissenschaftlichen Erkenntnis und Methode ist jedoch nicht schlechthin die Welt als das Objekt der Naturwissenschaften von einem Zusammenhang mit dem Transzendenten ausgeschlossen. Wir müssen zumindest offen halten, dass Natur und Welt aus einem anderen Zusammenhang, der nicht von den Naturwissenschaften methodisch ausgegrenzt ist, zum Erkennen und Denken in ein Verhältnis treten können. Ein solches Verhältnis könnte insofern weiterführend sein, als eine weiterführende Frage nach der Existenz oder Kontingenz gestellt werden kann. Denn gerade solches Fragen bleibt der Naturwissenschaft, die jenseits ihrer Axiomatik blind ist, versagt. Es bleibt also die Suche nach jenen Konstellationen des Erkennens und Denkens geboten, die der Frage der Existenz und der Frage nach dem unausgleichbaren Verhältnis von Essenz und Existenz, der Kontingenz nämlich, sich anzunehmen fähig sind.

Bevor wir zu weiteren Überlegungen über einen möglichen Anspruch der Existenz Gottes an unser Denken fortschreiten, müssen an sich trivial erscheinende Behauptungen bewusst vorausgestellt werden: Gott als solcher befindet sich nicht unter den Gegenständen, die unserer weltlichen Erfahrung zugänglich sind. Ja, im strengen Sinn können wir nicht einmal entscheiden, ob die Gegenstände unserer Erfahrung an sich uns etwas über Gott verraten oder irgendwie auf Gott hinweisen. Diese Gegenstände können für uns über Gott

Der springende Punkt

nur insofern auskünftig sein, als sie als Gegenstände in unserem Denken irgendwie eine Rolle spielen. Nicht mittels der Dinge und Gegenstände, sondern nur mittels der bedachten Dinge und Gegenstände stellt sich für uns möglicherweise die Gottesfrage. Was vom Gegenstand an sich dem Denken verborgen bleibt, ist für die vernünftige Gottesfrage des Menschen unwiderbringlich verloren.

Es wäre auch unzulässig, Gott einfach durch eine logische Schlussfolgerung zur bloß allgemeineren und umfassenderen Bedingung der Gegenstände zu erklären. Wäre Gott nur das jeweils Allgemeinere und Erschließbare des Erfahrungsgegenstandes, wäre Gott nur eine Art „Weltanschauung", die kein Transzendentes braucht, sondern ihre Geltung einfach daher leitet, dass sie durch Verallgemeinern dem jeweiligen Erfahrungsgegenstand in dessen Einzelheit voraus ist. Denn dieses schließende Verallgemeinern ist nichts anderes als eine vom Erfahrungsgegenstand abhängige Funktion der Verallgemeinerung, die im Wesentlichen nichts anderes hervorbringt als was der einzelne endliche Erfahrungsgegenstand schon ist.

So führt das klassische logische Schlussverfahren keine Bewegung aus, die an ein Sein rührt, das jenseits der Erfahrungsgegenstände als überweltlicher Grund stünde. Mag man nach den Regeln der klassischen Logik die erfahrbaren Dinge auch noch so in der Verallgemeinerung strecken und dehnen, diese Dinge führen nicht geradlinig auf einen existierenden Gott als deren höchste Begründung. Daher ist in der Gottesfrage auch jede Romantik, die etwa im ästhetischen Erfahren bestimmter Situationen sich dem existierenden Gott verbunden glaubt, ein blindes Gefühl, dem keine Augen zu öffnen sind: Erlebnisse der Natur oder der Kunst bleiben in der vernünftigen Gottesfrage blinde Sehnsucht ohne Aussicht auf Einsicht. Gott bleibt auf diesem Weg für das vernünftige Denken unerfahrbar. Aber auch das wissenschaftliche Tun, so nutzbringend es in der Erforschung und Beherrschung der weltlichen Gegenstände sein mag, bietet selbst in

Der springende Punkt

seiner größten Vollkommenheit und Verlängerung keinen Ausstieg aus den Dingen und keinen Einstieg in Göttliches.

Suchen wir also Gott inmitten der Gegenstände weltlicher Erfahrung und Wissenschaft, bleibt er verborgen und stumm. Die Gegenstände unserer Erlebnis- und Erfahrungswelt tragen in sich keine begriffliche Handschrift Gottes, die es nur einfach zu lesen gilt. Denn betreffs des bloßen An-Sich der Dinge bleibt uns jede begreifende Gewissheit versagt. Die Dinge sind für uns nur begreifbar, sofern wir sie aus ihrem bloßen ruhenden An-Sich wegführen und mit unserem menschlichen Denken und Erkennen in Beziehung bringen. Ob das Ding an sich irgendwie anders ist als das bedachte und erkannte Ding, bleibt eine für uns unlösbare Frage. Denn wir können zu jedem Ding nur in Beziehung treten, wenn unser Geist auch aus dem blinden An-Sich des individuellen Vorhandenseins ausbricht und eine neue Einheit sucht, die das An-Sich unseres individuellen menschlichen Vorhandenseins und das bloße An-Sich der Dinge übersteigt.

So muss auch die Gottesfrage, die wir im natürlichen Bereich der Dinge ansetzen, insoweit das Risiko menschlichen Denkens und Erkennens tragen, als eine Fragwürdigkeit der Dinge nur durch die Erhebung der Dinge aus ihrem bloßen An-Sich in das Für-Uns des Erkennens und Denkens feststellbar ist. Nach solchen Feststellungen mag der Eindruck entstehen, wir hätten uns nun leichtfertig jeden Weg zur Frage nach Gott abgeschnitten, da wir sowohl dem Gefühl, dem rein Erlebnishaften, und nicht zuletzt sogar dem gängigen wissenschaftlichen Tun ein Einsehen in die Gottesfrage abgesprochen haben. Wie wollen wir die Existenz Gottes vor der Vernunft rechtfertigen, wenn wir sowohl den Bereich des Erlebnishaften als auch den Bereich der Welt und Wissenschaft für sich bestehen lassen, wenn wir diese Bereiche sogar ins Unbegrenzte in ihrer Eigengesetzlichkeit sich verlängern lassen, ohne dass wir dabei den denkerischen

Der springende Punkt

Anspruch eines gründenden Gottes anmelden? Gibt es überhaupt für den Menschen noch einen Ausstieg in Transzendentes und Unweltliches, so dass uns von einem solchen Ausstiegspunkt her Gottes Sein, Tun und Wesen doch noch in Welt und Erfahrung lesbar und verständig wird?

Bereits zu Beginn unserer Ausführungen haben wir die „Kontingenz" als durchgängigen Zustand aller endlichen Dinge vermerkt. Das bedeutet, dass jedes endliche Ding sogar in seinem Selbstverständnis nicht einmal eine vollkommen ausgemittelte Einheit und Gleichheit mit sich selbst erreicht, weil Wesen und Sein eines Dinges wohl miteinander auftreten, nicht jedoch begründend und vollkommen ineinandergreifen. Die Kontingenz also ist das allen endlichen Dingen gegebene Gefüge, das jeden Denkversuch, der den Zwiespalt von Wesen und Sein in einem Selbstverständnis zuende denken möchte, scheitern lässt. Wenn der Ursprung philosophischer Metaphysik an diesem Gefüge und an dessen Überwindung angesetzt wird, scheint es, dass jeder Versuch zur Metaphysik entweder in der absurden Unzufriedenheit endet, das kontingente Gefüge der Dinge könne doch nicht befriedigend gedacht werden, oder man zieht sich in die immanente Wissenschaft zurück, um sich mit den bloßen wissenschaftlichen Verhältnissen der Dinge zueinander zu begnügen, ohne die entscheidende Frage des Selbstverständnisses lösen zu müssen. Damit bleibt die Frage: Gibt es für jeden Versuch zur Metaphysik nur die Alternative des Absurden oder des profanen Immanenten?

Selbst wenn Metaphysik unmöglich scheinen sollte, drängt sich die Frage auf, warum der Versuch zur Metaphysik sich immer wieder im menschlichen Denken bemerkbar macht. Gibt es im menschlichen Denken vielleicht doch einen, wenn auch nur flüchtigen Lichtpunkt, der die menschliche Sehnsucht nach Transzendentem immer wieder aufbrechen lässt? Selbst wenn dieser Lichtpunkt kein fester Punkt

Der springende Punkt

ist, von dem aus sich die Welt denkerisch aus den Angeln heben ließe, könnte er als quälende Frage nach einem im Selbstverständnis befriedigten Denken wiederkehren.

Ein Punkt, an den sich das neuzeitliche philosophische Denken immer wieder kehrt, ist das Bewusstsein, Selbstbewusstsein, Ichbewusstsein des denkenden und erkennenden Menschen. Das Interesse an jenem sonderbaren Ichpunkt des Denkens kehrt gerade in entscheidenden Punkten philosophischer Systeme wieder. Descartes, Kant, Fichte, Hegel und viele andere Denker vollziehen am Ichpunkt entscheidende Systemschritte.

Selbst noch angesichts der Gesamtheit aller erkennbaren Gegenstände bezieht unser Geist einen Standpunkt, der im Erkenntnisprozess den uns gegenüberstehenden Gegenstand aus seiner allein dominierenden Rolle verdrängt: Denn zu den konstitutiven Momenten jeder Erkenntnis gehören das erkennende Subjekt und der erkannte Gegenstand, das erkannte Objekt. Das Objekt bedeutet in der Erkenntnis nur etwas, insofern es dem Subjekt zugewandt ist, insofern es Objekt ist. So sehr das Objekt auch das Material der einzelnen Erkenntnis bestimmt, ist es doch in seiner allgemeinsten Grundbeziehung als Objekt dem erkennenden Subjekt zugeordnet.

Schon aus dieser oberflächlichen Betrachtung des Erkenntnisvorganges lässt sich an der Eigenmächtigkeit des Subjekts der bestimmende Hintergrund des Ichpunkts als Moment größter Bedeutung vermuten. Allerdings sagt das „Subjekt-Sein" in der Erkenntnis des Objekts noch nicht alles aus, was am Ichpunkt bedenkenswert ist. Denn wie sich das Objekt auf ein Subjekt bezieht, so empfängt auch das erkennende Subjekt die konkreten Themen seiner Rolle vom erkannten Objekt. Das Geschehen der Erkenntnis in Subjekt und Objekt schließlich hält das Denken noch nicht zur Besinnung auf Transzendentes an. Subjekt und Objekt des Erkennens bleiben in ihrer konkreten Thematik grundsätzlich im Bereich des Immanenten.

Der springende Punkt

Dieser Tatbestand schlägt sich sinngemäß nieder im scholastischen Axiom „intellectus in actu est intellectum in actu" (im Akt des Erkennens ist das erkennende Subjekt das erkannte Objekt). Das sich im Akt des Erkennens mit dem Objekt identifizierende Subjekt ist damit in seiner konkreten Thematik im Bereich des immanenten, welthaften Objekts festgebunden.

Wenngleich das Subjekt der Erkenntnis sich vom Ichpunkt her gegen die Gesamtheit der Gegenstände behauptet, wird es in seinem konkreten Tun doch vom Immanenten des Objekts in Beschlag genommen. Ja, in der weiteren Folge des Erkenntnisprozesses wird das Subjekt und sein Tun sich selbst zum Objekt, welchen Vorgang wir auch mit Reflexion bezeichnen. In der Reflexion grenzt das Subjekt sich selbst nach Art immanenter Objekte ein, indem es sich selbst erkennt. Man könnte nun meinen, die Reflexion sei es, die dem erkennenden Subjekt erst das wahre Selbstbewusstsein oder Ichbewusstsein bringt. Zweifellos vermittelt die reflexive Erkenntnis des Subjekts über sich selbst eine Art von Selbstbewusstsein, da in der Reflexion das Subjekt von sich selbst und von seinen Erkenntnisakten noch einmal erkennend Abstand nehmen kann. Wenn jedoch das erkennende Subjekt nicht schon immer Bewusstsein hat, wird es niemals durch die reflexive Verobjektivierung seiner selbst zu reflexivem Selbstbewusstsein kommen. Denn auch die Gesamtheit aller Objekte kann dem Subjekt das nicht geben, was dessen Identität ist, aus der heraus jeder geistige Vorgang seinen Anfang nimmt. So ist das reflexive Selbstbewusstsein des erkennenden Subjekts ein nur vordergründiger Ausdruck des immer schon anwesenden Bewusstseins; das reflexive Selbstbewusstsein bringt wohl das erkennende Subjekt in gleichartige Beziehung zu allen möglichen Objekten, und mit dem reflexiven Selbstbewusstsein gewinnt wohl das erkennende Subjekt objektive Individualität und Partikularität. Allerdings jedoch wird mit dem Gewinn der Individualität das Subjekt in das

Der springende Punkt

„Vorhandensein" eingeebnet. Das heißt für den Menschen, dass er in Raum und Zeit festlegbar ist und zu einem Ding unter unzählig vielen anderen Dingen geworden ist, von denen er abhängt und mit denen er verglichen wird.

Der Mensch, der sich innerhalb der Dinge seiner Welt vorfindet und sich mittels seines reflexiven Selbstbewusstseins einzuordnen versteht, wird damit zum immanenten Bestandteil der Welt. Mit dieser Feststellung, der Mensch ordne sich aus seinem reflexiven Selbstbewusstsein in die Welt der vorhandenen Dinge ein, ist einem weiteren Bereich menschlicher Erfahrung die Fähigkeit zum Ausbruch in Transzendentes abgesprochen worden. Somit wird sich Gott auf dem Wege des natürlichen Denkens auch nicht in der Reflexion, und mag diese sich unendlich oft im Objektivieren vertiefen, als transzendente Notwendigkeit und als absoluter Grund aller Dinge erweisen. Und wenn wir in der Reflexion hundertmal das Selbst des Selbstbewusstseins objektivieren und herausstellen, haben wir doch nichts anderes als einen „processus in infinitum" in die Wege geleitet. Dieses Fortgehen ins Unbegrenzte bringt kein anderes Innewerden des Geistes mit sich als das Selbstbewusstsein, das bereits im ersten Schritt der Reflexion gegeben war und nun beliebig oft verobjektiviert werden kann, ohne aus dieser ständigen immanenten Selbstwiederholung in Transzendentes hinauszuweisen. Diesem sterilen Ausstiegsversuch menschlichen Denkens kann der Fehler aufgezeigt werden: Mit dem Schema von Subjekt und Objekt, das in der Reflexion das Subjekt an sich selbst radikal anlegt, kann nicht das erlaufen und eingeholt werden, was das geistige Subjekt bereits sein muss, ehe es geistig tätig sein kann. Das, was die Reflexion niemals einbringen kann, ist jene grundverfasste Identität des Subjekts, die apriorisch vor aller Erkenntnis bereits alle künftige Erkenntniseinheit von Subjekt und Objekt birgt. Denn selbst die Gesamtheit aller erkennbaren objekthaften Dinge könnte nicht jenen

Der springende Punkt

Raum der Einheit ermessen und ausmachen, der für die Grundformel der Erkenntnis „intelligens in actu est intellectum in actu" notwendig ist.

Nach den erfahrbaren Dingen der Welt wurde nun auch dem erkennenden Subjekt, soweit es sich am reflexiven Objektivieren seiner selbst versucht, eine unmittelbare Auskünftigkeit über Gott und Transzendentes abgesprochen. Damit ist der letzte verbleibende Rest objektivierbarer Größe aus dem direkten Zusammenhang mit der Gottesfrage ausgeschieden worden. Wo bleibt unserer Frage nach Gott noch ein fester Punkt, wenn wir die ganze Wirklichkeit, die sich im Subjekt-Objekt-Geschehen der Erkenntnis ausleuchten lässt, aus jedem notwendigen und vernünftigen Zusammenhang mit Gott fallen lassen?

Allerdings sollte hier nicht der falsche Eindruck entstehen, dass unsere Überlegungen jede mögliche Beziehung der Dinge zu Gott in Frage stellen. Der harte Kern unserer Darstellung ist vielmehr, dass das Denken in der Weite des bloßen Objektivierens noch nicht angehalten wird, nach der Notwendigkeit eines transzendenten Gottes Ausschau zu halten. Es ist die Grundeinlassung auf die Subjekt-Objekt-Spaltung einer jeden Erkenntnis, die an jedem erkannten Ding die Signatur eines Transzendenten zerbricht, da der subjekt-objekt-strukturierte Modus des Erkennens nur einer kategorialen Weite fähig ist. Selbst ein unbegrenztes Fortschreiten in kategorialen Erkenntnissen bleibt ein im bloß Immanenten sich bewegendes Tun. Denn die Subjekt-Objekt-Struktur des Erkennens verhindert, was als Einheit oder Ganzheit in einem Transzendenten einsichtig aufgehen könnte. Das in Subjekt und Objekt zerfallene Erkennen kann es nie zu einer Einheit bringen, an der eine einsichtige Nachbarschaft zu Transzendentem gegeben wäre. Selbst wenn wir annehmen, dass vom menschlichen Erkennen alles Erkennbare erkannt wird, macht die Gesamtheit aller erkennbaren und erkannten Dinge noch nicht jene Einheit aus, die in der Grundformel der Erkenntnis „intelligens in actu est intellectum in actu" als Einheit von Subjekt und Objekt postuliert wird. Ja, am Endpunkt der erkannten Gesamtheit lässt sich die Frage nach der Einheit auch nicht mehr in vielleicht noch unerkannte Dinge verschieben, wo ein noch unerkanntes „Super-Ding" diese Einheit gewähren könnte. Selbst die Gesamtheit aller erkennbaren und erkannten Dinge bleibt im Zustand des bloßen „Vorhandenseins", aus dem keine ursprüngliche geistige Tat geboren werden kann.

Was ist es, was dieser Gesamtheit der erkannten Dinge an sich fehlt, und wovon dennoch jeder Erkenntnisakt bezüglich seiner postulierten Grundeinheit herrührt? Dieser Gesamtheit fehlt, dass sie „bewusste Ganzheit" ist. Die Gesamtheit der erkannten Dinge mag sich innerhalb eines Ganzen befinden, aus ihrer subjekt-objektstrukturierten Entzweiung jedoch bleibt sie für die bewusste (nota bene: nicht „selbstbewusste") Ganzheit unfähig und blind.

Nun erhebt sich die Frage, ob im Menschen jene Autonomie der bewussten Ganzheit irgendwie anwesend ist. Wollen wir diese bewusste Ganzheit mit anderen Worten beschreiben, müssten wir die bewusste Ganzheit „Subjekt" als Subjekt ohne jede notwendige Ausrichtung auf ein Objekt nennen. Diese Ganzheit wäre „sie selbst" ohne jede Not zur Abgrenzung von einem anderen. Mit anderen Worten: Diese bewusste Ganzheit wäre Identität (Selbigkeit) aus sich vor jedem vergleichenden Bezugnehmen in einem anderen. Diese Identität wäre Unendlichkeit ohne in unbegrenzt vielen endlichen Erkenntnisschritten ihre Unendlichkeit erst ausmessen zu müssen. Diese Unendlichkeit könnte für sich unbeschadet jedes endliche Geschehen zu ihrem Ereignis machen, weil sie das unangefochtene Grundverständnis eines jeden endlichen Geschehens bleibt, denn nicht einmal unbegrenzt viele endliche Ereignisse könnten diese Unendlichkeit einholend kompensieren. Diese bewusste Ganzheit

Der springende Punkt

liegt schließlich vor jeder Subjekt-Objekt-Spaltung des Erkennens und, obwohl alles Erkennen kraft dieser vorgängigen bewussten Ganzheit nur geschehen kann, bleibt wohl die Gewissheit dieses Ursprungs unbezweifelt, nicht aber lässt sich das „Warum" für das subjekt-objekt-strukturierte Erkennen aus der bewussten Ganzheit begründet ableiten.

Subjekt ohne Hinordnung auf ein Objekt, Identität vor jeder Andersheit, Unendlichkeit ohne Kompromittierung durch Endlichkeit, Ganzheit, die mehr ist denn bloße Gesamtheit: Wir sehen an diesen sprachlichen Beschreibungen die Notdürftigkeit unserer Ausdrücke. Kein sprachliches Zeichen bringt das Wesentliche dieser „bewussten Ganzheit" selbsttragend zum Ausdruck. Immer ist in diesen Aussagen und in ihrer gleichzeitigen Zurücknahme der Appell an unsere eigene Erfahrung des „Bewussten" mit eingeschlossen. Die bewusste Ganzheit fügt der Gesamtheit des Vorhandenen kein weiteres Vorhandenes hinzu und ist dennoch mehr als die Gesamtheit des Vorhandenen. Die bewusste Ganzheit steht also in einer eigenen Dimension, von deren Wirklichkeit wir vollziehend wohl Gewissheit haben, die aber im Bereich des Vorhandenen nicht spezifisch ausgewiesen werden kann.

Damit aber ist die bewusste Ganzheit auch nicht mehr den ausweglosen Strukturen der reinen Immanenz der weltlichen Dinge unterworfen. Und im Versuch der Gotteserkenntnis und Gottesfrage erweist sich nur dieser Lichtpunkt des Bewusstseins, auf den jedes selbstbewusste geistige Tun des Menschen zurückverweist, als dem Transzendenten möglicherweise vermittelnd zugewandt.

Nichts ist dem Menschen gewisser als das Bewusstsein seiner Identität. Descartes, dessen „cogito ergo sum" das formulierte Programm solcher Gewissheit ist, sieht in der bewussten Selbstanwesenheit des Menschen jenen absoluten Punkt geistigen Seins, der so absolut und apriorisch in sich steht, dass nicht einmal ein täuschender

Der springende Punkt

böser Geist den Menschen darüber verwirren könnte. Dieses Bewusstsein ist so Ganzheit, dass dieser geistige Kern des Bewusstseins von keinem Irrtum aufgebrochen werden kann. Was der Geist in dieser bewussten Ganzheit, die sich im Ichpunkt ausspricht, ist, ist absolute und unaustauschbare Wahrheit, weil der Geist an dieser Stelle (die vor jeder konkreten Tätigkeit liegt) Ganzheit ohne die Anfechtung eines außerhalb dieser Ganzheit liegenden Seienden ist. Unser geistiges Tun scheint also von einem Punkt der Ganzheit herzurühren, wo der Geist gewissermaßen „alles" und damit die absolute Wahrheit seiner selbst ist.

Der Mensch steht also in diesem Ich-Bewusstsein in der Gewissheit der absoluten Wahrheit seiner Existenz und verfügt in dieser absoluten Wahrheit über eine Ganzheit, die gewissermaßen die notwendige Ausstattung einer absoluten Wahrheit ist. Wie jedoch kann dieser feste Punkt des Bewusstseins, der absoluten Wahrheit und der mit-ausgesagten Ganzheit, der vermittelnde Punkt der Gottesfrage und der Gotteserkenntnis sein? Verfügt nicht gerade durch die bewusste Ganzheit der Mensch über einen unauslotbaren Urgrund, der jede aus den Dingen der Welt gestellte Frage auffängt und für eine Frage nach Gott gegenstandslos macht? Oder lässt sich aus der Ganzheit des Bewusstseins noch eine Zuordnung an transzendentes Göttliches erdenken?

Zunächst ist festzustellen: Das vorgängige identische Bewusstsein des Menschen ist uns nur aus konkreten, weltbezogenen Taten des Geistes erfassbar. Wenngleich keine einzelne konkrete geistige Tat (wie etwa das objektive Erkennen) und auch nicht die Summe aller konkreten Taten das apriorische Bewusstsein ausschöpfend zur Darstellung bringen kann, ist dieses Bewusstsein dennoch nur mittels konkreter geistiger Taten erfassbar. Wenngleich notwendig auf das Konkrete hingeordnet, steht das apriorische Bewusstsein dennoch zu einem einzelnen Konkreten in keinem

Der springende Punkt

wesentlichen und notwendigen Zusammenhang. Die Notwendigkeit der Hinordnung ist beeinträchtigt durch das fehlende durchschaubare Verhältnis der Ganzheit zum Konkreten. Die bewusste Ganzheit weist also im selben Zug Notwendigkeit (der Hinordnung) und Zufälligkeit (im Verhältnis zum Konkreten) auf. Notwendigkeit und Zufälligkeit bleiben in der bewussten Ganzheit des erkennenden Menschen aufeinander unvermittelte Größen. Notwendigkeit und Zufälligkeit bleiben das widersprüchliche und relative Erscheinungsbild einer Ganzheit, die sich jedoch der absoluten Wahrheit der eigenen menschlichen, individuellen Existenz versichert weiß.

Der Widerspruch von Notwendigkeit und Zufälligkeit bleibt der unwiderlegbare Hinweis auf eine offensichtlich vorläufige Ganzheit des Menschen, die nicht das Vermögen zur radikalen und unbeschränkten Ausmittlung in sich trägt. Damit bleibt für den Menschen die Geschichte all seiner konkreten geistigen Taten ein letztlich undurchschaubarer Zufall, wobei das Einsichtigste das ist, dass der Mensch unausweichlich sich in diese Geschichte begeben muss.

Aus diesem unentwirrbaren Widerspruch, den die Geschichte für den seiner selbst bewussten Menschen birgt, erwacht der Trotz des Menschen: Denn der Mensch versucht, den Widerspruch an seiner höchsten Selbstgewissheit in gegenständlichen und immanenten Systemen aufzuheben. Damit schlägt die Geburtsstunde immanenter totalitärer Systeme, die in philosophischen, humanistischen, politischen, soziologischen, technologischen und zuweilen kybernetischen Diktionen diesen Grundwiderspruch von Notwendigkeit und Zufälligkeit zum lösenden Ausgleich bringen wollen. Ist dabei erst jedes konkrete Ereignis zu allen übrigen Dingen und Ereignissen in messbare Beziehung gebracht worden, gelten Zufall und Notwendigkeit im Gesamten systematischer Beziehungen als

Der springende Punkt

überholt, weil nunmehr alles zu allem in Beziehung stehen sollte. Mit dem „System" soll das Grundärgernis von Zufall und Notwendigkeit im Angesicht menschlicher Existenz ausgeräumt werden. Allerdings wird in der Euphorie des „Systems" übersehen, dass selbst mit einer totalen Systematisierung menschlicher Geschichte das Grundverhältnis menschlicher Existenz zum System denkerisch indifferent bleibt; und nur aus Trotz, Pragmatismus, Utilitarismus, Totalitarismus, Humanismus, Atheismus wird ein Totales von Beziehungen geschaffen, die in der vordergründigen Dimension dieser willkürlich erwählten Standpunkte den Widerspruch von Notwendigkeit und Zufälligkeit ausräumen sollen. Diese Euphorie kann nur solange aufrechterhalten werden, als das System vorgeben kann, aus seinen willkürlich gewählten Werten heraus eine absolute Ganzheit zu sein.

Es ist jedoch dem Denken des Menschen gegeben, den Schein seiner von ihm kreierten Systeme zu durchschauen: Es ist das Fragen des Menschen, das die jeweils neue, höhere und tiefer begründende Einheit für das in Frage Stehende suchen könnte. Damit kann jedes System, auch in seiner Gesamtheit, über-fragt werden. Und nach allem Überfragen der Systeme steht der Mensch wieder vor sich selbst mit der neu auftauchenden, alten Frage von Notwendigkeit und Zufälligkeit seiner menschlichen Geschichte.

Nach dem Durch- und Überfragen der Systeme jedoch kommt auf den Menschen die Einsamkeit zu. Er fühlt sich im Trubel der ihn umgebenden Ereignisse in seinem Selbstverständnis isoliert, denn er findet das Selbstverständnis weder in einem einzelnen Ereignis noch in einem totalitären System. Die aufgehende Sehnsucht aus dem Erfahren der Einsamkeit könnte so beschrieben werden: Die bewusste Ganzheit des Menschen, bislang absolutes, einsames Subjekt ohne den bergenden Raum für ein Selbstverständnis, sucht eine geistgeborgene Umwelt für Selbstbetätigung und Selbstverwirkli-

Der springende Punkt

chung. Der Mensch oder die Ganzheit als Subjekt ersehnt sich seine Begründung in einer Ganzheit als Substanz. Wenn wir Ganzheit als Subjekt und Ganzheit als Substanz voneinander scheiden, meinen wir mit Ganzheit als Substanz dies: Das Verhältnis der Ganzheit zum Konkreten steht nunmehr in einem durchschaubaren Verhältnis. Nicht mehr Zufall und Notwendigkeit konkreter Ereignisse bilden das widersprüchliche Erscheinungsbild der Ganzheit. Die Ganzheit und ihre Verwirklichung, Allgemeines und Konkretes, stehen im unlösbaren Zusammenhang ein und desselben Wesens, in dem Zufall und Notwendigkeit konkreter Geschichte als unwesentlich aufgehoben sind. Die Ganzheit als Substanz ist sich selbst Wesen, so dass jedes Ereignis des Selbstverstehens im eigensten Raum der Identität der Ganzheit steht und der Gegensatz von Zufall und Notwendigkeit jeder weiteren Berechtigung entbehrt und aufgehoben ist. Diese Ganzheit als Substanz steht im Einklang ihres Wesens zu ihrem Geschick: Sie ist dadurch tragender Sinn, Seligkeit, Heiligkeit, Wahrheit, Unendlichkeit, Ewigkeit, Allmacht, Güte, Liebe. Sie ist die denkerische Formel der Ganzheit als geglücktem Geschick, denn sie steht in allem Ereignis in der Sicherheit des Wesens. Und genau so vielfältig unser menschliches Geschick aus der Unauflösbarkeit des Widerspruchs von Zufall und Notwendigkeit in menschlicher Geschichte sich darbietet, genau so oft gibt uns die Sprache das Recht, an der Ganzheit als Substanz den geglückten Wesenszusammenhang auszusagen, nämlich Seligkeit, Wahrheit, Allmacht, Unendlichkeit.

Mit diesen Aussagen wie Allmacht, Heiligkeit, Unendlichkeit, Ewigkeit ist bereits Göttliches angeklungen. Mit dem Fortführen der Ganzheit als Subjekt zur Ganzheit als Substanz haben wir den Weg zum Transzendenten und Göttlichen beschritten, ohne ein augenfälliges logisches Signal dafür zu setzen, dass nun der große Aufstieg zur Gotteserkenntnis beginnt. Der Aufbruch menschlichen

Der springende Punkt

Denkens von der Ganzheit als Subjekt zur Ganzheit als Substanz hat nicht jene streng projektierbare Abfolge, dass etwa nach A B, nach B C, nach C D und nach D Gott erschlossen werden muss. Zu vielfältig ist im geistigen menschlichen Bereich das geschichtliche und widersprüchliche Erscheinungsbild der Ganzheit. Zu viele Alternativen ergeben sich für den denkenden und entscheidenden Menschen angesichts totaler Systeme. Allzu lange kann die Frage über Zufälligkeit und Notwendigkeit menschlicher Geschichte in den Systemen hingehalten werden.

Ehe wir Antwort geben, ob die Ganzheit als Substanz unbedingt das aussagt, was wir mit Gott als dem absoluten Grund aller Dinge meinen, ist jener denkerische Reifungsprozess zu beobachten, der im Bedenken der Ganzheit vom Subjekt zur Substanz führt. Wann vollführt das Denken jenen Schritt, der nicht als soundsovielter nach soundsovielen Schritten festlegbar ist? Ein Vergleich aus der Geometrie könnte uns dabei von Nutzen sein: Wim de Pater beschreibt uns in seinem Buch „Theologische Sprachlogik"[3] ein für unsere Frage anwendbares Vorgehen: „Ein Lehrer zeichnet eine Anzahl regelmäßiger Vielecke mit stets größer werdender Seitenzahl auf eine Tafel, und zwar so, dass die Ecken gleich weit von einem festen Punkt entfernt liegen. Die Anzahl der Seiten wächst und wächst. Was ist das Ergebnis? Die einfachste Antwort ist: eine Häufung von Vielecken, und das ist zweifellos richtig. Aber ist das alles? Es kann nämlich sein ..., dass in irgendeinem Moment jemand von etwas anderem ‚getroffen' wird, dass er etwas anderes hinter oder neben den Vielecken sieht, dass ihm etwas anderes enthüllt (‚disclosed') wird. Weiß dieser Betrachter, was ein Kreis ist, dann wird er sagen: ‚Aha, ein Kreis' ... Aber weiß er nicht, was ein Kreis ist, und es er-

---

[3] W. A. *de Pater*, Theologische Sprachlogik, München 1971, 20.

Der springende Punkt

eignet sich dennoch eine disclosure, dann wird er für das Enthüllte irgendein anderes Symbol x gebrauchen für dasjenige, auf das die Vieleckübung hinführte ..."

Der Weg der „disclosure" vom Vieleck zum Kreis könnte mit dem denkerischen Weg von der Ganzheit als Subjekt zur Ganzheit als Substanz verglichen werden. So kann auch die denkerische disclosure (Enthüllung) der Substanz früh oder spät eintreffen. Ihr Eintreffen ist früh gerechtfertigt und ist spät gerechtfertigt. Auch das Ausbleiben der disclosure kann an keinem Punkt des Weges als absoluter Fehler gebrandmarkt werden, denn, wie im Fall des Vielecks die Seitenzahl unbegrenzt vermehrt werden kann und es sich immer noch um ein Vieleck und keinen Kreis handelt, so kann der Weg von der Ganzheit als Subjekt zur Ganzheit als Substanz unbegrenzt hinausgezogen werden, ohne dass man das Denken bereits eindeutig eines inneren Versagens überführen könnte. Im Bereich der Richtigkeit ist das Fehlen der disclosure niemals absolut verfehlt, im Bereich der Ganzheit oder Wahrheit jedoch befindet sich nur das von der disclosure gestaltete Denken. So steht die Ganzheit wohl unter dem denkerischen Imperativ der Substanz. Das Eintreffen der disclosure ist wohl von der Ganzheit her durchaus geboten, aber kein einziger einzelner Punkt des denkerischen Weges, der sich für den Menschen geschichtlich vollzieht, ist ein privilegierter Punkt, an dem die disclosure mit unbedingter Folgerichtigkeit eintreffen müsste. Eine derartige Sicht unseres Denkens der Ganzheit könnte wohl auch dieser einen brennenden Frage der Philosophie und Theologie antworten: Warum kommt der eine Mensch zur Erkenntnis Gottes, während der andere die Konsequenz seines Denkens ohne oder gegen Gott betreibt? Die Antwort: Der denkerische Prozess in Ausübung der Ganzheit kennt kein fixierbares Nota bene, an dem eine disclosure eintreffen müsste, um aus den konkret durchlaufenen Denkschritten die Einsicht auf Gott freizugeben.

Der springende Punkt

Ist dann jeder denkerische Weg zu Gott gleich gut und gleich schlecht? Tritt auf dem Weg zur disclosure wieder der reine Zufall auf oder gibt es doch Wege, an deren metaphysischen Horizontmarken die disclosure auf ein göttliches Transzendentes hin anzutreffen ist? Hier beginnt die Frage über die Nützlichkeit der von der Vernunft unternommenen Gottesbeweise. Es ist in diesem Zusammenhang nicht zielführend, nun etwa die vielen im Lauf der Geschichte unternommenen Gottesbeweise zu erörtern. Zweifellos verdienten die fünf Wege der Gotteserkenntnis, wie sie Thomas von Aquin vorlegt, höchste Anstrengung unseres Denkens. Es soll hier jedoch nur ein denkerischer Vektor, der in vielen Gottesbeweisen anzutreffen ist, ins Gespräch gebracht werden: Viele Gottesbeweise, ob sie nun die Veränderung oder die Verursachung der Dinge oder das Mehr und Weniger seinsbegründeter Vollkommenheiten prüfen, beenden den Denkprozess über die endlichen Dinge mit dem lapidaren Satz: non datur processus in infinitum. Man kann nicht ins Unbegrenzte fortgehen. Die Aufklärung einer metaphysischen Frage (wie der Veränderung oder der Verursachung) an einer fortgesetzten Reihe von endlichen Erklärungsgrößen zerbricht in jenem Unbegrenzten, wo für das Denken niemals Sinn und Einheit zu holen ist. Selbst eine unendliche Reihe endlicher übergeordneter Ursachen begründet nicht letztlich ein endliches Verursachtes, denn wir können von einem endlichen Erklärungsgrund immer wieder zum nächsten und höheren Erklärungsgrund ausweichen.

Wir können auch nicht achtlos an der verbindlichen dogmatischen Aussage des Ersten Vaticanums vorbeigehen: „Ecclesia tenet et docet, Deum, rerum omnium principium et finem, naturali humanae rationis lumine e rebus creatis certo cognosci posse ..." (DB 1785: „Gott, der Urheber und das Ziel aller Dinge, kann durch das natürliche Licht der menschlichen Vernunft aus den geschaffenen Dingen mit Sicherheit erkannt werden"). Nicht auf den technischen Weg des

Der springende Punkt

Gottesbeweises, wohl aber auf das natürliche Vermögen menschlicher Vernunft ist diese dogmatische Aussage festgelegt.

So ist es auch von dogmatischer Sicht zulässig, die Funktion des sogenannten Gottesbeweises innerhalb des ganzen menschlichen Denkprozesses kritisch zu orten.

Die denkerische Wertung des Gottesbeweises, der zumeist als Aufstieg von endlichen Dingen zu einem Höchsten in logischen Schlussverfahren gesehen wird, braucht eine Richtigstellung: Der logische Weg, der für den Gottesbeweis als charakteristisch angesehen wird, ist nur ein bestimmtes Moment innerhalb der apriorischen Anlage und der Selbstgestaltung des Denkens. Der logisch aufgebaute Gottesbeweis ist gewissermaßen nur ein „Gärstoff" innerhalb eines geistigen Vorgangs, dessen Konturen die Ganzheit als Subjekt und die Ganzheit als Substanz sind. Der logische Gottesbeweis ist in diesen Konturen eingeschlossen und reicht nicht aus seiner eigenen direkten Logik und Thematik einfachhin ins Göttliche und Transzendente hinein.

Die Selbstverlängerung der Logik eines Problems der Endlichkeit führt also nicht aus sich zur Erkenntnis des Daseins Gottes. Es muss vielmehr ein „springender Punkt" im Denken erreicht werden, der sich nicht aus der einfachen Selbstverlängerung logischer Erkenntnisschritte ergibt, sondern von einer wesentlich neuen Qualität ist. Wohl kann der logisch-technisch angelegte Gottesbeweis der Gärstoff, der Katalysator beim Erreichen des springenden Punktes sein. Bereits zu Beginn jedoch haben wir festgestellt, dass diese Art der hier angesprochenen Logik nichts anderes als die durchgeführte Tautologie gewisser Inhalte endlicher Thematik ist. Der Punkt menschlicher Einsicht ins Transzendente ereignet sich aus einer tieferen Struktur des Denkens als jener logischen Struktur.

Hat es dann überhaupt noch Sinn, die verschlungenen logischen Wege der klassischen Gottesbeweise zu gehen? Wir können diese

Der springende Punkt

Frage durchaus positiv beantworten. Die Thematik der klassischen Gottesbeweise ist von einer Art, die geeignet ist, den Vorgang der disclosure von der Ganzheit als Subjekt zur Ganzheit als Substanz einzuleiten und durch radikale Verallgemeinerung der Thematik des Endlichen zu beschleunigen. Die bloß lineare Aneinanderreihung endlicher Dinge hat noch nichts von jener spezifischen Dynamik der Gottesbeweise an sich. Denn der klassische Gottesbeweis übergreift fragend das bloß Lineare. Wenn Thomas von Aquin in seiner prima via nach dem Beweger des Bewegten fragt, tut er dies nicht, weil sich das Denken blind und linear von einem Beweger zum nächsthöheren Beweger tastet. Das Denken des klassischen Gottesbeweises ist sogar einer unbegrenzten Reihe solcher möglicher Beweger voraus und fragt in einer intensiveren Dimension nach einem Beweger, der außerhalb dieser unbegrenzten Reihe steht.

Und ein Denken, wie es die klassischen Gottesbeweise ausweisen, das vom Linearen abzugehen imstande ist, entwickelt eine Eigenbewegung, die eine disclosure beschleunigt herbeiführt. Denn es braucht nicht die lineare Erfahrung einer unbegrenzten Reihe herbeigeführt zu werden. Die menschliche Vernunft in ihrer Fähigkeit zur Verallgemeinerung und Radikalisierung jedweder Problemstruktur vermag das Lineare in Verallgemeinerung zu überholen und die aus dem Linearen stammende Frage mit allgemeinster Gültigkeit zu stellen. So wird die aus dem linearen Bereich der Erfahrung stammende Frage nach dem Beweger eines Bewegten zur Frage, die sich in allen Erfahrungsbereichen und Erfahrungsweiten wiederholt und sich in immer größerer Allgemeingeltung typisiert und die ganze erfahrbare Wirklichkeit bezeichnet.

Mit dem Vorgriff der Vernunft über das Lineare hinaus auf die Radikalstruktur endlicher Wirklichkeit sieht sich der denkende und erkennende Mensch in einer unbegrenzten und unbewältigbaren Erfahrungswelt, an deren vorweggenommenem Ende immer noch

Der springende Punkt

dieselbe ungelöste Frage steht. Die Gesamtheit der Wirklichkeit, die dem Menschen unter einem Thema philosophischer Fraglichkeit (z. B. Bewegung, Verursachung, Mehr oder Weniger usw.) vorgestellt wurde, vermag sich nicht aus dem Erfahrungsschema (z. B. Beweger-Bewegtes) zu lösen. Sie wird in die Ausweglosigkeit eines processus in infinitum hineingezogen, so dass der denkende und erkennende Mensch in die Geschlossenheit dieses processus in infinitum letztlich nicht mehr einzudringen vermag. Unter dem Zeichen philosophischer Fraglichkeit also (z. B. Bewegung) wird dem Menschen in diesen Gottesbeweisen die gesamte Wirklichkeit des Konkreten dargestellt und gleichzeitig in ihrer Gesamtheit durch den unaufhaltsamen processus in infinitum vor dem Menschen wieder verschlossen. Damit hat der Mensch, dessen Ureigentlichkeit die Ganzheit als Subjekt ist und dessen geschichtliche Bestimmung die Ausmittlung des Widerspruchs von Zufälligkeit und Notwendigkeit seiner geschichtlichen Erfahrung und Erfahrungswelt ist, das Gründende im Menschen selbst in Frage gestellt. Der processus in infinitum als treibender Vektor vieler klassischer Gottesbeweise hat die gesamte Erfahrungswelt vor der bewussten Ganzheit des Menschen verschlossen, und es ist der Thematik solcher Gottesbeweise eigen, einen radikalen processus in infinitum aus dem jeweiligen philosophischen Thema der Endlichkeit zu eröffnen, um jedes vermittelte Verhältnis der bewussten Ganzheit des Menschen zu seiner Erfahrungswelt zu zerbrechen.

So verselbständigt sich in der jeweiligen infiniten Thematik des Gottesbeweises die Erfahrungswelt des Menschen in einer Weise, die dem Menschen jedes vermittelte Verhältnis zu dieser Welt nimmt. Denn im processus in infinitum treibt die jeweilige Thematik zu einer totalitären Selbsterweiterung, die dem Menschen keinerlei Aussicht mehr offen lässt, sein Selbstverständnis geschichtlich irgendwie vermittelt noch einbringen zu können.

Der springende Punkt

Die aus der Problematik des Endlichen (z. B. Bewegung, Verursachung) aufgenommene und vom denkenden und erkennenden Menschen durchgeführte Thematik verschließt im Endhorizont des auftretenden processus in infinitum die Erfahrungswelt des Menschen vor dem Menschen: Vom Menschen in Themen der Endlichkeit (Bewegung, Mehr oder Weniger usw.) bedacht, hat sich die Welt auf die Art des processus in infinitum verselbständigt. Damit steht der Mensch, der sich der Gewissheit seiner bewussten Ganzheit erfreute, auf einmal in seiner Identität in Frage. Man mag vielleicht geneigt sein, dem processus in infinitum, wie er in den Gottesbeweisen vorkommt, wenig Erlebnistiefe zuzuerkennen. Doch muss hier vermerkt werden, dass dieser processus nichts anderes als die gründlichste Form dessen ist, was uns als die Entfremdung des Menschen in Technik, Wirtschaft, Politik, Soziologie so bedrückend vorgestellt wird. Denn bei allen diesen Systemen, die nur einen Teilbereich der Wirklichkeit umfassen, geschieht im Grundsätzlichen derselbe Anschlag gegen das Selbstverständnis des Menschen: Es ist die wachsende Autonomie und immanente Funktionsfähigkeit solcher Systeme, die den ursprünglichen Beitrag des Menschen immer mehr zu simulieren verstehen, so dass der Mensch in der wachsenden immanenten Eigengesetzlichkeit solcher Systeme sich immer mehr von seiner Umwelt entfremdet. Denn der Mensch, dessen innerster Kern das bewusste identische Sein ist, erfährt sich in diesen Systemen als austauschbar, als bloße Teilfunktion ohne absoluten Wert, als minderwertiger und unbegabter Systemfaktor oder als Teilmoment eines totalitäten Systems, so dass er sein Innerstes nur mehr in der Sprache und in den Beziehungen des totalitären Systems aussprechen darf.

Der processus in infinitum der Gottesbeweise, der die Welt immer mehr in eine Erklärung ihrer selbst durch Funktionen ihrer Endlichkeit (wie Bewegung oder Verursachung) verstrickt, ist nichts

Der springende Punkt

anderes als eine grundsätzliche Vorwegnahme jener Entfremdungseffekte, die wir heute in verschiedenen technischen, politischen, wirtschaftlichen und sozialen Systemen sehr bewusst verspüren und zuweilen auch kritisieren. Ohne sich in anachronistische Rechthaberei versteigen zu wollen, kann behauptet werden, der traditionelle Vektor vieler Gottesbeweise, der processus in infinitum, ist Vorausschema heutiger philosophischer Problematik. Allerdings müssen diese Gottesbeweise in einer Ganzheit gesehen werden. Es wäre naiv, nur das unmittelbare logische Diktat ihrer Schlussverfahren zu beachten, ohne jenen Entscheidungshintergrund des Menschen zu sehen, der sich von der Ganzheit als Subjekt zur Ganzheit als Substanz spannt. Und nur in der Einbeziehung des Menschen in seinem Bewusstsein und Selbstverständnis ist alles eingebracht, was den Menschen zur Einsicht in Transzendentes freisetzt. Denn ein Gottesbeweis, der nur aus dem logischen Diktat sich zu rechtfertigen sucht, lässt den innersten Wesensbereich des Menschen außeracht, so dass eine denkerische und bloß logische Aussage über Gott immer dem Verdacht ausgesetzt bleibt, das Problem des Endlichen (wie es der Gottesbeweis vorstellt) sei nicht am Menschen selbst zu Ende gedacht und könnte doch noch in einem vielleicht noch unbedacht gebliebenen Bereich menschlichen Seins gelöst werden. Nur im radikalen Zusammenhang von Welt, menschlichem Sein und menschlichem Selbstverständnis, in der Thematik der Gottesbeweise, ist jeder Vorbehalt ausgeräumt, der noch einem vernünftigen Denkschritt von Endlichem zu Transzendentem und zu Göttlichem entgegengestellt werden könnte.

Mit dem Gottesbeweis in seiner logischen Form und in seinem logischen Anspruch ist durch den processus in infinitum der Mensch von der Welt dahin ausgesperrt, dass der Komplex „Welt" in seiner Fragestellung und in seiner Antwort sich immer wieder bis ins Unbegrenzte in sich selber schließt, so dass jedes erkennbare

Der springende Punkt

und logische Verhältnis des Menschen zur Welt im Komplex „Welt" schließlich selbst produziert (simuliert) werden kann, so dass der Mensch in erkenntnishaft-logischer Hinsicht jede geistige Eigenständigkeit verliert. In solcher Situation bleibt dem Menschen nur die verzweifelte Alternative, sich entweder in seiner Eigentlichkeit aufzugeben und vollkommen systemrelativ zu werden oder sich in tödlichem Desinteresse von der Welt zu isolieren.

Es ist also eigentlich nicht der logische Mechanismus der Gottesbeweise, der aus der Welt hinaus auf Göttliches verweist. Vielmehr zieht jeder logische Ansatz aus endlicher Thematik immer radikaler in ein geistig totalitäres und immanentes Weltsystem hinein. Daraus jedoch sieht sich der Mensch in seiner letzten Hintergründigkeit, in seiner Ganzheit als Subjekt, die er unabhängig von jeder Welterfahrung und vor jeder Welterfahrung zu sein überzeugt war, bedroht. Und erst das Ausweiten der Problematik des Gottesbeweises auf die Existenz und das Selbstverständnis des Menschen macht die Frage nach einem Transzendenten, das nicht Welt und nicht Mensch ist, wirklich begründet.

Erst das Hineinziehen sowohl des Menschen in seiner bewussten Ganzheit als auch der Welt in ihren Themen der Endlichkeit gibt uns die begründete Gewissheit, dass jeder noch mögliche denkerische Ausweg ein wirklicher Schritt in ein Transzendentes ist, das weder Welt noch Mensch ist. Nichts ist dem Menschen so gewiss und unbestreitbar wie das Bewusstsein seiner Existenz. Und dennoch ist dieses Bewusstsein keine Einsicht in das, was der Mensch eigentlich ist, so dass der Mensch unangefochten und in voller Wahrheit sein Wesen bei sich selbst erkennen könnte. Dieses Bewusstsein verdünnt sich gewissermaßen zur reinen Methode: Dies bedeutet, dass wohl jede konkrete Tat des Menschen aus diesem Bewusstsein ihren Ursprung nimmt. Dennoch weist dieses Bewusstsein nicht die geringste inhaltliche Selbstbestimmung auf. Alles, was wir über

Der springende Punkt

dieses Bewusstsein oder den Ichpunkt inhaltlich auszusagen wissen, ist bereits Reflexion. So trägt jede aus der Reflexion geborene Aussage bereits den Makel des Objektivierten, des Vorhandenen, an sich. Und zum harten Kern des Bewusstseins scheint es dennoch zu gehören, zu „sein", ohne „vorhanden-zu-sein".

So ist die so selbstgewisse Existenz des Menschen der inhaltlich unbestimmteste, aber feste Zusammenhalt aller konkreten Taten. Dieser Zusammenhalt ist trotz seiner absoluten Gewissheit anscheinend bloße Methode und keinerlei inhaltliche Maxime. Der menschliche Geist, der im vorgängigen Bewusstsein seiner Existenz keiner Maxime aus eigener Wesenseinsicht fähig ist, jagt im konkreten Ablauf seiner geschichtlichen Selbstverwirklichung der Auflösung seines widersprüchlichen Erscheinungsbildes nach. Denn die geschichtliche Selbstverwirklichung gibt dem Menschen keinen eindeutigen Durchblick durch Zufälligkeit und Notwendigkeit, aus dem heraus der Mensch geschichtlich sein eigenes Wesen wenigstens mühsam erfahren könnte.

So ist der Mensch Ganzheit: Er ist er selbst in absoluter und untrüglicher Gewissheit. Der Mensch bleibt aber Ganzheit als Subjekt. Seine Existenz und die absolute Wahrheit seiner Existenz bleiben die bloße Methode des Zusammenhalts geschichtlicher konkreter Taten, ohne dass irgendeine Einsicht in das Wesen des Zusammenhalts eine Ausmittlung von Existenz und Wesen des menschlichen Geistes herbeiführte. So bleibt der Mensch in der unerfüllbaren Sehnsucht nach Einsicht in sein eigenes Wesen; das Wesen der Dinge, das der Mensch in seinen konkreten Taten und Objektivationen erfährt, ist bereits angefault vom Todeskeim des bloß Vorhandenen. So trägt kein Essen vom Baum der Erkenntnis Leben und inneren Frieden aus der Mitte des Wesens.

Im Gottesbeweis wie auch in jeder Erfahrung autonomer, immanenter, totalitärer, weltlicher Systeme kehrt sich die ganze Umwelt

Der springende Punkt

und ihre mögliche Geschichte gegen den Menschen. Die Geschichte ist nicht nur kontinuierliche Erfahrung der Kontingenz des Menschen, insofern zu keiner geschichtlichen Stunde die Ausmittlung von Existenz und Wesen des Menschen geboren wird. Die Geschichte in ihrer zunehmenden immanenten Totalisierung ist schließlich jene unermessliche disclosure, in der der Mensch aus der absoluten Gewissheit seiner Existenz heraus sein Wesen und seine Lebensmitte dort erschaut, wo alles Vorhandene, Totalitäre und Weltliche überwunden und überstiegen (transzendiert) ist. So wie der Mensch seiner Existenz absolut gewiss ist, so wie das Verlangen nach Weseneinsicht alle geschichtlichen Schicksale in voller Wirklichkeit überdauert, so wirklich ist jenes Überweltliche und Übermenschliche, das die absolute Mitte von Existenz und Wesen ist.

Und diese vorgängige (nicht „vorhandene") absolute Mitte von Existenz und Wesen nennen wir die Ganzheit als Substanz. Ein besserer Name für diese Ganzheit als Substanz ist Gott. Gott, die absolute Mitte von Existenz und Wesen, trägt keine Spur von Kontingenz, von wesensungemittelter Existenz in sich. In den Ausdrücken der Scholastik sagen wir: Gott ist esse per essentiam, Gott ist esse subsistens, in der Sicherheit des Wesens stehendes Sein. So sicher die Gewissheit der menschlichen Existenz ist, so ungebrochen der Mensch die Ausmittlung mit seinem Wesen sucht, so wirklich ist Gott. So könnten wir verstehen, dass Gott dem Menschen näher ist als alle Welt, dass Gott dem Menschen innerlicher ist als der Mensch sich selbst.

Aus solcher Sicht erscheint die Wortwahl unerheblich, ob wir sagen: der Mensch „erkennt" Gott oder der Mensch „entscheidet" Gott. „Erkennen" und „entscheiden" sind von der Sprache des Objektivierten und Vorhandenen genommen. Vielleicht wäre es besser zu sagen: der Mensch „versteht" Gott, insofern Gott als die wahre Mitte und Wirklichkeit aller Existenz erst dann aufgeht, wenn in

Der springende Punkt

unserem Denken von nichts mehr, auch nicht mehr von der Existenz des Menschen, abgesehen wird, wenn alles in der Frage steht und alles in der Frage gewonnen werden muss. Es mag für manchen, der eine formale Veranstaltung der Gotteserkenntnis sich erwartet, enttäuschend sein, dass Gott in seiner Ganzheit als Substanz sich so wenig imposant von den übrigen Weltdingen absetzt und so wenig „darübersteht". Ist es nicht aber das Optimum einer transzendierenden Gotteserkenntnis, dass Gottes Sein eine identische Notwendigkeit des menschlichen Geistes ist und dennoch weder Mensch noch Welt ist? Könnte nämlich der Mensch aus der Identität seines eigenen Seins heraus nicht Gott erkennen, könnte er Gott nie erkennen. Wenn die Fähigkeit zur Gotteserkenntnis nicht schon in der Identität des Menschen vor aller konkreten Tat angelegt ist, dann bleibt der Mensch in der Gottesfrage blind und wird darin nicht sehend, auch wenn er die ganze Welt sähe.

So ist die Gotteserkenntnis, wie wir sie dargestellt haben, nichts anderes als unser kontingentes menschliches Sein, das aus sich und nur aus sich zu einer Ganzheit führt, die weder Mensch noch Welt sein kann. Diese Ganzheit als Substanz ist Gott. Und die Fähigkeit des Menschen zur Gotteserkenntnis liegt darin, dass der Mensch seine eigene Existenz bis zur bloßen Methode des Zusammenhangs seiner menschlichen Taten „verdünnen" kann. Damit ist der Mensch an seiner eigenen bewussten Existenz zu einer Frage fähig, die im Bereich der konkreten objektiven Dinge gar nicht möglich ist. Im Bereich des Konkreten gibt es nur die Frage über das Befragte. Schon die sprachliche Auskunft zeigt uns, dass die Frage nie total ist, sondern sich immer um einen Fragenden oder um ein befragtes Objekt organisiert. Ist jedoch die menschliche Existenz, die bewusste Ganzheit des Menschen, zur bloßen Methode des Zusammenhangs verdünnt, ist alles radikal Frage ohne den Rest eines Fragenden oder Befragten, um dessen inhaltliche Bestimmung die Frage herumorganisiert werden müsste. An der bewussten Ganzheit als Subjekt also erreicht der Mensch die Fraglichkeit ohne Vorbehalt. Und weil der Fraglichkeit jede menschliche und weltliche Verschränkung genommen ist, erweist sich jede Antwort auf die absolut vorbehaltlose Frage des Menschen als einer andern, neuen, transzendenten Ordnung zugehörig.

Erst aus der Fähigkeit zur absoluten Fraglichkeit kann der Mensch gewiss sein, dass eine Antwort darauf nur aus dem Transzendenten und Göttlichen stammen kann. So ist das Eintreten der Transzendenz nicht die Folge eines immer höher steigenden objektiven Wissens und Schließens, sondern die Vernichtung aller Beschränkungen, in denen die Frage gestellt wird, bis der Mensch von jeder Welt und Geschichte im Fragen entfremdet sich als einsame Frage und ausschließliche Frage versteht. In diesem Sinn ist der klassische Gottesbeweis nichts anderes als die kontinuierlich versuchte Entschränkung der Fraglichkeit des Menschen.

Die landläufige Einschränkung des klassischen Gottesbeweises wirft eine weitere Frage auf: Wie steht es nun mit dem Ablauf der Gotteserkenntnis? Gibt es im logisch aufgebauten Gottesbeweis gewisse Denkschritte, die, sind sie einmal durchlaufen, uns zur Erkenntnis des Daseins Gottes führen? Können die ineinandergreifenden Schritte der klassischen Gottesbeweise gewissermaßen abgezählt werden, so dass unsere Ferne oder Nähe zur Gotteserkenntnis messbar und abschätzbar ist? Am ehesten könnte die vorhin beschriebene Situation der disclosure diesen Fragen gerecht werden: Jene kontinuierliche Steigerung der Seitenzahl eines Vielecks führt uns an einem gewissen Punkt zur Enthüllung, in der wir im wachsenden Vieleck einen Kreis erblicken. Niemals erreichen wir konkret den Kreis aus der Vervielfältigung der Seitenzahl; selbst das fortgeschrittenste Vieleck wäre immer noch ein Vieleck und kein Kreis. Und dennoch ist uns der Kreis aus diesem an sich nicht zielführenden processus

Der springende Punkt

in infinitum der Seitenvermehrung in irgendeinem Moment des Fortschreitens einsichtig und gewiss.

Der genaue Augenblick der disclosure ist nicht festzulegen. Er kann grundsätzlich sehr früh und sehr spät eintreten. Er könnte konkret sogar ausbleiben, insofern dieser späte Punkt konkret noch nicht eintritt, weil im bloß linearen Fortsetzen der Seitenvermehrung des Vielecks immer auch die Aussage aufrecht bleibt, das Vieleck sei immer noch ein Vieleck und kein Kreis. Die disclosure ist allem Anschein nach ein Verlassen des rein linearen Fortschreitens.

Ein ähnlicherweise verstehbares Feld geistiger disclosure ist die menschliche Erfahrung der Welt und der Geschichte. Der processus in infinitum, in den vielfältigen Formen kosmologischer, politischer, technischer, soziologischer, wirtschaftlicher, totalitärer Systeme erfahrbar, kritisierbar und bedenkbar, erhält kontinuierlich die Instanz einer disclosure aufrecht. Mit dieser kontinuierlichen Instanz des processus in infinitum ist das Ereignis einer disclosure für jeden Augenblick möglich und gerechtfertigt. Wann allerdings diese Instanz den Menschen vom totalitären System der Welterklärung und Welterfahrung abkehrt in die absolute Fraglichkeit des Menschen, ist streng genommen nicht aus dem linearen Ablauf vorausschaubar oder ablesbar.

Was geschieht nun in der disclosure, die ein Verlassen des totalitären immanenten Erklärungssystems, ein Erfassen der absoluten Fraglichkeit menschlicher Existenz und ein Ausgreifen des Menschen in eine mit seinem Wesen völlig ausgemittelte Existenz (Gott) ist? Im geometrischen Beispiel des Fortschreitens vom Vieleck zum Kreis wird die disclosure kurz und bündig mit der Marke des „Aha-Erlebnisses" versehen.

In der Gottesfrage und Gotteserkenntnis scheint die denkerische disclosure ein etwas vielschichtigerer Ereigniskomplex zu sein. Es wäre jedoch nicht der Eigentümlichkeit denkerischer Einsicht

Der springende Punkt

angemessen, das Verlassen des totalitären und immanenten Erklärungssystems, das Erfassen der absoluten Fraglichkeit und das Ausgreifen auf die Ganzheit als Substanz als Schritte in gewisser zeitlicher Abfolge zu sehen. Das Verlassen, Erfassen und Ausgreifen ereignet sich in einem Durchblick des Denkens. Nur alle drei Momente zusammen sichern den denkerischen Zusammenhang jedes einzelnen Momentes mit dem anderen.

Obwohl diese drei Momente (Verlassen, Erfassen, Ausgreifen) die unzertrennbare Wirklichkeit einer denkerischen Einsicht sind, liegt zwischen dem Verlassen und Erfassen und zwischen dem Erfassen und Ausgreifen eine unbegrenzte Strecke linearer Freiheit, so dass unser Denken wohl um den Zusammenhang und um das grundsätzliche Gelingen dieser Einsicht weiß, damit jedoch nicht die lineare Freiheitsstrecke des processus in infinitum und des Verharrens in der nihilistischen Absurdität der absoluten Fraglichkeit (wir meinen die durchgehaltene Freiheitsstrecke vom Erfassen der absoluten Fraglichkeit zum Ausgreifen auf die Ganzheit als Substanz) abgekürzt werden kann. Das durchschlagende Gelingen der disclosure ist an keinem Punkt dieser linearen Freiheitsstrecke markiert, da sich auf diesen linearen Strecken keine Prozesse abspielen, die ein organisches und notwendiges Wachsen von einem Moment in das andere Moment hinein darstellen; das Lineare führt nicht aus sich von einem Moment zum anderen.

So liegt das denkerische Recht der disclosure nur im gesamtheitlichen Zusammenhang der drei Momente. Das Verhältnis allerdings dieses Zusammenhanges zum linearen Freiheitsraum ist gebrochen und gewissermaßen sprachlos. Das geglückte Verhältnis, das heißt, die eintreffende disclosure, ist dem Glück eines Ereignisses vorbehalten, für dessen verständige Erklärung der Zusammenhang der drei Momente nur eine hintergründige Sinnhaftigkeit, nicht aber ein voll praktikables Schema ist. Und die angemessene Sprache des ge-

Der springende Punkt

glückten Verhältnisses könnte die Autorität göttlicher Offenbarung für sich beanspruchen.

Wir werden nun fragen: Wenn das Dasein eines transzendenten Gottes eine Notwendigkeit für die Identität unseres Denkens ist, warum verachtet unsere heutige Theologie oftmals den Weg der Vernunft zu Gott? Warum anerkennen so wenige Menschen unserer Zeit das Dasein eines Gottes durch das Mittel der Vernunft? Dafür gibt es eine einfache Antwort: Die Fragen des heutigen Menschen haben genauso viel Unwahrheit in sich wie etwa die Antworten auf diese Fragen. Wir sind allerdings zumeist so naiv, dass wir glauben, dass jedes von uns gesetzte Fragezeichen bereits die volle Wahrheit enthält. Der heute unbezweifelte Mythos der Fraglichkeit, des Sichinfragestellens, hat unsere zu Fragezeichen aufgestalteten Gehirne noch trostloser gemacht.

Auch unsere Fragen müssen erst zu ihrer Wahrheit bekehrt werden. Für die Gotteserkenntnis unserer Zeit ist es die erste vordringliche Aufgabe, den Mythos des Kritischen und Problemhaften in seiner Unwahrheit aufzudecken. Solange wir spießbürgerhaft mit ernsten soziologischen, theologischen und kosmischen Mienen Probleme wälzen, die eigentlich nicht mehr Wahrheit als die Fragen nach dem Wetter haben, kann unser Denken nicht sein Verlangen nach einem transzendenten Gott zur Geltung bringen. Eine Frage hat dann ihre volle Wahrheit, wenn die letzte bewusste Identität des Menschen in Bedrängnis gerät. Zu fürsorglich wird der heute fragende Mensch von einem Einblick in diesen letzten Zusammenhang des Identischen abgelenkt. Nur wenn wir eine Sprache und ein Strukturbewusstsein finden, das die innerste Wahrheit unserer Fragen und die absolute Rahmenbedingung unserer Probleme aufdeckt, wird Gott zur unaufschiebbaren Entscheidung, zur rettenden zusammenhaltenden Klammer unseres Selbstverständnisses. Nur so wird Gott zum Grund unseres Selbstseins, ein Grund, der völlig

Der springende Punkt

anders als Welt und Mensch ist und dennoch kein außenstehender Anderer ist.

Die Probleme unserer Zeit sind in ihrer Thematik anspruchsvoll genug, um eine Besinnung auf ihre radikale Wahrheit in Gang zu bringen. Geben wir unseren Problemen die volle Wahrheit und zeigen wir den wahren Preis der Probleme, dann wird die Anerkennung Gottes eine Selbstverständlichkeit unserer menschlichen denkerischen Selbsterhaltung sein. Dann wird der Atheismus nichts anderes als eine denkunwürdige und unmenschliche Leerformel für unbewegliche Rechthaberei bleiben.

Wie steht es dann mit der Freiheit des Menschen gegenüber Gott? Ist Gott nicht doch nur einfach ein lästiges und notwendiges Gebot menschlicher Selbsterhaltung?

Freiheit, wie wir Menschen sie erfahren, steht genauso wie das Fragen unter einer Unwahrheit, besser gesagt: Freiheit steht unter der Entfremdung der Lieblosigkeit, des Egoismus, der Ungerechtigkeit, der Unterdrückung, der Schuld. Wie unser Fragen hält sich auch unsere Freiheit in ihrer noch unwahren Gestalt der Willkürlichkeit auf. Freilich wird gerade diese unwahre und auch unsichere Freiheit heutzutage immer unpraktikabler, da die Menschen in immer vielfältigere und verwirrendere Zusammenhänge unserer modernen Gesellschaft treten müssen. Freiheit und Fragen, wie wir sie praktizieren, müssen im Menschen gleichermaßen ihre Unwahrheit ablegen, damit wir „im Grunde" überleben können.

Die Frage zu klären, warum ein Mensch trotz aller Möglichkeiten der Vernunft dennoch nicht das Dasein Gottes anerkennt, betreiben wir oft sehr oberflächlich: Umwelt, bestimmte Interessen, persönliche Geschicke, Erziehung, unsittliche Lebenshaltung und vieles andere mehr werden herangezogen, um die Leugnung Gottes durch so viele Menschen zu erklären. Solche Erklärungen mögen zumeist richtig sein, erklären jedoch nichts. Wir möchten diese Menschen

Der springende Punkt

zuerst gut und friedfertig machen, damit ihnen die Überzeugung vom Dasein Gottes leicht fällt. Dabei wäre der Gang der menschlichen Vernunft in die letzte Tiefe der Identität am Besten dazu angetan, die Unwahrheit der freien Entscheidungen und der Fragen des atheistischen Menschen aufzudecken. In der Anerkennung Gottes selbst muss die Grundfunktion der Veränderung des irrenden Menschen liegen. Gott selbst muss das beste Argument gegen die Unwahrheit unserer Freiheit und unseres Fragens sein. Solange der Mensch in seiner Freiheit und in seinem Fragen nicht in die Tiefe des letzten göttlichen Grundes gerissen wird, bleibt der Gottesglaube eine unverbindliche Geschmacksache, und der Gottesglaube muss auf der vordergründigen Ebene sozialer Gefälligkeiten, ästhetischer Präferenzen und sinnloser Dialoge einen Konkurrenzkampf ohne Siegesaussichten führen.

Gott ist eigentlich nichts anderes als die letzte erhaltende Wahrheit unserer vielen menschlichen Fragen. Die große Zukunft des Gottesglaubens kann dann beginnen, wenn der Mensch über jeden gesellschaftlichen, wirtschaftlichen, geschichtlichen, politischen Systemzusammenhang hinaus die Ganzheit des Göttlichen als seine eigenste und tiefste Lebensmitte durchschaut.

Seele und Gewissen

*Warum sich die Psychologie
längst auf metaphysischen Bahnen bewegt*[1]

Zunächst möchte man meinen, wenn von der Seele oder vom Gewissen des Menschen die Rede ist, dass damit zwischen Medizin, Psychologie und Psychiatrie auf der einen Seite und Theologie und Philosophie auf der anderen Seite ein großes Feld gemeinsamen Interesses, gemeinsamer Probleme und gemeinsamer Formulierungen bezeichnet wird. Diese vermutete Gemeinsamkeit jedoch ist heutzutage nicht gegeben. Schon das oberflächliche Nachforschen in der psychologischen Literatur zeigt, dass Worte wie „Seele" oder „seelisch" sehr häufig weder ein Sachthema sind noch auch als Stichwort in den Registern geführt werden. Auch in der Philosophie ziert man sich, den Begriff Seele zu verwenden, zumal aus der Tradition der rationalistischen Philosophie heraus für Seele längst der Begriff Geist gängig geworden ist. Ebenso ist das Wort Seele seit Locke und Hume mit der endlosen Diskussion um die Substantialität der Seele belastet, in die auch Kants Ablehnung der metaphysischen Beweise für eine einfache, unsterbliche Seelensubstanz einmündete.

Auch die heutige Theologie geht zuweilen sehr ungern mit dem Begriff Seele um. War es in früherer Zeit dem Menschen geboten,

---

[1] Vortrag in Innsbruck bei der Tagung „Psychopathologie und Religion"; erschienen unter dem Titel: Seele und Gewissen, in: Archiv für Religionspsychologie 14 (1980), 37–44.

Seele und Gewissen

alles für die Rettung seiner Seele anzunehmen und zu unternehmen, war früher die Seele der eigentliche konstitutive Garant für die persönliche Unsterblichkeit des Menschen, bevorzugt man in der heutigen Theologie eine veränderte Sprache: Der ganze Mensch mit Geist und Körper, mit Seele und Leib, wird nunmehr bevorzugt in die Mitte jener Überlegungen gestellt, die sich mit Erlösung und Heil des Menschen befassen. Zuweilen wird in der Theologie sogar das vom Ganzen des Menschen losgelöste Reden von der Seele als ein unzeitgemäßes Relikt von Metaphysik, Aristotelismus, Platonismus, Thomismus usw. qualifiziert.

Ziel der nun auszuführenden Überlegungen sollte es sein, über Seele so zu sprechen, dass philosophisch und theologisch Gültiges damit vorgestellt wird und gleichzeitig mit der Größe Seele auch eine notwendige Rahmenbedingung für Medizin und Psychologie gekennzeichnet wird. Ohne Zweifel wird nicht relevant sein, was Plato mit der Präexistenz der Seele (mit einem Vorleben der Seele vor ihrer Verbannung in einen Leib) meint. Für die moderne Psychologie findet sich auch keine unmittelbare Anwendbarkeit der Lehre von einer Seelenwanderung, die in mannigfachen Variationen etwa bei den Ägyptern, Indern, bei den griechischen Orphikern, bei den Pythagoräern oder bei Plato sich formuliert. Auch der Gedanke von der Unsterblichkeit der Seele wird nicht unmittelbar das Tun von Medizin und Psychologie ansprechen oder gar spezifisch bestimmen. Ohne Zweifel müsste der Gedanke der Unsterblichkeit zunächst in mehreren Schritten auf das Verständnis und Selbstverständnis des menschlichen Lebens zur Anwendung gebracht werden, ehe die medizinische Psychologie darin etwas Prägendes und Machbares erblicken kann.

Auch die von der Philosophie ausgesprochene und später von der Theologie übernommene Wesensbeschreibung der Seele als der Form des menschlichen Leibes (anima intellectiva per se et essen-

Seele und Gewissen

tialiter forma corporis humani)[2] trifft noch nicht unmittelbar das spezifische wissenschaftliche Verhalten der heutigen Psychologie. Auch die Ablehnung einer nur einzigen Seele in allen Menschen[3] oder die theologische Feststellung, dass die einzelnen Seelen der einzelnen Menschen unmittelbar aus dem Nichts von Gott ins Dasein geschaffen werden[4], hat eine eher theologische Bewertung der Einzigartigkeit und der besonderen Gott-Bezogenheit des Menschen innerhalb des ganzen Kosmos zum Ziel.

Dennoch muss schon an dieser Stelle festgehalten werden, dass auch die Psychologie bei der theoretischen Strukturierung ihres Tuns sehr schnell an ähnliche Fragen herangeführt wird, wenn z. B. entschieden werden muss, in welcher Position der Mensch innerhalb der Umwelt, der Technik, der Gesellschaft, zu sehen ist oder wenn die Frage zu beantworten ist, inwieweit der Mensch als solcher der Maßstab der Evolution in ihrer Gesamtheit ist. Irgendwann muss auch die Psychologie, wenigstens einschlussweise, Bedingtes und Unbedingtes, Fortführendes und Destruierendes, Entfaltendes und Entfremdendes am Menschen konstatieren und damit ein Urteil über das Wesen des Menschen und über des Menschen besondere Werthaftigkeit abgeben.

Sofern sich Psychologie nicht als reine und empirische Naturwissenschaft betrachtet, wird sie sich, vor allem in ihrer Zielsetzung als einer heilenden und als einer den Menschen fördernden Wissenschaft, unaufgebbar als dem einzelnen Menschen verpflichtet verstehen. Für eine sich so verstehende Psychologie bleibt das psychische Geschehen des einen Menschen mit dem psychischen Geschehen

---

[2] Vgl. Conc. oec. XV Viennense 1305–1314. Denzinger-Schönmetzer (= DS) 902.
[3] Vgl. Conc. Lat. V oec. XVIII 1503–1513. DS 1440.
[4] DS 685, 3896. Humani generis 1950.

Seele und Gewissen

des anderen Menschen weithin unverrechenbar. Dies heißt, dass das beobachtete und zu wissenschaftlichen Strukturen erhobene psychische Geschehen niemals nur bloßes wissenschaftliches Material ist, das vielleicht einmal später anderen Menschen zur Heilung und Entfaltung dienen soll. Eine solche Psychologie hat es niemals mit bloß naturwissenschaftlich zu verstehenden Fällen zu tun, denn in jedem Fall ist es ein Mensch, der den ununterdrückbaren Anspruch auf Heilung, Hilfe und Entfaltung hat. Medizin und Psychologie, die ihre wissenschaftliche Aufgabe so verstehen, anerkennen damit einen Anspruch, den der einfache wissenschaftliche Gegenstand aus sich niemals geltend machen kann. In diesem Anspruch liegt bereits die Konzeption von der Unbedingtheit und Unaufgebbarkeit des menschlichen Daseins. Ist die Anerkennung dieses Anspruchs nicht einfach Konvention, Gewohnheit oder unter den Medizinern ausgehandeltes Regelverhalten, so ist damit im Menschen etwas anerkannt, was sich der gewöhnlichen Beobachtbarkeit und Machbarkeit entzieht und dennoch sehr entscheidend in das praktische wissenschaftliche Verhalten von Psychologie und Medizin eingreift. Wie der Name dessen heißt, was das praktische wissenschaftliche Tun unbedingt an jedem und an jedem einzelnen Menschen orientiert, mag zweitrangig sein. In der Sache trifft sich vieles mit dem, was theologisch und philosophisch auch in der Bedeutung von „Seele" eingeschlossen ist, nämlich Unbedingtheit und Unaustauschbarkeit des einzelnen menschlichen Daseins, Werthaftigkeit des Menschen jenseits von ökonomischen Strategien, Würde des Menschen jenseits von Erfolg und Misserfolg der wissenschaftlichen Anstrengungen.

Auch sofern zur Theorienbildung gewisse Gesichtspunkte eines Ganzen, einer Ganzheit in der Psychologie, ins Spiel gebracht werden, nähert sich die Psychologie wiederum gewissen Rahmenbedingungen, die etwas von der Bedeutung der „Seele" an sich haben. Phänomene, die den Einfluss verschiedener Ebenen aufeinander

Seele und Gewissen

aufzeigen, veranlassen zu Überlegungen über die Gesamtkonstitution des Menschen. Der Biologe Ludwig von Bertalanffy sieht dies so: „Insbesondere bestätigt die Psychopathologie die innige Verwobenheit der beiden Hälften der Erfahrung, von Leib und Seele, psychologischer Funktion und Bewusstsein. Grobe physikalische und chemische Eingriffe wie Elektroschock, Neurochirurgie und Drogen üben weitreichende Einflüsse auf die ‚Seele' aus. Seelische Vorgänge wie die verbale Beeinflussung durch Psychotherapie können ebenso den ‚Leib' beeinflussen, die physiologischen Funktionen einschließlich Dysfunktion bei Psychoneurose. So beginnen die physiologischen Funktionen im Verhalten und Nervensystem einerseits und die psychologischen Funktionen in ihren bewussten und unbewussten Anteilen andererseits einander immer ähnlicher zu werden in ihren strukturellen Aspekten. Es gibt keine scharfe Grenzlinie zwischen körperlichen Funktionen, Unbewusstem und Bewusstsein, und letzthin sind alle vielleicht das gleiche."[5]

Von Bertalanffy versucht zugleich mit dieser Vermutung, dass „letzthin alle vielleicht das gleiche sind", ein einheitliches Begriffssystem vorzuschlagen, in dem Leib und Seele in ihren formalen und strukturellen Aspekten durch gleichartige Modelle der Systemtheorie beschrieben werden können. Eine gewisse Isomorphie zwischen Psychischem und Physischem würde eine gewisse einheitliche Wissenschaft zwischen Physiologie und Psychologie ermöglichen. Allerdings würde eine solche Wissenschaft keine Antwort darauf geben, was die Realität letztlich „ist", sie würde aber auch nicht Seelisches auf Physisches (oder umgekehrt) reduzieren.[6] Andere

---

[5] L. v. Bertalanffy, … aber vom Menschen wissen wir nichts, Düsseldorf-Wien 1970, 168–169.
[6] Vgl. ebd., 169–171.

Wissenschaftler sehen das Beziehungsproblem dieser beiden Ebenen anders: vom psychophysischen Parallelismus bis zur Annahme eines allumfassenden Organischen mit eigener Finalität, bis zur Idee einer Ganzheit und bis zur Formel einer in allen Tiefen und Schichten tätigen Natur. Dies sind die Versuche, den Unterschied und die gleichzeitig bestehenden Beziehungen zwischen Physischem und Psychischem gedanklich zu fassen.

In all diesen Denk- und Beschreibungsversuchen, an denen sich durchaus auch die Psychologie beteiligt, geht es um das Feststellen eines Kontinuierlichen, einer Identität, die ein Zusammenordnen in ein sinnvolles Ganzes für alle physischen und psychischen Momente immer wieder gestattet. So wird der Mensch als Realisation einer Identität jenseits all seiner psychischen und physischen Akte konzipiert, in der das Zusammenspiel verschiedener Ebenen zu begreifen ist und in der fallweise das notwendige Gleichgewicht des Menschen herzustellen ist. Mit dieser vorausgesetzten Identität nähert sich die Psychologie wiederum einem Menschenbild, in dem die Seele nicht nur der Ursprung der menschlichen Akte, sondern auch als das die menschlichen Akte Verbindende und Überdauernde angesehen wird. Mit einer solchen Konzeption rückt selbst die Psychologie die Seele in eine Position, von der man schwerlich wird sagen können, dass sich hier bloß Tätigkeiten bündeln ohne jede weitere Form und ohne jeden weiterführenden Sinn.

Dennoch wird man sich fragen, was in der heutigen Medizin und Psychologie eine Größe wie „Seele" leisten soll. Medizin und Psychologie verfahren als Wissenschaften empirisch, sie beobachten, registrieren und vergleichen festgestellte Aussagen und wagen erst dann eine möglichst umfassende Theorie. In diesem Vorgang kann die Seele als solche kaum von Bedeutung sein.

Es sei gestattet, in diesem Zusammenhang auf den Philosophen Martin Heidegger zu verweisen, der feststellt, dass es keine Wissenschaft gäbe, wenn es nicht Identität gäbe. Wäre der Wissenschaft nicht die Selbigkeit ihres Gegenstandes verbürgt, könnte die Wissenschaft nicht sein, was sie ist. Die Selbigkeit des Gegenstandes ist die Möglichkeit der Forschung schlechthin. Die Wissenschaft kann sich selbst niemals die Selbigkeit des Gegenstandes verschaffen, sie lebt bereits von dieser Voraussetzung. Dennoch bringt die Leitvorstellung der Identität des Gegenstandes den Wissenschaften nie einen greifbaren Nutzen: Was sagt schon die Formel A ist A?[7] Auf ähnliche Weise seien auch die Wissenschaften von Medizin und Psychologie an die Größe „Seele" verwiesen. Von der Disziplin dieser Wissenschaften her ist ständig die Frage zu stellen, wie sich die psychischen Tatsachen verhalten und woher dieses Verhalten bedingt ist. Auf die Grundvoraussetzungen stößt man jedoch in dieser Frageweise nicht. Dennoch muss sich die Psychologie bei solchen Fragen entlang einer Leitlinie von Voraussetzungen bewegen, die die vielen Fragen nach dem „Wie?" im Verhalten des Menschen in einem „Was ist der Mensch?" zusammenfassen. Psychologie ist ohne Zweifel eine Sache der fortgesetzten Analyse von Tatsachen. Psychologie ist jedoch auch im selben Augenblick die Sache einer gewissen Kontinuität. Die Tiefenpsychologie von C. G. Jung etwa sucht sowohl die Beziehungen zwischen bewussten (Assoziationssystem auf Gegenwärtiges) und unbewussten Vorgängen (alle Vorgänge, die nicht an den Ich-Komplex assoziiert sind) als Ausdruck der Libido (qualitätsfreie letzte psychische Energie) zu erforschen. Die Psychoanalyse Sigmund Freuds nimmt neben dem Bewussten und Bewusstsein des Menschen ein Unbewusstes und besonders ein Unterbewusstes an, das zwar vom Menschen selbstständig nicht ohne weiteres bewusst gemacht werden kann, jedoch auf das bewusste Leben entscheidend

---

[7] Vgl. M. *Heidegger*, Identität und Differenz, Pfullingen 1957, 17.

Seele und Gewissen

einwirkt. In beiden hier skizzierten Beispielen zeigt sich das theoretische Schema von Aktualität und Kontinuität. Philosophisch könnte man sagen: In beiden Fällen liegt eine Theorie von Ereignis und Identität, von konkretem Gegenstand und Kontinuität, vor.

Mit solchen Beschreibungen von psychischer Wirklichkeit bewegt sich die Psychologie längst auf metaphysischen Bahnen: Ob man nun Libido oder Unterbewusstes meint, es handelt sich jeweils um ein Moment psychischer Kontinuität, von dem man eigentlich nicht mehr weiß als dass im psychischen Gesamtgeschehen des Menschen eine Identität, eine Kontinuität, am Werk ist, die den Austausch, die Gestalten und den Fortgang im Wechselverhältnis von Bewusst und Unbewusst, von Bewusst und Unterbewusst, ermöglicht. Was diese Dimension der Identität „an sich" ist, vermag dabei niemand zu sagen, da wir über diese Dimension nur in der Sprache und in Verhältnissen des „Bewussten" reden und wir diese eigentlich „bewussten" Verhältnisse in diese Identitätsdimension hineinprojizieren. Je nach der Ausgangslage des Problems erhält diese Identitätsdimension gewisse Kennzeichnungen aus der Psychologie, ob wir nun sprechen vom Freudschen „Überich" (Gewissen) und vom „Es" (Triebreservoir der Seele), von der Jungschen „Progression" (Vorwärtsbewegung der Libido und als deren Folge Assimilierung der Person an die Umwelt) oder vom „Archetypus" (durch Häufung gleichartiger Erfahrung herausgehobene allgemeine Grundzüge des Unbewussten). Dennoch liegt das Spezifische solcher Kennzeichnungen in einer Kontinuität, für die die beobachtbaren psychischen Tatbestände keinen hinreichenden Grund hergeben.

Kontinuität oder Identität sind also die Rahmenbedingungen für jene Formen von Psychologie, die sich jenseits von bloß empirischer Beobachtung mit dem Verstehen psychischer Vorgänge befassen. Damit bemüht die Psychologie eine Aussageform für Wirklichkeit, die durchaus auf der gleichen Ebene liegt wie die theologischen und

Seele und Gewissen

philosophischen Aussagen über die Seele. Es mag zunächst für die Psychologie ganz einfach sein, die Seele als eine Art „Seelending", als eine Art „Seelenklötzchen", abzutun. Eine Kritik an solchen unbeholfenen Vorstellungen mag auch durchaus angebracht sein. Dennoch wirft der Mensch in seinen zahlreichen psychisch auftretenden Verhaltensweisen auch für das Verstehen durch die Psychologie das Identitätsproblem als Wirklichkeitsfrage auf, ob die Psychologie nun als Struktur-, Ganzheits-, Konstitutions-, Kulturpsychologie, als Psychoanalyse oder als Tiefen- bzw. Individualpsychologie auftritt. In all diesen Fällen liegt der Bezug der Psychologie zur menschlichen Wirklichkeit mittels des Identitätsproblems jeweils jenseits der Reichweite der eigenen angewandten Methode. Die Behauptung, dass manches in der Psychologie zur theoretischen Anwendung Gebrachte außerhalb der Reichweite der eigenen Methode liegt, ist kein Vorwurf, dass daran etwas falsch sein muss. Auch Theologie und Philosophie sind ein ständiges Eingeständnis für den Rückgriff auf das vorausgesetzte Unbedingte. Was allerdings aus dieser gemeinsamen theoretischen Not von Philosophie, Theologie und Psychologie zu folgern ist, dies muss noch abschließend formuliert werden.

Es ist vor allem der gewisse Totalitätsanspruch in den Urteilen und Bewertungen der Psychologie, der zur Diskussion zu stellen ist. Dies ist wenigstens manchmal der Fall. Wiederum geht es hierbei nicht um die rein empirisch verfahrende Psychologie, sondern um die den konkreten Menschen verstehende, fördernde und heilende Psychologie. Ohne Zweifel sind diese Formen von Psychologie häufig von den Zielsetzungen der Medizin geprägt. Diese medizinischen Zielsetzungen bestimmen auch die Kategorien des Wirklichkeitsverständnisses in der Psychologie. Damit besteht für die Psychologie der Anlass, gemäß den Gesichtspunkten „gesund" und „krank" die psychische Wirklichkeit des Menschen zu beschreiben. Dies muss

Seele und Gewissen

natürlich nicht bedeuten, dass dabei immer das ausdrückliche Wort „gesund" oder „krank" im Spiel ist. Für diese beiden Feststellungen lassen sich in der Psychologie viele Beschreibungssysteme finden, ob man nun von Entfremdung, Verdrängung, Neurose, Fixierung, Sublimation, Normalität, Unterdrückung, Überkompensation, Substitution, Projektion, Hysterie, Phobie, Perversion, von endogenen oder exogenen Psychosen usw. spricht. Immer wieder geht es um Störung und Ausgeglichenheit innerhalb eines Systems, wie immer auch die Aufgabe für das jeweilige System gestellt sein mag. Man postuliert in jedem Fall ein gewisses Gleichgewicht innerhalb eines Systems, sei dies sozial, kulturell, somatisch, individuell oder kollektiv, und stellt von dieser jeweiligen Gleichgewichtsauffassung her die verschiedenen Qualifikationen gemäß „krank" oder „gesund" auf.

Zunächst stellt sich hiermit das Problem der Relativität. Was ist eigentlich „gesund" oder „krank", was darf man als „normal" und was darf man als „krankhaft" bezeichnen? Vieles wird in dieser Beurteilung davon abhängen, welches System zunächst gewählt wird und was dann in der Folge dieser Wahl als gesund oder krank, als normal oder krankhaft zu gelten hat. Längst sind zumindest Außenseiter der Kultur dazu übergegangen, das Krankhafte als das Normale oder gar als das Normative im psychischen Bereich auszurufen. So gerät die Psychologie mit ihren Maßstäben vollends unter die Kontrolle von Ideologien und revolutionären Strategien. Die oft so hoch gehaltenen Werte der Medizin, die in dem oft sehr unbedachten Begriff „Gesundheit" ihre größte Werthaftigkeit ausdrücken, geraten damit in das Belieben derjenigen, die vorschreiben, was als gesund und normal zu gelten hat. Nach dem Problem der Relativität steht noch ein weiteres Problem an. Gerade wenn man die verschiedenen Formen der Psychopathien betrachtet, scheint als ein Charakteristikum dieser Formen die durchgehende Schwäche eines Bezugs zu einer Wertordnung auf. Den Psychopathien fehlt vor

Seele und Gewissen

allem der Bezug zu jener Wertordnung, die das menschliche Zusammenleben voraussetzt. Es liegt daher nahe, an eine Störung in der Ausbildung des normativen Gleichgewichts zu denken. Gerade das psychisch gestörte oder geglückte Verhältnis zu einer Wertordnung gibt uns das Stichwort zur Frage: Können jene Formen von Psychologie, die von gewissen Voraussetzungen außerhalb der Reichweite ihrer Methoden ausgehen, die Aussagen von psychisch gesund und psychisch krank zur totalen Beschreibungskategorie der menschlichen Wirklichkeit machen? Lassen sich der Wille, die Affekte, das Gemüt, die Vernunft und vor allem das sogenannte freie Entscheiden innerhalb der psychischen Kategorien von gesund und krank umfassend beschreiben, zutiefst verstehen und menschenwürdig deuten?

Ist der Mensch darüber hinaus des Guten und Bösen mächtig? Ist in der „Schuld" des Menschen die letzte legitime Verstehenskategorie die „Störung" und das „Krankhafte"? Ist die letzte Auskunft an den Menschen, der an sich selbst Gutes und Böses und Schuldhaftes erfährt, jene Auskunft, dass Gut und Böse nur vordergründige Phänomene eines bestimmten psychischen Gesundheits- oder Krankheitszustandes sind? Eine Psychologie, die im Überich oder im Unbewussten ein großes Maß von Metaphysischem außerhalb der Reichweite der eigenen Methode investiert hat, wäre eigentlich inkonsequent, wollte sie die gesamte Wirklichkeit dann schließlich doch nur in den engen Grenzen ihres Systems als krank oder gesund qualifizieren. Es bleibt eine unausweichliche Frage, welcher Grundmaßstab dem Ernst des Menschseins besser entspricht, das Gesund- und Kranksein oder das Gut- und Bösesein. Könnte nicht vielleicht die schlimmste Neurose gerade in jener Umarmung durch die Psychologie entstehen, die dem Menschen den Grund seiner Entscheidungskraft und Freiheit durch endlose Krankheitsgeschichten weginterpretiert?

Seele und Gewissen

Haben solche Bedenken etwas mit Seele und Gewissen zu tun? Ganz sicher. Die Fähigkeit des freien Menschen zum Guten und zum Bösen besagt, dass sich der Mensch durch Gut und Böse in einer Weise verwirklichen kann, die durch kein System beschreibbar ist. Was durch Systeme beschrieben werden kann, ist zunächst nützlich (förderlich) oder schädlich (störend). Die Tiefe von Gut und Böse wird jedoch darin nicht erreicht. Sobald jedoch vom Verhalten des Menschen das Gute oder das Böse gilt, ist jede Einschreibung des Menschen in ein System überwunden. Kein System der Psychologie, eben weil es ein System ist, kann die menschliche Erfahrung des Guten und Bösen in sich austragen. Im Geltenlassen dieser Erfahrung von Gut und Böse muss die Psychologie für die Wirklichkeit des Menschen jene Voraussetzung gelten lassen, die jenseits des methodischen Ausgriffs der Psychologie liegt: die Wirklichkeit der Identität, die Wirklichkeit der Seele.

Gut und Böse sind nur dann Erfahrung der menschlichen Wirklichkeit, wenn der Mensch in jener unverfügbaren Identität, wenn der Mensch in Seele existiert. Dieser Satz muss zuletzt auch noch umgedreht werden: Der Mensch in Seele bedeutet aber auch, dass Gut und Böse jene Erfahrung der Wirklichkeit sind, die nicht in einer persönlichen Krankheitsgeschichte enden. Gut und Böse sind die Kennzeichen einer Kontinuität. Diese Kontinuität heißt für den einzelnen Menschen: Vergebung, Erlösung und Heil; für die Abfolge der Gestalten unserer Erfahrung: Kultur; für die Erfahrung der unaufgebbaren Verantwortung: Geschichte; für die Erfahrung des unbedingten Primats des Guten: Gott.

Das Behaupten der Theologie und Philosophie angesichts der modernen Psychologie von der Existenz der Seele ist eine Einladung an die Psychologie, das Gute und das Böse als Grunderfahrung der menschlichen Wirklichkeit gelten zu lassen. Diese Einladung an die Psychologie, diese Kontinuität, die mit Seele gekennzeichnet ist, als

Seele und Gewissen

Maß der Wirklichkeit gelten zu lassen, ist gleichzeitig eine Einladung an die Psychologie, Verantwortung für Kultur, Geschichte und Heil des Menschen zu übernehmen. Damit wäre es Sache der Psychologie, sich nicht zuletzt auch als ethische Wissenschaft zu verstehen.

Zum Verhältnis von Wahrheit und Freiheit

*Der Begriff der Toleranz
und das Lebensgefühl unserer Zeit*[1]

Das Wort „Toleranz" trifft ohne Zweifel in das Lebensgefühl unserer Zeit. Wer möchte heute nicht tolerant genannt werden, von seinen Mitmenschen und von der Öffentlichkeit? Intolerant genannt zu werden, ist für viele schrecklicher als der Vorwurf von Rückständigkeit, Eingebildetheit oder Arroganz. Viel Wertvolles im Bereich der Mitmenschlichkeit wird vermutet, wenn man sagt, dass ein Lehrer oder Erzieher tolerant ist, dass ein Mensch inmitten einer fanatisierten Menge durch Toleranz hervorsticht, dass einem Menschen Toleranz gelingt, wo andere nur mehr miteinander streiten oder gegeneinander kämpfen. Das Wort Toleranz gilt als Wert dort, wo man die Freiheit und die Gleichheit der Menschen in konkrete Lebenswirklichkeit umsetzen will. Das Wort Toleranz ist aber auch gegen seinen Wortsinn ein einseitiges Wort geworden, denn manch einer beansprucht heute Toleranz für sich, will aber zugleich den Andersdenkenden nicht einmal die Spur von Toleranz gewähren. Toleranz ist ein hoffnungsvolles Wort, aber auch ein viel missbrauchtes Wort.

Über die Politik mit dem Gebrauch dieses Wortes hinaus steckt jedoch auch im Begriff der Toleranz eine innere Problematik: Was soll geschehen, wenn der eine die Wahrheit kennt, der andere aber

---

[1] Vortrag aus dem Jahre 1988.

unbeugsam irrt? Hat die Wahrheit mehr Recht auf Verbreitung und Mitteilung als der Irrtum? Gibt es die moralische Pflicht, andere von der Wahrheit zu überzeugen? Bedeutet der Anspruch der Wahrheit gegenüber dem Irrenden eine ungerechte Unterdrückung von dessen persönlicher Freiheit? Soll Toleranz in ihrer Praktizierbarkeit schließlich nichts anderes behaupten als: „Es gibt keine Wahrheit, sondern nur Meinungen, Ansichten oder Wahrscheinlichkeiten; die Wahrheit ist jeden Tag eine andere; niemand hat die Wahrheit gepachtet; es gibt keine Wahrheit, sondern nur das Suchen nach Wahrheit; Wahrheit mag es geben, aber sie ist dem Menschen unzugänglich; jede Wahrheit ist von der Praxis widerlegbar"? Solche häufig formulierten Ansichten über die Wahrheit verraten, dass die gemeinte Toleranz sehr bald mehr sein will als die richtige und menschenwürdige Weise des Umgangs miteinander. Vor allem aus der Sorge, eine eindeutige und letzte Wahrheit könnte den Frieden der Menschen untereinander gefährden, wird mit dem Wort Toleranz oft auch die Behauptung transportiert, Toleranz verneine jede bindende und letzte Wahrheit.

So lässt sich erklären, dass viele meinen, die Theorie der Toleranz sei der Subjektivismus oder der Relativismus oder der Indifferentismus oder Agnostizismus. Wer hingegen von einer Wahrheit überzeugt sei, der könne gar nicht tolerant sein, weil er dem anderen darin keine Freiheit lasse. Schon diese wenigen Andeutungen von Gegensatz und Widerspruch zeigen, dass im Problem der Toleranz das Verhältnis von Wahrheit und Freiheit zu klären ist. Die Frage nach der Freiheit rührt bereits an eine Grundfrage des Menschen. Wie viele Freiheiten musste sich der Mensch im Verlauf seiner eigenen Geschichte erkämpfen: die Freiheit von der Sklaverei, die Freiheit für seine eigenen und persönlichen Entscheidungen, die Freiheit für die Schließung einer Ehe und für die Gründung einer Familie, die Freiheit für Eigentum und Verfügung darüber, die Freiheit

Zum Verhältnis von Wahrheit und Freiheit

der Meinungsäußerung, die Freiheit für die Wahl des Wohnortes und der Arbeitsstätte, die Freiheit für die Ausübung der Religion, die Freiheit für Forschung, Lehre und Kunst. Vieles, was dem Menschen wertvoll und heilig ist, scheint in der Geschichte des humanen Fortschritts mit der unbedingten Forderung nach Freiheit verbunden zu sein.

Alle reden von der Freiheit, alle versuchen, die Zustimmung und Gefolgschaft der Menschen zu gewinnen, indem sie Freiheit versprechen. Ist die Freiheit vielleicht das Höchste, über das hinaus nichts Höheres mehr gedacht werden kann? Hat damit auch der Mensch die Freiheit zum Bösen? Dürfen wir dem Menschen sagen: „Du tust Böses. Du darfst das Böse nicht tun!", wenn dieser Mensch behauptet, er verwirkliche damit nur seine Freiheit? Oder ist alles sittlich erlaubt, wenn der Mensch nur „in Freiheit" handelt? Genügt diese Formalität der Freiheit, um jedwedes Tun des Menschen zu rechtfertigen? Diese Ethik der Formalität begegnet uns heute mehrfach, denn wir sagen: Hauptsache „demokratisch" beschlossen, zugleich aber riskieren wir, dass Unrecht und Verbrechen demokratisch sanktioniert werden, wenn sich eine demokratische Mehrheit dafür findet. So haben wir dies mit der Fristenregelung erlebt, die mit dem Schlagwort der „Entkriminalisierung der Abtreibung" eingeleitet wurde. Das nächste Schlagwort könnte die „Entkriminalisierung der Euthanasie" sein, mit dem ein neuerlicher demokratischer Konsens für die Schutzlosigkeit einer anderen Gruppe der Schwachen herbeigeführt werden soll.

Die Ethik der Formalität ist heute ein weiter Bereich, in dem der Mensch weniger nach dem, „was" er tut, sondern nach dem, „wie" er es tut, sein Tun beurteilen lassen will. Einige Beispiele dafür: Bei Entscheidungen fragt man manchmal kaum, ob die Entscheidung sachgerecht und gut war, sondern wie sie zustande gekommen ist, ob alle gefragt wurden, ob es genügend Gespräche gegeben hat, ob das Verfahren eingehalten wurde. In der Frage einer ökumenischen Interkommunion argumentiert man, dass die eine Seite eingeladen hat, während die andere dies ablehnt, und fragt, warum nach den Regeln der Höflichkeit hier nicht eine Einladung mit einer Einladung beantwortet wird. Man fragt also wenig nach objektiven Gründen, sondern beurteilt alles nach dem „wie" des höflichen Umgangs miteinander. So löst man heute auch ungern Konflikte in der Sache, sondern man führt lieber endlose, wenngleich erfolglose Gespräche. Die ethische Formalität ist oft der einzige Maßstab in der heutigen Bewertung der Sexualität. Nicht mehr, wer etwas tut oder was jemand tut, wird gefragt, Hauptsache ist nur mehr, mit welchem „persönlichen Glück" es geschieht. Selbst dort, wo man das Gewissen des Menschen gelten lassen will, bleibt es oft bei der Ethik der Formalität, denn man will dem Menschen nicht vorlegen und sagen, was er zu tun hat. Man sagt ihm nur: Tue es mit Gewissen, handle nach deinem Gewissen.

Fragt der Mensch nun, was er denn mit Gewissen und nach seinem Gewissen tun soll, schweigt man oft und lässt den Menschen in seiner Ratlosigkeit allein. Oft geschieht dies, weil man meint, dass alles, was dem Menschen durch ein Gebot oder durch eine Vorschrift gleichsam von außen auferlegt wird, gegen die Autonomie des Gewissens verstößt und damit die Würde des persönlichen Gewissens verletzt. Man ist der Meinung, dass die Freiheit des Menschen nur dann Freiheit ist, wenn sie sich ganz selbst bestimmt und jede äußere Autorität ausschließt. Man meint also, dass die Freiheit sich ganz selbst machen muss, dass sie total selbstschöpferisch sein soll und nichts Vorgegebenes anzuerkennen hat. Diesen Grundsatz meldet man vor allem im Bereich der persönlichen Werturteile und der privaten Überzeugungen an. Eingeschränkt soll die Freiheit höchstens darin werden, dass dem anderen kein Schaden zugefügt werden soll.

Zum Verhältnis von Wahrheit und Freiheit

Immer mehr setzt sich im gängigen Wert- und Moralbewusstsein die Meinung durch, man könne frei in der Sache und ethisch zugleich in der Formalität sein. Es ist natürlich etwas Verführerisches, dem Menschen in allem die Freiheit zu versprechen und ihm gleichzeitig eine Form anzubieten, die alles noch „ethisch" erscheinen lässt. Die Illusion, dass man alles Beliebige „mit Gewissen" tun kann und dadurch ethisch gerechtfertigt ist, lässt sich nur aufrecht erhalten, solange man nicht die schrecklichen Grenzen dieser Illusion kennt. Schon sind die Schreckenstaten des Weltkriegs und die Verbrechen am Menschen in den Konzentrationslagern vergessen. Wie oft wurden Menschen getötet, ermordet, verstümmelt und erniedrigt, während man sich die ethische Illusion machte, man handle „aus Pflicht". Was kann heute verhindern, dass Menschen beseitigt werden, weil sie nicht der Selbstverwirklichung, nicht dem persönlichen Glück, nicht dem Recht auf Freizeit und nicht dem Recht auf einen normalen Dienst und auf eine geregelte Arbeitszeit entsprechen? So faszinierend das Gefühl der Freiheit und der Gewissensautonomie in Zeiten des Wohlstandes und der geordneten Interessen sein mag, so schrecklich ist in Grenzsituationen des Menschen, wie z. B. Krieg, unheilbare Krankheit, Verfolgung und Armut, das Bild der unbegrenzten Freiheit und des autonomen Gewissens.

Diese Befürchtung meint nicht, dass Menschen, die eine unbegrenzte Freiheit und Autonomie des Gewissens lehren, persönlich Übeltäter sind. Dennoch bleibt es unverantwortlich, ein ethisches System zu lehren, das solche grauenvolle Taten sicher nicht will, das aber auch nicht einmal theoretisch in der Lage ist, solche Untaten als objektiv böse zu beurteilen und dem Menschen zu verbieten. Vieles wird in normalen Zeiten und Situationen durch eine Ethik der Formalität richtig gesteuert sein. Eine Ethik der Formalität wird aber keine Tat als objektiv böse, als immer unerlaubt qualifizieren

Zum Verhältnis von Wahrheit und Freiheit

können. Wie oft hört man: „Das gibt mir etwas, das erfüllt mich, das verwirklicht mich – also soll ich es tun, also darf ich es tun." Solche formalen Prinzipien klingen lange Zeit gut und plausibel, aber was kann der primitive ethische Formalismus antworten, wenn die Tötung eines Menschen, die Abtreibung eines Kindes, die Untreue in der Ehe, die Brutalität, die ideologische Borniertheit oder der Zynismus der Macht dem Menschen „etwas geben" oder ihm „Selbstverwirklichung und Emanzipation" verheißen?

Hier bahnt sich eine der wichtigsten Fragen an, deren Beantwortung nachhaltig den Begriff der Toleranz bestimmt: Gibt es das objektiv Böse im Handeln des Menschen, das zu tun dem Menschen niemals erlaubt ist, das der Mensch unbedingt meiden muss? Wenn es dieses objektiv Böse gibt, dann hängen Gut und Böse in den Taten der Menschen nicht einfach von der Situation, nicht vom sozialen Kontext, nicht vom subjektiven Geschmack und Empfinden, nicht von der kulturellen Evolution und nicht vom Milieu ab. Was man heute unter Toleranz versteht, wird sich nicht daran stoßen, wenn man die Frage von Gut und Böse dem subjektiven, relativen und autonomen Standpunkt des Menschen überlässt. Wo aber bleibt das Prinzip der Toleranz, wenn wir festhalten: Du darfst niemals und unter keinen Umständen einen unschuldigen Menschen mit Absicht töten, du darfst die Ehe nicht brechen, du sollst Gott lieben, du sollst die Schöpfung und ihre Ordnung bewahren, du darfst nicht verleumden usw.? Solche sittlichen Forderungen werden unbedingt gestellt. Ihre Missachtung ist niemals erlaubt, auch nicht als Mittel zu einem guten Ziel. Auch wenn es zuweilen erlaubt ist, das kleinere sittliche Übel zu dulden, um ein größeres zu verhindern oder um etwas sittlich Höherwertiges zu fördern, so ist es dennoch niemals erlaubt – auch aus noch so ernsten Gründen nicht – Böses zu tun um eines guten Zweckes willen, das heißt, etwas zu wollen, was seiner Natur nach die sittliche Ordnung verletzt und deshalb als des Men-

Zum Verhältnis von Wahrheit und Freiheit

schen unwürdig gelten muss. Wo also das objektiv Böse festgestellt wird, dort hat die sogenannte Toleranz ihre harte Grenze, die nicht überschritten werden darf. Denn selbst im Namen der Toleranz wird man dem Menschen nicht gestatten, jemand mit Absicht zu töten oder das Töten als erlaubt hinzustellen.

Toleranz ist für viele die Methode der Freiheit für sich und die anderen. Toleranz verspricht die Wahrung der Würde des Menschen, Toleranz will jener Raum sein, in dem sich der Mensch entfalten kann, Toleranz will die Umgangsregel sein, die den Menschen vor Unterdrückung und Gewalttätigkeit schützt. Die Toleranz stellt aus sich allerdings mehr Fragen als wir meinen, wenn wir uns einmal nicht in der Mitte des Raumes von Gleichheit, Freiheit und Brüderlichkeit bewegen: Wenn die harten Grenzen des menschenwürdigen Zusammenlebens sichtbar werden, stellt sich schnell das Problem, ob die Toleranz alle auftretenden Konflikte lösen kann, ob alle Fragen beantwortet, ob alle Rechte geschützt, ob alle Freiheiten bewahrt sind, wenn wir nur einfach Toleranz üben und gewähren lassen, was jeder nach dem Maß seiner Freiheit ersinnt. Wir werden jedoch bei allen Freiheiten an Grenzen erinnert, so dass wir fragen müssen: Darf die freie Meinungsäußerung auch Demagogie und Verhetzung sein? Darf die Freiheit der Lehre die lernenden Menschen zu Skeptikern und Agnostikern formen, die Interesse und Sensibilität für die Wahrheit verloren haben? Lässt sich die Freiheit der Forschung als Freiheit der Technik, als Freiheit der Ökonomie, als Freiheit der Medizin usw. etablieren, so dass jedes Resultat legitim ist, wenn es nur frei erforscht ist? Besonders im Bereich der Technik, Technologie und Medizin meldet sich heute – inmitten des Fortschrittsoptimismus – eine neue Bedenklichkeit.

In der inneren Logik der Forschung liegt keine Frage nach dem Dürfen, denn alles Interesse richtet sich nur nach dem immer unbegrenzteren Können und Wissen. Längst weiß der Mensch um eine Gefährdung seiner selbst und seiner Art, die der Mensch durch die Maßlosigkeit seines Könnens und Wissens herbeiführen kann. Denken wir nur an die Beispiele der Umweltzerstörung, der atomaren Unkontrollierbarkeit und der genetischen Manipulation des Menschenwesens. Kann sich also die Toleranz mit der Freiheit der Forschung grenzenlos verbünden? Oder ist der Mensch ein Wesen, das nicht mit allen denkbaren Freiheiten sagbar, einholbar und schützbar ist? Hat der Mensch noch eine andere Existenz und Wahrheit, die nicht in seinen Freiheiten projizierbar ist?

Ähnlich wird heute auch die Frage nach der Freiheit der Kunst gestellt. So sehen die einen die Freiheit der Kunst bedroht, während andere die beanspruchte künstlerische Freiheit für eine Bedrohung der gemeinschaftlichen Ordnung und für eine gefährliche Maßlosigkeit halten. Für die Kirche stellt sich hier oft eine delikate Frage: Wie die Freiheit zum Menschen gehört, so gehört auch die Freiheit zur Kunst, denn die Kunst ist eine der Freiheiten des Menschen als eines geistbegabten und wahrheitsfähigen Wesens. Dennoch kann die Kunst ihre Freiheit nie als ein Asylrecht besonderer Art betrachten. Auch die Kunst muss zur Rechenschaft gegenüber den fragenden, kritisierenden und interessierten Menschen ständig bereit sein. Auch die Kunst kann Gefahr laufen, durch Verweigerung der Kommunikation einfach autoritär zu sein. Auch die Kunst besitzt nicht jene Unfehlbarkeit, Fehler, Missstände, Bewusstseinstrübungen und Fehlentwicklungen des Menschen als Fehler deklarieren zu können, ohne von diesen Fehlern auch selbst bedroht zu sein. Auch die Kunst ist keine unfehlbare Methode zur Rechtfertigung oder Selbsterlösung des Menschen. So kann die Kirche in manchen Fragen nicht schweigen und die Augen verschließen. Zuweilen sogar muss die Kirche auch in der Kunst „Katechese durch Protest" anwenden, um das Recht des menschlichen Gewissens auf die Wahrheit des Glaubens und die Würde des Menschen zu schützen.

Zum Verhältnis von Wahrheit und Freiheit

Auch die Politik eines freien und zivilisierten Staates wird von der Toleranz geprägt. Das Recht auf freie politische Betätigung, auf freie Meinungsäußerung und Information, auf den freien Zusammenschluss von Bürgern in einem gemeinsamen politischen Ziel, auf Einbeziehung des Bürgerwillens in die Entscheidungen des Staates und vieles andere heute Selbstverständliche werden mit der Motivation der Toleranz den Menschen vorgetragen. Dabei kann man feststellen, dass nicht alle politischen Optionen auf dasselbe Maß von Toleranz stoßen. Wer heute z. B. die Bewahrung einer Ordnung vertritt, wird weitaus weniger Toleranz beanspruchen dürfen als jener, der alles in Frage stellt. Schließlich bleibt noch die Frage: Was hat dann zu geschehen, wenn für eine Ideologie der Intoleranz die Toleranz beansprucht wird? Wenn die Toleranz nur die Methode des konfliktfreien Umgangs miteinander ist, wird sie aus ihren eigenen Ansprüchen heraus mit jenen Ungereimtheiten konfrontiert werden, dass die Intoleranten am meisten für sich Toleranz fordern, um sie anderen nicht zu gewähren. In manchen Auseinandersetzungen geht dies so weit, dass die Täter für sich nichts mehr beanspruchen als das Opfer zu sein.

Wenn Toleranz nur die Methode des konfliktfreien Umgangs ohne jede übergeordnete Norm und ohne jedes Wertprinzip sein will, wird sich die Toleranz nicht vor dem Missbrauch ihrer selbst schützen können. Soll jedoch die Toleranz Schutz für den Menschen, für sein Leben, seine Würde und seine Rechte oder die Ermöglichung seiner Moralität sein, muss die Toleranz an Normen und Werten festhalten, die sie im Namen der Toleranz nicht wieder relativieren kann. Die Toleranz muss also um des Menschen willen mit sich selbst in den Widerspruch treten. Das heißt, die Toleranz muss um ihrer Humanität willen eine „Wahrheit" zur Geltung bringen, die es nicht mehr erlaubt, alles zu relativieren, alles als gleich-gültig einzustufen und eine geltende Wahrheit fraglich zu machen.

Zum Verhältnis von Wahrheit und Freiheit

Man könnte Toleranz so definieren: Duldung von Anschauungen und Handlungsweisen, die sich von den eigenen unterscheiden. Angesichts der gerade erwähnten Ungereimtheiten im Selbstverständnis der Toleranz muss jedoch irgendwann die Frage nach jenen Motiven und Einsichten des Menschen gestellt werden, die eine solche Duldung als politische, soziale, pädagogische und vor allem religiöse Lebensform ermöglichen. Ganz besonders wird diese Frage den religiösen Menschen betreffen. Wir wollen uns hier mit der Frage der Toleranz aus der Sicht des christlichen Glaubens und vor allem der Lehre der katholischen Kirche befassen.

Der christliche Glaube ist der Glaube an einen personalen Gott, der die Welt und den Menschen geschaffen und in eine Ordnung gestellt hat. Dieser Gott hat sich jedoch in der Geschichte des Menschen geoffenbart. Jeder Mensch ist aufgerufen, diese Offenbarung zu hören und anzunehmen, denn der offenbarende Gott ist wahrhaftig und offenbart dem Menschen nichts als die Wahrheit. Und als die Zeit erfüllt war, ist der ewige Sohn dieses offenbarenden Gottes ein Mensch geworden und hat durch sein Leben, Leiden, Sterben und Auferstehen den Menschen von der Sünde erlöst und zur Würde des Kindes Gottes erhoben. Dieses Angebot und dieser Anspruch Gottes betrifft jeden Menschen zu allen Zeiten und an allen Orten. Gott will, dass alle Menschen gerettet werden und zur Erkenntnis der Wahrheit gelangen. Dafür gibt es nur den Weg, der über Christus und das Wirken der Kirche Christi führt. Diese Grundzüge der christlichen Botschaft zeigen deutlich, dass es um einen Gott, um einen Erlöser, um einen Glauben und um eine seligmachende Kirche geht. Der christliche Glaube spricht damit eine Wahrheit aus, die nicht neben anderen gleichrangigen Wahrheiten steht. Man wird für die Wahrheit des christlichen Glaubens das Argument geltend machen können, dass es Gott selbst ist, der für diese Wahrheit als der Offenbarer, als der Erlöser und als der Heilige Geist der Wahrheit

Zum Verhältnis von Wahrheit und Freiheit

einsteht. Man wird vielleicht auch sagen können, dass im christlichen Glauben schon offenbar ist, was andere erst ahnen und auf dem Weg des guten Willens suchen. Kann jedoch die christliche Religion in Verpflichtung und Treue zu sich selbst die „bürgerliche Toleranz" akzeptieren und in Frieden leben?

Das Paradigma der bürgerlichen und aufgeklärten Toleranz hat Gotthold Ephraim Lessing geliefert, der in seinem dramatischen Gedicht „Nathan der Weise" dem Verhältnis der jüdischen, islamischen und christlichen Religion zueinander nachgeht. Lessing lässt den weisen Nathan erzählen, was es mit diesen Religionen auf sich hat: „Vor grauen Jahren lebt ein Mann im Osten, Der einen Ring von unschätzbarem Wert Aus lieber Hand besaß. Der Stein war ein Opal, der hundert schöne Farben spielte, Und hatte die geheime Kraft, vor Gott und Menschen angenehm zu machen, wer In dieser Zuversicht ihn trug ...". Dieser Ring sollte vom Vater immer wieder jenem Sohn weitergegeben werden, der ihm am liebsten war. „So kam nun dieser Ring von Sohn zu Sohn, Auf einen Vater endlich von drei Söhnen; Die alle drei ihm gleich gehorsam waren, Die alle drei er folglich gleich zu lieben Sich nicht entbrechen konnte ...". Jeden liebte dieser Vater, jedem hatte der Vater diesen Ring versprochen. Es kommt zum Sterben. Keinen der Söhne, die sich alle auf das Versprechen des Vaters verlassen, will der Vater kränken. Was also tun? Der Vater sendet den Ring geheim zu einem Künstler, bestellt bei diesem nach dem Muster seines Ringes zwei weitere Ringe, dem einen Ring vollkommen gleich. Das gelingt dem Künstler. „... Da er ihm die Ringe bringt, Kann selbst der Vater seinen Musterring nicht unterscheiden. Froh und freudig ruft Er seine Söhne; jeden insbesondere; Gibt jedem insbesondere seinen Segen, – Und seinen Ring, – und stirbt ...".

Im Jahrhundert der Aufklärungsphilosophie hat Lessing 1779 das Paradigma der Toleranz durch seinen „Nathan" vorgelegt. Die

Zum Verhältnis von Wahrheit und Freiheit

absolut gleichen Ringe, die nicht einmal mehr der Vater unterscheiden kann, werden für Lessing zum Bild des Verhältnisses der jüdischen, islamischen und christlichen Religion und zur Grundlage der lebbaren Toleranz. So glatt und human auch die gleiche Gültigkeit dieser Religionen beschrieben wird, so sehr ist das Gleichnis von den gleichen Ringen eine Theorie jenes Agnostizismus, der die Wahrheitsfrage nicht entscheiden will, und allem Anschein nach auch nicht entscheiden kann. Das Wissen um die Wahrheit behält sich jener vor, der das Gleichnis erzählt. Das innere Urteil über die Religionen ist wohl ein positives, dennoch aber ein völlig relatives und gleich-gültiges. In der frühen Geschichte waren es einmal die Christen, die inmitten einer heidnischen Staatsmacht, die Freiheit der Religionsausübung als eine Form der Gewissensfreiheit forderten. Kritiker des christlichen Glaubens sehen den Einbruch der religiösen Intoleranz zu jenem Zeitpunkt, in dem die christliche Lehre zur Staatsreligion erhoben wurde. Sie beurteilen das Zusammenwachsen von geldlicher und weltlicher Macht im Mittelalter als Ursache dafür, dass Abweichungen von der Lehre als Bedrohung gesellschaftlicher Ordnung erschienen und zur Inquisition und zur Verfolgung Andersgläubiger führten. Im 16. Jahrhundert trifft dieser Vorwurf auch die Reformatoren: Calvin wird die Verbrennung des Ketzers Servet vorgeworfen, Luther wiederum hieß die Anwendung der obrigkeitlichen Gewalt gegen die radikale Sekte der Wiedertäufer gut. Als Vertreter einer Toleranz gelten Erasmus und vor allem Castello: Sie plädierten vor allem für eine Einigung durch von allen anerkannte Grundlagen, wie die Morallehre der Bibel. Wo keiner der Gegner den absoluten Sieg davontragen konnte, einigte man sich zuweilen auf einen Modus vivendi: Augsburger Religionsfrieden 1555, Edikt von Nantes 1598. Überall in Europa wurde mit wechselndem Erfolg und mit nicht immer gleichen Maßstäben um Toleranz und Frieden zwischen den

Zum Verhältnis von Wahrheit und Freiheit

Religionsgemeinschaften gerungen. Das Toleranzdenken der Aufklärungsphilosophie wird vor allem durch Pierre Bayle vorbereitet, der in religiösen Dingen für die uneingeschränkte Gewissensfreiheit plädiert.

Die Philosophen Leibniz und Wolff förderten den Toleranzgedanken, ehe Lessing mit besagter Ringparabel Christen, Juden und Muslime aufrief, gleichberechtigt nebeneinander zu treten und ihren Wert im Wetteifer miteinander zum Heil der Menschheit zu erweisen. Vor allem in Frankreich spielte im 18. Jahrhundert die Aufklärung immer wieder dieses Thema mit den verschiedensten Konsequenzen durch: Die Glaubenssätze der christlichen Religion seien unvereinbar mit Vernunft und Erfahrung, sie müssten daher verneint werden; anzustreben sei eine von Vorurteilen befreite und durch die Philosophie regierte Menschheit. Mit solchen Argumenten versuchten Philosophen wie Voltaire, Rousseau und Diderot die Herrschaftsansprüche des christlichen Glaubens zu verneinen, um gleichzeitig für umfassende Toleranz und Gewissensfreiheit zu plädieren. Niederschlag fand die Toleranzidee sowohl im protestantischen Preußen unter Friedrich II. wie auch im katholischen Österreich unter Joseph II. Als ein Höhepunkt der Toleranzbestrebungen wird die Erklärung der Menschenrechte vom 26. August 1789 in der Französischen Revolution angesehen.

Auch wenn es in der geistesgeschichtlichen Entwicklung des Toleranzgedankens Anstrengungen und Fortschritte gegeben hat, tritt dennoch immer wieder neu, trotz aller Deklarationen der Menschenrechte, das Problem der Toleranz und der religiösen Toleranz dort auf, wo geschlossene Menschengemeinschaften durch die Entwicklung der Kommunikation oder durch gewaltsame Ereignisse vermischt werden, wo sich ein nationales Selbstverständnis mit einem religiösen Selbstverständnis verbindet, wo Interessengruppen auch geschlossene religiöse Gemeinschaften sind, wo ein politisches,

Zum Verhältnis von Wahrheit und Freiheit

kulturelles oder erzieherisches Programm von besonderen religiösen oder antireligiösen Prinzipien geprägt ist. Da die Religion eine wesentliche Angelegenheit des Menschen ist, wird es nie gelingen, bürgerliche Toleranz einfach dadurch zu erreichen, dass man Religion zur absoluten Privatsache des einzelnen Menschen erklärt und die religiösen Lebensäußerungen des Menschen in den rein privaten Geltungsbereich zurückgedrängt werden. Keine Religion wird akzeptieren können, dass gewisse Ideen die „Toleranz" wie eine Art „Überreligion" oder „Vernunftreligion" der konkreten Religion überordnen. Die Frage der Toleranz bleibt eine ständige Frage der „conditio humana", die nie endgültig und allgemeingültig zu beantworten ist, wohl aber jeden Tag gemäß dem Wohlwollen und der sozialen Phantasie der betroffenen Menschen gelebt werden kann.

Vergessen darf auch nicht werden, dass die Geschichte der Toleranz nicht eine ständige bloße Konfliktgeschichte ist. Zu allen Zeiten gab es das friedliche, wohlwollende, respektvolle und konstruktive Zusammenleben in verschiedenen religiösen Überzeugungen. Wenn geschichtliche Fehler und Vergehen gegen die Würde des Menschen erkannt und bereut werden müssen, soll auch die häufige Selbstverständlichkeit des Wohlwollens füreinander und des Friedens miteinander in Geschichte und Gegenwart nicht vergessen sein. Das Zweite Vatikanische Konzil hat sich vielfach bemüht, die Konfliktgeschichte der Kirche in ihrer Vergangenheit zu erkennen und eine Zukunft in Frieden und Brüderlichkeit aller Menschen zu sichern. Immer war es ein Handlungsgrundsatz der Kirche, den „Irrtum" zu bekämpfen, aber den „Irrenden" zu lieben und für die Wahrheit zu gewinnen. Auch das irrende Gewissen des Menschen verliert für die Kirche nie seine Würde, wenngleich die Kirche es als ein Recht des menschlichen Gewissens erachtet, dass dieses zur Wahrheit geführt wird.

Zum Verhältnis von Wahrheit und Freiheit

Besondere und weltweite Aufmerksamkeit hat die Erklärung des Konzils zur Religionsfreiheit („Dignitatis humanae") gefunden. Hier gilt es etwas zu klären, was von der einen Seite missverstanden und von der anderen Seite (z. B. Erzbischof Lefebvre) getadelt wurde: Häufig hört man nämlich, die Kirche sei mit dieser Konzilserklärung von ihrem unbedingten Wahrheitsanspruch in der Lehre abgerückt und betrachte sich auch nicht mehr als der alleinige Weg des Menschen zum Heil. Als das Konzil sich zur Religionsfreiheit äußerte, hatte es sehr wohl solche Missverständnisse und Einwendungen im Blick. Daher sagt das Konzil gleich zu Beginn: „Gott selbst hat dem Menschengeschlecht Kenntnis gegeben von dem Weg, auf dem die Menschen, ihm dienend, in Christus erlöst und selig werden können. Diese einzige wahre Religion, so glauben wir, ist verwirklicht in der katholischen, apostolischen Kirche, die von Jesus dem Herrn den Auftrag erhalten hat, sie unter allen Menschen zu verbreiten ... Alle Menschen sind ihrerseits verpflichtet, die Wahrheit, besonders in dem, was Gott und seine Kirche angeht, zu suchen und die erkannte Wahrheit aufzunehmen und zu bewahren ..." (Nr. 1).

Ausdrücklich legt sodann das Konzil fest, dass das, was das Konzil zur religiösen Freiheit eines jeden Menschen festlegt, „sich auf die Freiheit von Zwang in der staatlichen Gesellschaft bezieht", und dass mit dieser Erklärung die überlieferte katholische Lehre von der moralischen Pflicht der Menschen und der Gesellschaft gegenüber der wahren Religion und der einzigen Kirche Christi „unangetastet" bleibt (vgl. Nr. 1). Das Konzil sucht also nicht den Weg der Toleranz durch das Aufgeben ihres einzigartigen Wahrheitsanspruchs. Man könnte sagen, dass das Konzil die Wahrheit der katholischen Lehre geradezu als eine besondere Begründung für die religiöse Freiheit des Menschen erachtet. Nicht im Aufgeben der Wahrheit, sondern in der Verpflichtung gegenüber der Wahrheit des Glaubens will das Konzil den Weg der Religionsfreiheit darlegen, die

Zum Verhältnis von Wahrheit und Freiheit

in der gesellschaftlichen Ordnung zu sichern ist und in den unverletzlichen Rechten der menschlichen Person gründet. So lehrt das Konzil: Die menschliche Person hat ein Recht auf religiöse Freiheit. Die Menschen müssen frei sein von jedem Zwang, frei von jeglicher menschlichen Gewalt, so dass „in religiösen Dingen niemand gezwungen wird, gegen sein Gewissen zu handeln, noch daran gehindert wird, privat und öffentlich, als einzelner oder in Verbindung mit anderen – innerhalb der gebührenden Grenzen – nach seinem Gewissen zu handeln" (Nr. 2). Das Recht der menschlichen Person auf religiöse Freiheit muss in der rechtlichen Ordnung der Gesellschaft so anerkannt werden, dass es zum bürgerlichen Recht wird. Ohne die fundamentale Pflicht des Menschen, die religiöse Wahrheit zu suchen und an der erkannten Wahrheit festzuhalten, aus dem Auge zu verlieren, versucht das Konzil alle Notwendigkeiten darzulegen, die der Mensch für seine äußere und innere Freiheit in der Ausübung der Religion braucht. Grenze der religiösen Betätigung des einzelnen Menschen und der religiösen Gemeinschaften in der Gesellschaft ist die gerechte öffentliche Ordnung, die zu bewahren ist (vgl. Nr. 2). Keineswegs also will das Konzil einer Gleichgültigkeit gegenüber der Wahrheit, einem Agnostizismus oder einer moralischen Willkür des Menschen Vorschub leisten. Die Erklärung will jedoch den gesellschaftlichen Lebensraum für die Ausübung der Freiheit und des Gewissens vor allem als ein bürgerliches Recht sichern.

Wenn das Wort „Toleranz" in der Erklärung zur Religionsfreiheit überhaupt Verwendung finden soll, so gilt Toleranz nicht deswegen, weil die Kirche auf ihre Wahrheit und auf ihre Sendung verzichtet, sondern weil die Wahrheit des Glaubens die Freiheit und Würde des Menschen fordert und ermöglicht. Übersehen darf auch nicht werden, dass mit dieser Erklärung gleichzeitig auch die religiöse Freiheit für die Kirche inmitten einer Welt der Unterdrückung und Gewalt gefordert wird. Das Konzil bezeichnet die Kirche einmal als Zeichen zugleich und Schutz der Transzendenz der menschlichen Person (vgl. GS, Nr. 76). Wo die „Gleichheit" nur funktionierende Gleichheit ohne Wahrheitsbegründung sein will, zerstört die „Gleichheit in Toleranz" sich in den eigenen Widersprüchen und in der Blindheit für ihre Grenzen. Die Kirche hingegen bietet für die Gleichheit in Freiheit und Gewissen eine ungleiche und ganz andere Wahrheit als Grund und Norm an: Es ist dies die Wahrheit über den Menschen als Bild und Gleichnis des Schöpfers, als Kind Gottes durch die Erlösung, als Person mit Freiheit und unverletzbarer Würde.

Im Bereich der Gesellschaft braucht es „Rechte", die den Menschen schützen. Die Person jedoch ist in ihrer tiefsten Wahrheit jemand, der geliebt wird und liebt. Dieser Weg der Liebe, den die Kirche zu gehen hat, schuldet dem Menschen jene Wahrheit, die aus Gott ist und durch Christus und die Kirche offenbar wurde. Über das gerechte bürgerliche Verhalten hinaus schuldet die Kirche dem Menschen das „Beste", das sie geben kann: die Wahrheit des Glaubens und die Vermittlung des Heils in Christus. Von der Person her bauen sich Recht und Gleichheit in der Gesellschaft auf. Weil die Person jedoch eine Wirklichkeit der Liebe Gottes ist, darf die Kirche nichts zurückhalten und verbergen von dem, was ihr Eigentliches und Bestes ist. Die Kirche muss mit allem Freimut vom Erlöser sprechen und mit aller Sorge das freie Gewissen des Menschen an der göttlichen Lehre bilden. Die Grenzen der Gleichheit sind in der konkreten Praxis oft schnell erreicht; es folgen dann Unrecht und Unfreiheit. Wohl den Menschen, die dann eine Kirche finden, die sich nicht aufgegeben und gleichgeschaltet hat, weil sie einer göttlichen Wahrheit treu blieb. Denn die Wahrheit soll uns frei machen.

II.
An Gottes Wirklichkeit glauben
Beiträge zur Theologie

Existiert Gott?

*Die wirkliche Wirklichkeit Gottes
als Herausforderung der Theologie*[1]

Es ist eine Zumutung an das Publikum, wenn ein Professor der Theologischen Fakultät einen Vortrag ankündigt, der ein Fragezeichen hinter die Existenz Gottes setzt. Ein solches Fragezeichen ist im Grunde nicht klüger als die Frage, ob zum Menschen die Vernunft gehört, ob das Pferd vier Beine hat oder ob es in einem Wald Bäume gibt. Existiert Gott? Man könnte dieses Fragezeichen vielfach deuten: etwa als Anspielung an den Küng'schen Bestseller oder als Provokation an den glaubenden Menschen, sich des Daseins Gottes zu vergewissern, oder als die Neurose unseres Zeitalters, das Selbstverständlichste befragen zu müssen, um das Selbstverständlichste schließlich nicht mehr zu verstehen. Für mich bedeutet die Setzung dieses Fragezeichens nichts anderes als Ausdruck unserer intellektuellen Mode, unserer Ratlosigkeit im Leben, in der Welt und in der Geschichte, als Ausdruck für die Verwahrlosung unserer Vernunft.

In dieser Frage „Existiert Gott?" verwenden wir viel Selbstverständliches: Jeder meint, zumindest in seinem Herzen zu wissen, was Gott bedeutet. Jeder meint damit etwas Höchstes, Größtes, Erhabenstes, Überragendes, Mächtigstes und zugleich irgendwie Unsagbares

---

[1] Vortrag in der Reihe „Theologie im Gespräch" (Katholisches Bildungswerk Regensburg) sowie Vortrag im Stift Engelszell, 1978.

Existiert Gott?

oder vielleicht sogar Unvorstellbares. Schließlich scheint uns auch das Wort existieren so selbstverständlich zu sein, dass wir überhaupt nicht mehr antworten können oder wollen, wenn jemand wissen möchte, was das Existieren eigentlich ist. Man verweist an den Wirklichkeitssinn des Menschen, der längst darin verständigt ist, was das Existieren bedeuten soll. In früheren Zeiten konnte man sich sogar auf die Formel verständigen: Wenn es Gott gibt, dann muss es Gott notwendig geben. Man war sich mit dieser Formel klar, dass ein Höchstes und Größtes alle Notwendigkeit zum Dasein in sich selbst hat, dass Gott ein anderes Dasein hat als alle anderen übrigen Seienden, die es wohl geben mag, die jedoch nicht notwendig da sind, d. h. die es geben kann, die jedoch auch nicht da sein können. Das heutige Denken hat sich jedoch nicht in dieser Richtung weiterentwickelt. Man braucht heutzutage das Wort Gott absolut nicht zu vermeiden, man kann heute wissenschaftlich auf verschiedene Weise von Gott reden und dabei dennoch die Existenz Gottes ausklammern oder gar in Abrede stellen.

Viele von Ihnen werden sich daran erinnern, dass es vor einem Jahrzehnt die große theologische Mode war, eine Gott-ist-tot-Theologie zu betreiben. Gott wurde damals als große entfremdende Irrform des menschlichen Denkens, des religiösen Verhaltens, der sozialen Beziehungen und des sprachlichen Aufkommens angesehen. Man sagte, dass Gott tot ist, und meinte damit den Versuch einer Befreiung des Menschen von Metaphysik, von Herrschaft, von Unterdrückung und von ideologieverfälschter Rede. Gott wurde im Grunde als eine einzige Entfremdung des Menschen von sich selbst deklariert, der man zuweilen dadurch beizukommen trachtete, dass man sogar in der Theologie auf das Wort „Gott" verzichten zu müssen glaubte.

Die Gott-ist-tot-Mode ist inzwischen weithin abgeklungen. Dennoch ist die wirkliche Wirklichkeit Gottes auch heute noch das große

Existiert Gott?

Problem der Theologie. Die Theologie hat sich in ihrem Selbstverständnis – im Gegensatz zu früherer von der Metaphysik bestimmter Theologie – einer neuen Konzeption von Wissenschaftlichkeit angeschlossen. Die heutige Theologie wendet sich ihrem Gegenstand so zu, wie er sich uns zeigt, und betrachtet nicht mehr ihren Gegenstand, wie er an sich ist. Man kann daher in der Theologie von Gott reden, wie er vom religiösen Menschen erfahren wird; man kann von Gott reden, wie er von der Schrift vorgestellt wird; man kann von Gott reden, wie er im theologischen und dogmatischen Verstehen der Kirche in seinem Bild entfaltet wird; man kann von Gott reden, wie er eine kulturelle, soziale, moralische Größe in der Entfaltung des Menschen ist. Nicht umsonst wurde das gängige Wort der Rede von Gott geprägt. Gleichbleibend ist in all diesen Aussagen der heutigen Theologie von Gott jene Zwischenschaltung des Bereichs, in dem der Mensch, die Schrift, die Kultur usw. mit einer Größe namens Gott umgehen.

Der eigentliche Gegenstand der Theologie ist dabei jedoch nicht Gott, sondern das, was sich in Kirche, Theologie, Kultur, religiöser Erfahrung usw. als Gott ausgibt. Gott ist nur Gegenstand der Theologie, sofern er benützt wird und in erfahrbaren Formen von Kultur, Literatur, Psychologie, Soziologie, Religiosität als ein Moment des Menschen und für den Menschen auftritt. Man kann heute vielfältig Theologie treiben, in der von Gott die Rede ist. Im strengen Sinn steht jedoch dabei Gott selbst und Gott an sich überhaupt nicht zur Diskussion. Von Gott zu reden, bedeutet noch lange nicht, dass damit die Existenz Gottes selbst behauptet wird. Behauptet wird lediglich, dass eine Größe, der man den Namen Gott gibt, in vielen menschlichen Bereichen in spezifischen Phänomenen festgestellt werden kann. In dieser positivistischen Konzeption von Theologie ist nicht Gott an sich der Gegenstand, sondern letztlich unsere menschliche erfahrbare Wirklichkeit.

Existiert Gott?

Damit kann in der heutigen Theologie schließlich sogar die Frage der Existenz Gottes ausgeklammert werden. Mehr noch: Die Methode solcher Theologie ist gar nicht in der Lage, überhaupt nach der Existenz Gottes zu fragen. Hier mag sich ohne weiteres der Protest regen, dass mit der heutigen Theologie hart und ungerecht verfahren wird. Unterscheiden tut in so schwerwiegenden Dingen not: Es wird kaum eine Form heutiger Theologie geben, die unmittelbar Gottes Existenz bestreiten möchte oder die auch nur Zweifel oder Abstinenz an der Frage der Existenz Gottes pflegen möchte. Es ist aber gerade das der Theologie unbewusst und unreflektiert zugewachsene Wissenschaftsverständnis, das in seiner Methode und in seiner Gegenstandswahl zu einer eher positivistischen Wissenschaft führt und die Theologie für die Gottesfrage inkompetent macht.

Ich möchte behaupten, dass sich die Theologie durch die Option ihres Wissenschaftsverständnisses jene Denkart hat aufdrängen lassen, die schwierigste Herausforderung geblieben ist. Formuliert wurde diese Herausforderung durch Ludwig Feuerbachs (1804–72) Religionskritik, die Theologie mit der Philosophie identifiziert, Gott auf den Menschen reduziert und die Philosophie auf die Anthropologie. Feuerbach sieht die „Aufgabe der neueren Zeit" darin: „die Verwirklichung und die Vermenschlichung Gottes – die Verwandlung und Auflösung der Theologie in die Anthropologie". Wie kommt es für Feuerbach zum Gottesbegriff? Der Mensch stellt sein menschliches Wesen aus sich heraus, er sieht es als etwas außer sich Existierendes und von sich selbst Getrenntes; er projiziert es so als selbständige Gestalt gleichsam an den Himmel, nennt es Gott und betet es an. Der Gottesbegriff ist nichts anderes als eine Projektion des Menschen: „das absolute Wesen, der Gott des Menschen ist sein eigenes Wesen. Die Macht des Gegenstandes über ihn ist daher die Macht seines eigenen Wesens". Was sich immer auch im Menschen, in seiner Kultur und in seiner Geschichte ereignen

Existiert Gott?

mag, für Feuerbach gibt es keinen Ausgriff des Menschen in ein Transzendentes, Übermenschliches, Göttliches, denn „das Bewusstsein des Unendlichen ist nichts anderes als das Bewusstsein von der Unendlichkeit des Bewusstseins", das heißt: „im Bewusstsein des Unendlichen ist dem Bewussten die Unendlichkeit des eigenen Wesens Gegenstand".

Hier geschieht der radikale Rückgriff auf den Menschen: Alles, was sich im Menschen und durch den Menschen zeigt, ist Mensch und wiederum Mensch und ausschließlich Mensch. Damit ist Gott auch nichts anderes als das offenbare Innere des Menschen, des Menschen ausgesprochenes, entäußertes Selbst. Es darf nach Feuerbach nicht mehr heißen: Gott schuf den Menschen nach seinem Bild, sondern: Der Mensch schuf Gott nach seinem Bild. Gott ist die große Projektion des Menschen.

Nach diesem Verweis auf Feuerbach wieder zurück zur wissenschaftlichen Selbstgestaltung der heutigen Theologie. Im Grunde befassen sich die theologischen Disziplinen heute nur mit Denominationen von Fakten, wie sie im Medium des Menschen, seiner Kultur, seiner Geschichte und seiner Gesellschaftlichkeit auftreten. Damit ist jeder Gegenstand der Theologie, auch Gott, im Zirkel des menschlichen Phänomens eingesperrt. Die Rückbesinnung auf den Menschen, so gut auch die Absicht gewesen sein mag, ist zu einer Ideologie des Menschlichen geworden. Ohne Zweifel ist es richtig, dass es keinen Weg zu Gott in den bloßen Dingen gibt, ein Weg der gleichsam außen am Menschen vorbeiführt, zu Gott hin. Am Menschen und im Menschen muss die Gottesfrage entschieden werden. Doch ist es ein großer Unterschied, ob der Mensch in der Beantwortung der Frage nach Gott jenes Wesen ist, das sich seinen eigenen Gott projiziert, oder ob der Mensch jene Mitte der Wirklichkeit ist, in der sich ein transzendenter Gott verstehbar macht und offenbart. An Bereitschaft zu solch eventuell notwendiger Korrektur fehlt es auch

Existiert Gott?

in der heutigen Theologie sicher nicht. Ein erster Schritt zu solcher Korrektur wäre die Verpflichtung jeder einzelnen theologischen Disziplin auf ein Ganzes hin; ein Ganzes, das nicht als empirischer Einzelfall gedeutet werden dürfte und dennoch als absolute Voraussetzung verstanden werden müsste.

Aus dem Gesagten sollte jedoch nicht der Eindruck entstehen, dass gewisse interne Querelen der Theologie die Hauptverantwortung für die Gottlosigkeit unserer Zeit tragen. Festzuhalten ist vielmehr, dass Feuerbach mit seiner Lehre, dass der Mensch seine Religion selbst macht, dass die Religion als menschliche Selbstentfremdung gesehen werden muss, dass Gott als Ersatz der ungöttlichen Wirklichkeit aufgefasst werden muss, vor allem der gottverneinenden Ideologie von Karl Marx Vorarbeit geleistet hat. Allerdings sieht Marx den Entwurf der Religion nicht – wie Feuerbach – vom abstrakten Menschen her. Für Marx hat sich der kritische Blick auf die gesellschaftlichen konkreten Verhältnisse zu richten: „Aber der Mensch, das ist kein abstraktes, außer der Welt hockendes Wesen. Der Mensch, das ist die Welt des Menschen, Staat, Sozietät. Dieser Staat, diese Sozietät produzieren die Religion, ein verkehrtes Weltbewusstsein, weil sie eine verkehrte Welt sind". So ist für Marx „Religion ... die allgemeine Theorie dieser Welt ... ihre moralische Sanktion, ihre feierliche Ergänzung, ihr allgemeiner Trost- und Rechtfertigungsgrund. Sie ist die phantastische Verwirklichung des menschlichen Wesens, weil das menschliche Wesen keine wahre Wirklichkeit besitzt. Der Kampf gegen die Religion ist also unmittelbar der Kampf gegen jene Welt, deren geistiges Aroma die Religion ist." So kommt es zum folgenschweren Satz über die Religion als dem Opium des Volkes. Wenngleich auch Marx der Religion die Bedeutung des Protests gegen das wirkliche Elend und gegen eine herzlose Welt zugesteht, ist sie für ihn dennoch nichts anderes als eine illusorische und unwirksame Jenseitsvertröstung des Menschen.

Existiert Gott?

Die Feuerbach'sche Fixierung allen Wirklichkeitsverstehens am Menschen und der damit konsequente Ausschluss alles transzendent Göttlichen thematisiert sich auch in den Aussagen der neueren Psychologie. Bei Sigmund Freud sind es die Wünsche des kindlich hilflosen Menschen nach Schutz vor den Gefahren des Lebens, nach Gerechtigkeit in dieser Welt, nach Verlängerung der irdischen Existenz durch ein ewiges Leben, nach Wissen um die Entstehung der Welt, nach Wissen um die Beziehung zwischen Körperlichem und Seelischem, mit deren Erfüllung die religiösen Vorstellungen befasst sind. Im Grunde handelt es sich für Freud um Denkillusionen, die nach außen projiziert werden und dies charakteristischerweise in die Zukunft und in ein Jenseits. Dass bei Freud konkret Vatersehnsucht und Ödipuskomplex für die religiösen Bedürfnisse grundlegend sind, ist für die Beantwortung unserer Frage nach der Existenz Gottes nicht unbedingt bedeutungsvoll. Für Freud geht es nicht im geringsten um die Frage von Wirklichkeit in der Gottesfrage: „Religion ist ein Versuch, die Sinneswelt, in die wir gestellt sind, mittels der Wunschwelt zu bewältigen, die wir infolge biologischer und psychologischer Notwendigkeiten in uns entwickelt haben. Aber sie kann es nicht leisten ... Ihre Tröstungen verdienen kein Vertrauen. Die ethischen Forderungen, denen die Religion Nachdruck verleihen will, verlangen vielmehr eine andere Begründung ... Versucht man, die Religion in den Entwicklungsgang der Menschheit einzureihen, so erscheint sie nicht als ein Dauererwerb, sondern als ein Gegenstück der Neurose, die der einzelne Mensch auf seinem Weg von der Kindheit zur Reife durchzumachen hat."

Wenngleich Adlers Individualpsychologie und C. G. Jungs Tiefenpsychologie vieles relativieren, was Freud an der Religion kritisiert, wird auch in diesen Deutungen der Religion keine Bestimmung der religiösen Wirklichkeit an sich versucht. Selbst C. G. Jung, der sich ernsthaft in die psychologische Dimension der religiösen

Existiert Gott?

Glaubensinhalte vertiefte, enthält sich von jeder Entscheidung über wahr und falsch in der religiösen Idee: „Die Idee ist psychologisch wahr, insoweit sie existiert. Psychologische Existenz ist subjektiv, insoweit eine Idee nur in einem Individuum vorkommt. Aber sie ist objektiv, insoweit sie durch einen consensus gentium von einer größeren Gruppe geteilt wird."

Wie steht es nun mit den sogenannten Naturwissenschaften angesichts der Gottesfrage? Immer wieder hat es Versuche gegeben, von physikalischen oder mathematischen Grundlagen her einen Gottesbeweis in Gang zu setzen. Solche Versuche von Gottesbeweisen, mögen sie auch gut gemeint und von hohem moralischen Ernst motiviert sein, müssen wirkungslos bleiben. Unsere heutige Naturwissenschaft, sei es durch die Besonderheit ihrer Methoden, sei es durch die Wahl ihres Gegenstandes, ist in gewissem Sinn a-theistisch. Wenn wir bei den Naturwissenschaften das Wort a-theistisch gebrauchen, meinen wir nicht eine positive Leugnung oder eine wissenschaftliche Kampfansage der Naturwissenschaften gegen die Existenz Gottes. Der Atheismus der Naturwissenschaften bedeutet nur die völlige Kompetenzlosigkeit dieser Wissenschaften in der Gottesfrage: Nach Methode und Gegenstand kann es weder ein Ja noch ein Nein der Naturwissenschaften zu Gott geben. So der Tatbestand von heute. Man könnte nun auch fragen, ob sich die Naturwissenschaft in einem solchen atheistischen Selbstverständnis richtig entwickelt hat. Oder ist die Naturwissenschaft von heute eine Form der Verwahrlosung der Vernunft? Der Vorwurf der Verwahrlosung an die Naturwissenschaft wird heute dann erhoben, wenn das kritische Gewissen der Menschen Zweifel am menschlichen Wert der Technologien, Proteste gegen die Zerstörung der gesunden Umwelt oder Bedenken gegen das Selbstzerstörerische des unbegrenzten Wachstums und Konsums anmeldet. Man stellt auf diese Weise fest, dass in den Ablauf der heutigen Naturwissenschaften keinerlei Kontrolle,

Existiert Gott?

keinerlei soziale Verantwortung oder Sinnstruktur eingebaut sind. Galt noch vor kurzem das wertungsfreie Verhalten der Naturwissenschaften als Ausdruck höchster Objektivität, ist vielen Menschen von heute das seelenlose Fortschreiten der Naturwissenschaften zum bürgerlichen und politischen Ärgernis geworden.

Daraus erhebt sich die Frage, ob es angebracht wäre, den Naturwissenschaften ein bestimmtes Verhältnis zur Gottesfrage zu empfehlen. Ich möchte eine solche Empfehlung nicht unbedingt aussprechen. Welchem Ziel haben sich die Naturwissenschaften in ihrem Tun untergeordnet? Es geht im Grunde um eine möglichst einfache und vollständige Beschreibung der empirisch zugänglichen Wirklichkeit. Was immer es auch sei, was die Naturwissenschaft über die Wirklichkeit der Dinge sagt, die Naturwissenschaft macht ihre Aussagen in Formen, die ein verwirrendes Feld von empirischen Daten übersichtlich zu machen haben. Die Naturwissenschaft sucht die möglichst einfache Beschreibung von Vorgängen in den Dingen und vom Verhalten der Dinge. Diese möglichst einfache Beschreibung muss widerspruchsfrei sein und als Beschreibung möglichste Vollständigkeit bezüglich aller beobachteten und beobachtbaren Dinge anstreben. Dabei wird die Naturwissenschaft ihren Anspruch immer als eine gewisse Hypothese aufrecht erhalten. So war die Newton'sche Mechanik einmal ein entscheidender Schritt in Richtung Einfachheit und Vollständigkeit der Beschreibung. Eine einheitliche Weltbeschreibung löste damals viele Teilbeschreibungen der Wirklichkeit ab, die weniger einfach und vollständig waren. Inzwischen hat der Mensch von neuen Standpunkten festgestellt, dass solche mechanische Weltbeschreibungen nicht absolut sind. In einem gewissen Raster, den der beobachtende Mensch über die beobachteten Dinge legt, sind diese mechanischen Gesetze stimmig und bezüglich aller beobachtbaren Dinge vollständig. Ändert der forschende Mensch jedoch seinen Standpunkt der Beobachtung,

Existiert Gott?

verfeinert der Mensch den Raster seiner Weltbeschreibung, dann genügen solche frühere Weltbeschreibungen nicht mehr den Erfordernissen der Einfachheit und Vollständigkeit in der Naturwissenschaft. Wissenschaftsgeschichtlich ist die Relativitätstheorie die Negation der klassischen Mechanik Newtons. Die Grenzen der Mechanik waren durch die Begründung der Elektrodynamik (Maxwell) offenbar geworden: Die Eigenschaften des elektromagnetischen Feldes ließen sich prinzipiell nicht mit Hilfe der Mechanik erklären. Nach verschiedenen physikalisch-theoretischen Überlegungen kommt es schließlich dazu, dass die von Einstein aufgestellte spezielle Relativitätstheorie die klassische Newton'sche Mechanik negiert, diese Mechanik jedoch zugleich als einen Sonderfall für im Vergleich zur Lichtgeschwindigkeit geringe Geschwindigkeiten aufbewahrt. Ähnliche Neubewertungen ergaben sich aus der allgemeinen Relativitätstheorie bezüglich der Struktur des Raumes und bezüglich der Geometrie. Die bisher als alleingültig angesehene euklidische Geometrie wurde von der Riemann'schen nichteuklidischen Geometrie negiert: Der Geltungsbereich der euklidischen Geometrie wurde als Sonderfall für hinreichend kleine, nichtkosmische Räume festgelegt.

Es kann uns in diesem Zusammenhang nicht darum gehen, die hohen Leistungen des menschlichen Geistes in diesen naturwissenschaftlichen Überlegungen nachzuzeichnen. Hervorstechend ist dabei jenes Wechselspiel von objektiver Geltung der Erkenntnisse und von deren Zuweisung an verschiedene Dimensionen. Klassische Mechanik, spezielle und allgemeine Relativitätstheorie stehen zueinander im Verhältnis von relativen Wahrheiten verschiedener Ordnung. So ist die klassische Mechanik eine relative Wahrheit, die bestimmte Seiten der Wirklichkeit richtig widerspiegelt, aber für Bereiche, in denen der Lichtgeschwindigkeit vergleichbare Geschwindigkeiten auftreten, von der speziellen Relativitätstheorie negiert wird. Die spezielle Relativitätstheorie wiederum gilt als rela-

Existiert Gott?

tive Wahrheit nur dort, wo die Gravitation vernachlässigt werden kann. Werden Gravitationsfelder in den Kreis der Betrachtung einbezogen, so wird die spezielle durch die allgemeine Relativitätstheorie negiert.

Wenden wir uns an diesem Punkt zurück zur Gottesfrage. Wir sehen am Beispiel der Naturwissenschaften, dass der Geist des Menschen eine bedeutsame Fähigkeit hat, die Wirklichkeit mit seinen Aussagen objektiv zu treffen und darüber allgemein aussagen zu können. Übrig bleibt diesen Wissenschaften das Problem der verschiedenen Angemessenheit an die verschiedenen Bereiche der Wirklichkeit: Was in dem einen Bereich gilt, gilt in einem anderen nicht. Um die Richtigkeit der jeweiligen naturwissenschaftlichen Aussage zu bestimmen, scheint es jeweils notwendig zu sein, jenen Zustand der Wirklichkeit anzugeben, in dem die Aussage stimmig und damit objektiv ist. Es handelt sich hier gewissermaßen um ein konditioniertes Objekt, das in verschiedenen Zuständen eine sehr verschiedene Beschreibung erfordert.

Es ist derselbe Mensch, es ist derselbe Geist des Menschen, der neben naturwissenschaftlichen Fragen auch die Gottesfrage stellt. Könnte nun Gott gleichsam der absolute, feste archimedische Punkt sein, von dem her und auf den hin alle Wirklichkeit verstanden werden muss? Es wäre eine Tölpelhaftigkeit der Philosophie und der Theologie, wollte man mit Gott als dem archimedischen Punkt den nuancierten Fragen der Naturwissenschaften bezüglich Aussage und Objektkonditionierung gleichsam auf die Sprünge helfen. Wie sich die Naturwissenschaften bezüglich ihrer Objektivität heute verstehen, so kann Gott niemals in der Fragelinie der Naturwissenschaften liegen. Denn es gehört für die Naturwissenschaften zum Wesen ihres Fortschritts, ein ständig variables und konditioniertes Verhältnis zwischen dem erkennenden Menschen und der sich im Objekt zeigenden Wirklichkeit zu haben. Gott jedoch sollte gerade

Existiert Gott?

jene Wirklichkeit sein, die in nichts mehr konditioniert ist. Gott sollte gerade jenes Wesen sein, in der der Mensch jene Bedenklichkeit der Naturwissenschaft sollte abstreifen können, jene Bedenklichkeit, wie sich die Erkenntnis des Menschen der Wirklichkeit im Ganzen und im Letzten nähern kann. Die Naturwissenschaften können ihre im Objekt erkannte Wirklichkeit niemals aus der Relation zum menschlichen Erkenntnissubjekt entlassen, ebenso gibt es andererseits keine absolut unkonditionierte objektive Erkenntnis der Wirklichkeit.

Kann nun ein Gott existieren, den der Mensch als das Ganze, Erste, Letzte und Höchste schlechthin denkt? Wie kann ein solcher Gott erkannt werden? Ein Gott, der nicht mehr Gott wäre, wäre seine Wirklichkeit nur auf einen bestimmten Bereich oder auf ein bestimmtes System beschränkt? Irgendwie wurzelt im Geist des Menschen die Gewissheit eines Ganzen, von dem der Mensch in der Struktur des naturwissenschaftlichen Denkens eigentlich nie thematisch reden kann, weil sich in den Naturwissenschaften das Relative der Subjekt-Objekt-Struktur nie ganz auflösen lässt. Philosophisch könnte man sagen, dass der Mensch trotz seiner unaufgebbaren Subjekt-Objekt-Beziehung zur Wirklichkeit eine Gewissheit, ein überholendes Bewusstsein von einem Ganzen hat. Innerhalb dieses Ganzen kann sich die Subjekt-Objekt-Beziehung des Menschen zur Wirklichkeit wissenschaftlich thematisieren, gleichzeitig aber ist sich der objektivierend erkennende Mensch gewiss, dass das Ganze die Wirklichkeit ist und dass das Ganze immer ein Übersteigendes dessen ist, was in der Subjekt-Objekt-Beziehung thematisierbar ist.

Die Philosophie hat diesem, im Menschen irgendwie anwesenden Ganzen mancherlei Namen gegeben: Je nach Standpunkt und Rechtfertigungsnotwendigkeit spricht man von Geist, von Seele, von Person, von einer gewissen Unendlichkeitsfähigkeit des Erkennens, von Autonomie, von Selbstbesitz, von Identität. Soll also die Gottesfrage im Menschen und durch den Menschen entschieden

Existiert Gott?

werden, muss diese Dimension des Ganzen in Gang gebracht werden. Ich möchte behaupten, die Gottesfrage muss sogar durch den Menschen entschieden werden, denn selbst das beeindruckendste Schauspiel der Macht Gottes in der Natur, selbst ein klarer göttlicher Sinn in den Abläufen der Geschichte, selbst das Verfolgen der Frage von Herkunft und Zukunft aller Dinge durch die Vernunft, muss vom Menschen erst angeeignet und als etwas mit der Existenz Gottes in Zusammenhang Stehendes verstanden werden. Das Erste Vatikanische Konzil hat eine dogmatische Aussage getroffen, die verbindlicher Bestand von Dogmatik und Theologie ist: Gott, der Anfang und das Ziel aller Dinge, kann durch das natürliche Licht der menschlichen Vernunft aus den geschaffenen Dingen mit Sicherheit erkannt werden (DS 3004, DB 1785). Es geht dem Konzil nicht um die Feststellung einer tatsächlichen Erkenntnis Gottes aus den geschaffenen Dingen, es geht um das Können des Menschen in der Gottesfrage. Es geht weiter um eine Verhältnisbestimmung zwischen gnadenhafter göttlicher Offenbarung und dem natürlichen Vernunftvermögen des Menschen. Missverständlich wird diese Aussage häufig dahin interpretiert, dass das Erste Vaticanum die sogenannten „Gottesbeweise" und deren formale Technik sanktioniert habe. Diese Interpretation trifft nicht zu. Angemerkt sei in diesem Zusammenhang, dass gerade aus dieser Wesensbestimmung des Menschen und seiner Fähigkeiten gegenüber Gott ein wesentlich optimistischeres Menschenbild der katholischen Theologie zum Ausdruck kommt als dies z. B. die protestantische Theologie mit der Verneinung der natürlichen Erkenntnisfähigkeit des Menschen bezüglich Gott tun kann.

Nun zur zentralen Frage: Kann man wissen, dass Gott existiert? Kann man Gott erkennen, kann man etwas über Gott ausmachen, über seine Eigenschaften, über sein Verhältnis zum Menschen, zur Welt und zur Geschichte? Wenn Sie diese Fragen hören, werden Sie

Existiert Gott?

wahrscheinlich längst nicht mehr unentschieden sein darüber, ob Gott existiert. Ich möchte jedoch Ihre wahrscheinlich längst gefällte Entscheidung darüber nicht benützen, um mir den schwierigsten Schritt zu ersparen. Ich möchte Sie nicht mit dem Wortspiel vertrösten, dass es über Gott keine Beweise, wohl aber Erweise seiner Existenz gibt.

Wenn unsere menschliche Vernunft über Gott nachdenkt, kann sie sich nicht mit Teilfragen befassen. Es muss die ganze Wirklichkeit in Frage gestellt werden. Die ganze Wirklichkeit in Frage zu stellen, ist allerdings gar nicht leicht. Der Mensch muss zunächst aus seiner konkreten Erfahrung von Welt und Dasein jene Themen finden, die das Gesamte seiner Welt und Erfahrung treffen. Das Gottesdenken käme nicht in Gang, wollte man fragen, ob Gott weiß oder schwarz, schwer oder schwerelos ist. Solche Themen, die das Gesamte von Mensch und Welt irgendwie treffen und fraglich machen, liefern die im Verlauf der Denkgeschichte versuchten Gottesbeweise. Nicht alle Themen aus solchen Gottesbeweisen sind gleichermaßen zutreffend und zielführend. Wir wollen jedoch nicht über diese Versuche ein Urteil aussprechen. Möglichst umfassend sind Themen wie das Werden, die Verursachtheit, die Kontingenz (d. h. Nicht-Notwendigkeit) aller Dinge.

Ein Beispiel sei angeführt: Thomas von Aquin übernimmt in seinen berühmten fünf Wegen zum Aufzeigen des Daseins Gottes im ersten Weg das Argument der Bewegung, des Werdens, der Veränderung, aus der Philosophie des Aristoteles. Kurz der Weg dieses Gottesbeweises: Wir stellen fest, dass es vielerlei Veränderung in unserer Erfahrungswelt gibt. Was sich verändert, d. h. was sich bewegt, muss von einem Anderen bewegt werden. Selbstbewegung unter jeder Rücksicht ist widersprüchlich und undenkbar. Nun müssen wir fragen, ob jener Andere, der bewegt, auch wieder von einem Anderen bewegt wird. Damit ist in unserer Erfahrungswelt ein Denken in

Existiert Gott?

Gang gesetzt, das immer wieder für jedes Bewegen nach dem Anderen, der bewegt, fragt. Man kann immer wieder nach dem nächsten, nach dem höheren anderen Beweger fragen, ohne an ein Ende zu kommen. Hier gerät das Denken in seinen regressus in infinitum, d. h. in das Fragen ins Unermessliche. Thomas stellt nun fest, dass es weder unser Denken noch die Wirklichkeit in ihrer Denkbarkeit verträgt, dass immer wieder nach einem weiteren Beweger gefragt wird, der selbst wieder von einem anderen Beweger bewegt wird. Aus dieser entstandenen Not um das Verstehen unserer Wirklichkeit kommt Thomas zum Schluss: Es gibt einen ersten Beweger, der selbst unbewegt ist; und diesen ersten unbewegten Beweger nennen wir Gott.

Solche Gottesbeweise sind nichts anderes als die Sicherung der von uns erfahrenen Wirklichkeit im Wege des Denkens. Im Grunde sagt Thomas: Für unser vernünftiges Denken, das mit dem Thema des Werdens die Wirklichkeit befragt, ist die Wirklichkeit nicht mehr wirklich, wenn nicht der Grund der Wirklichkeit in einem ersten, unbewegten Beweger gefunden wird. Es fällt dann nicht mehr schwer, diesen ersten Beweger Gott zu nennen, der damit zum Grund aller mit Bewegung (Werden) gekennzeichneten Wirklichkeit wird. Daraus tut sich die Vernunftgleichheit auf: Ist unsere werdende, bewegte Wirklichkeit wirklich, ist auch Gott wirklich, existiert Gott.

Solche Versuche zum Nachweis der Existenz Gottes kann man in ähnlicher Denkweise auch mit anderen Themen, wie Kontingenz, Ursächlichkeit oder zielgerichtetem Verhalten der Dinge unternehmen. Bestehen bleibt trotz allem die bohrende Frage, warum noch nicht alle Menschen Gottes Existenz akzeptieren, warum der Gottesgedanke in der Konkurrenz der heutigen Sinnwelten des Menschen nicht der unbedingt siegreiche ist. Ich möchte Ihnen eine Antwort darin geben, dass das Ausdenken der Existenz Gottes durch die

Existiert Gott?

menschliche Vernunft noch nicht den vollen Schritt des Menschen auf Gott zu bedeutet. Im bloßen Ausdenken der Existenz Gottes bleibt der Vernunft auch keinerlei Möglichkeit zur Verifikation ihres Gedankens in der Erfahrung. Gerade die Erfahrung und nicht so sehr die Denkbarkeit faszinieren das Lebensgefühl des heutigen Menschen. Wenn man den Gottesgedanken der Vernunft verfolgt, zeigt sich jedoch bei genauerem Hinsehen ein zweites Moment, das genauso wie die Denkbarkeit der Vernunft für die Gottesbejahung wesentlich ist. Dieses zweite Moment möchte ich Entscheidung nennen.

Wir brauchen zunächst ein Bild, um diesen Sachverhalt darzustellen. Dieses geometrische Bild soll vor allem das verschiedene Verhalten des Menschen angesichts des Ganzen illustrieren. Stellen wir uns ein regelmäßiges Vieleck vor, dessen sämtliche Eckpunkte gleichmäßig weit von einem Mittelpunkt entfernt sind. Vermehren wir nun an diesem Vieleck in Regelmäßigkeit und in gleichem Abstand vom Mittelpunkt des Vielecks die Eckpunkte gewissermaßen ins Unbegrenzte, wird dem Betrachter dieses geometrischen Verfahrens wahrscheinlich zu irgendeinem Zeitpunkt der Satz entschlüpfen: Aha, ein Kreis! Dieses Beispiel wird häufig in der Philosophie zu Hilfe genommen, um zu illustrieren, was „disclosure" (Aufdeckung, Erschließung, Enthüllung) in geistigen Prozessen ist. Vorausschauend auf das Problem der Gottesfrage sollte am Verhalten des Menschen folgendes beachtet werden: Angenommen, zwei Menschen betrachten diese Vermehrung des Vielecks. Angenommen, der eine Mensch sagt: Aha, ein Kreis; der andere Mensch jedoch sagt: Nein, kein Kreis, ein Vieleck. Wer von den beiden Betrachtern hat nun eigentlich recht?

Beide haben recht, so widersprüchlich auch ihre Aussagen sind. Recht hat der, der nur ein Vieleck und keinen Kreis sieht, denn es ist selbst mit unbegrenzt vielen Ecken noch ein Vieleck und kein

Existiert Gott?

Kreis. Recht hat auch der, der als die innere und erschließende Gestalt dieses Verfahrens den Kreis erkennt. Soweit dieses bekannte Beispiel aus der Geometrie. In der Gottesfrage könnten wir nun eine ähnliche Frage stellen: Wer hat recht? Derjenige, der sagt, er sehe trotz allen Weiterfragens immer wieder nur Welt und nicht Gott? Oder derjenige, der als das Erschließende seines nie zuende gehenden Fragens Gott erkennt? Bis zu dieser Gegenüberstellung haben beide recht. Noch einmal zurück zum Beispiel des Vielecks bzw. Kreises: Wer nur das Vieleck sieht, der hat keine Entscheidung für den Sinn des Ganzen getroffen, der im Fortschreiten dieses geometrischen Verfahrens liegt, d. h. für den Kreis. Derjenige hingegen, dem sich der Kreis erschließt, hat eine Entscheidung getroffen für etwas, was er eigentlich nicht im einzelnen sieht, was jedoch im Sinn des Verfahrens liegt. Jeder der beiden Standpunkte ist richtig, den Unterschied macht die „Entscheidung" für den Sinn aus, der im Verfahren liegt. Ohne diese Entscheidung kann man immer zutreffend auf das einzelne Feststellbare hinweisen, das eben kein Kreis ist. Noch ein Weiteres gibt dieses Beispiel her: Der Kreis entsteht nie unmittelbar aus der Vermehrung des Vielecks, der Kreis entsteht nur aus dem Sinn des Vermehrungsverfahrens. Damit ist der Kreis kein Produkt des vermehrten Vielecks, sondern nur dessen übersteigender Sinn. Etwas Vergleichbares ergibt sich daraus für die Gottesfrage: Gott ist niemals das Produkt von Erfahrungsverhältnissen, die ins Unermessliche, ins Unbegrenzte gedacht werden. Gott ist vielmehr der transzendente (übersteigende) Sinn unserer bis zum Ganzen hin befragten Welt. Gott ist nicht die Summe dieser Fragen, sondern der übersteigende Sinn dieses Fragens. Obwohl nach Gott aus unserer Erfahrungswelt heraus gefragt wird, obwohl die Gottesfrage damit eine sehr objektive Frage ist, ist Gott dennoch nicht das Produkt unseres Fragens, sondern der transzendente Sinn, der sich in seiner Erschließung nicht in Menschliches und Weltliches auflösen lässt.

Existiert Gott?

Solche Fragen an das Ganze unseres Daseins stellt der nach dem Grund des Daseins fragende Mensch. Man kann sehr verschieden solche Grundfragen stellen, in jedem Fall jedoch sucht man ein erschließendes Ganzes und gibt sich nicht damit zufrieden, dass dies eben so sei oder dass eben Menschen oder Dinge dies so bedingten. Man wird, wie beim Beispiel des Werdens und der Bewegung, so lange fragen, bis sich ein Ganzes erschließt, das ein ganz Anderes ist und sich doch als der Sinn des ganzen Fragens zeigt. Solche Fragen kann der Mensch sehr verschieden thematisieren: Man kann in einer Welt voller Unrecht nach der absoluten Gerechtigkeit fragen; der Anfang der Welt wäre ein anderes Thema, die Frage der Kontingenz, der relativen und absoluten Daseinsnotwendigkeit, der Grund der menschlichen Freiheit in einer Umwelt voller Bedingungen, die Frage nach der Priorität von Gut und Böse, von Wahr und Falsch. Solche Fragen, sind sie einmal thematisiert, können in unserer Erfahrungswelt immer wieder und ohne ein befriedigendes Ende gestellt werden. Der Regress dieser immer wieder stellbaren Fragen ins Unbegrenzte zieht dabei das Gesamte unserer Wirklichkeit immer mehr in Frage und umgreift das Gesamte unserer Wirklichkeit. Dieser Regress löst sich nur auf, wenn sich ein erschließendes Ganzes zeigt, das der transzendente Sinn unserer Wirklichkeitsbefragung ist. So erschließt sich dem menschlichen Denken das Dasein Gottes.

Wenn wir noch einmal das vorhin genannte Beispiel vom Kreis im Auge behalten, verstehen wir auch, was Gott hier bedeutet: Je stärker wir durch Themen unseres endlichen Daseins, wie sie vorhin genannt wurden, unsere Wirklichkeit befragen, desto deutlicher muss sich Gott als das erschließende Ganze zeigen, das als der Sinn des Fragens dem denkenden Menschen gegenübertritt und dem Menschen einen völlig neuen und begründenden Blick für die Wirklichkeit öffnet. Warum jedoch, werden Sie fragen, gelingt dieser Weg der denkenden Vernunft nicht allen Menschen? Warum gibt es Athe-

Existiert Gott?

isten, die Gott verneinen, warum gibt es Agnostiker, die meinen, unsere menschliche Vernunft sei zu keiner maßgeblichen Äußerung über Gott fähig?

Durch diese Fragen werden wir auf das zweite gleichermaßen wesentliche Moment in der Gottesfrage verwiesen. Es geht um das Moment der Entscheidung. Das, was sich als Sinn in diesen Fragevorgängen des Menschen zeigt, ist kein Ding unter anderen Dingen, ist kein Gegenstand des Erkennens wie es die Gegenstände unserer Erfahrung sind. Der sich zeigende Sinn bedeutet dem fragenden Menschen erst etwas und bedeutet erst etwas Wirkliches, wenn sich der Mensch dazu entscheidet. Es ist wie beim Beispiel der disclosure des Kreises. Zwei Menschen fragen dasselbe, sehen dieselbe Erfahrungswelt und doch sehen sie die Wirklichkeit verschieden: Der eine sieht immer wieder nur seine Erfahrungswelt und ihre Fragen, doch ihm geht Gott als Wirklichkeit nicht auf, weil er sich nicht für einen Sinn entscheidet, sondern nur auf den Gegenstand sieht. Der andere entscheidet sich für den Sinn als das Ganze und begreift Gott als den Grund, den Anfang, die Ordnung und das Ziel seiner Wirklichkeit. Der sich dem Entscheidenden zeigende Sinn wird zur Wirklichkeit, wird zur transzendenten Wirklichkeit in allem Dasein, wird als Gott begriffen und ergriffen.

Sicher kann man nun fragen: War der volle Schritt des Menschen auf Gott zu dann doch kein echter Weg der denkenden Vernunft, war es vielleicht doch eine blinde und unbegründete Entscheidung? Das Fragen nach Gott als dem erschließenden Ganzen war ein volles Ausschöpfen der Ansprüche und der Möglichkeiten der Vernunft. Die Entscheidung bringt nicht zuletzt auch die „Erschließung" der Vernunft. Der andere Mensch, der nicht zur Gottesbejahung durchgestoßen ist, hat genauso die Vernunft bemüht, er hat jedoch in der Unendlichkeit des Fragens seine Entscheidung in die erfahrbaren Gegenstände und in deren innere Zusammenhänge hinein vertagt. Für

Existiert Gott?

seine Entscheidungslosigkeit über den Sinn wird er als Argument immer wieder einen Erfahrungsgegenstand vorweisen können.

Dieses Verfahren in der Gottesfrage zeigt, dass die Welt unserer Gegenstände nicht nur durchsetzt ist von Verhältnissen, die in den Naturwissenschaften ausgedrückt werden. Wenn der Mensch mit seinen Gegenständen umgeht in der Sicht eines Ganzen, zeigt sich in derselben Wirklichkeit auch ein Sinn. Der Sinn ist nicht Gegenstand des bloßen objektivierenden Erkennens, der Sinn ist jedoch erkenntnisweiternd, indem er die Welt der wissenschaftlichen, empirischen Gegenstände in einer völlig neuen Sicht zeigt. Der Sinn ist kein gegenständliches Erkenntnisprodukt, der Sinn ist eine Sache der Entscheidung und dennoch hat der Sinn wesentliche Bedeutung für das Erkennen. Anlässlich solcher Überlegungen über Sinn und gegenständliches Erkennen könnte sogar noch ein gemeinsamer Grund für Naturwissenschaft, Philosophie, Ethik und Theologie gefunden werden.

Wir müssen zur Gottesfrage zurückkehren: Gott ist für die Vernunft kein Gegenstand unter anderen Gegenständen. Gott zeigt sich als Sinn, der durch die Entscheidung des Menschen wiederum zu jener Größe des Erkenntnisprozesses wird, die den unüberbietbaren Grund allen Daseins birgt. Gott ist also nicht ein Sinn nach Art einer willkürlichen Wahl oder nach dem beliebigen Geschmack des Menschen. Dass jedoch Gott nicht im Gegenstand, sondern im Sinn auftritt, deutet vor allem den besonderen Weg des Menschen im Erfassen der Existenz Gottes an.

Dieser besondere Weg zum Begreifen Gottes, der kein Ding unter anderen Dingen sein kann, bringt viele Konsequenzen für den gottsuchenden und gottbejahenden Menschen mit sich, Konsequenzen auch für Philosophie und Theologie: Das Entscheidende im Begreifen Gottes wird durch Entscheidung. Entscheidung bringt Sinn, der gewissermaßen zur unbedingten Innerlichkeit des gegenständlichen

Existiert Gott?

Erkennens wird. Gerade das Wort Entscheidung deutet an, dass es etwas Ungewöhnliches mit dem Besitz und mit dem Erlangen von Gott auf sich hat.

Auch der gottbejahende Mensch kann Gott nicht als einen endgültigen und unverlierbaren Besitz nach Hause schaffen. Die Gewissheit des Daseins Gottes ist für den Menschen nur da, wenn er in Entscheidung bleibt. Der sich aus den Entscheidungen zurückziehende Mensch verliert die Gewissheit über Gott. Das Wissen um Gottes Existenz kann kein toter Wissensbesitz sein nach Art des Wissens, dass $2+2=4$ ist. Gott zeigt sich als Wirklichkeit nur, solange er sich in der Entscheidung erschließen kann.

Sucht man also Gründe für die in der Zahl vielleicht abnehmende Gotteszustimmung der Menschen, sollte man mit Vorrang auf die Möglichkeiten von Entscheidungen und auf die Entscheidungsfähigkeit des Menschen achten. In einer Umwelt des Wohlstands, der intensiven und extensiven Organisation, der Automatik vieler ökonomischer und sozialer Prozesse verliert der Mensch zunehmend die Fähigkeit für langzeitliche Entscheidungssituationen, die Entscheidungen werden immer einfacher, immer kurzfristiger und in der Sache immer gegenstandsloser. Es bleibt als letzter Rest von Entscheidung die sogenannte Konsumentenentscheidung. Die Lebendigkeit des Gottesglaubens könnte eine zutreffende Auskunft über die Entscheidungsdichte von Epochen und Lebensformen sein.

Man spricht häufig nicht davon, aber in vielen Wissenschaften sucht man den berühmten archimedischen Punkt. Man sucht jenen Punkt, der ein absoluter und sicherer Standort ist, von dem man aus alles aus den Angeln heben kann in Wissenschaft und Weltverstehen. Auch der Gottesgedanke ist mit diesem Wunsch belastet. Ja, besonders bei Gott meint man, man müsste geradezu diesen absoluten Festpunkt innehaben. Nicht wenige Versuche der Philosophie sind in dieser Richtung verlaufen. Gott als archimedischen Punkt zu

Existiert Gott?

verstehen, mag vielleicht an sich richtig sein, doch kann der Mensch auch selbst mit dem Gottesgedanken diesen Standort nie denkerisch einnehmen. Wir können Gott denkerisch nie in diese Unendlichkeit und Absolutheit entlassen. Daher sind auch viele Fragen über Gott noch nicht ganz richtig gestellt, wie die Frage des Bösen, des Leidens in der Welt. Wir können in der Frage „Warum Böses in der Welt?" über Gott nicht entscheidungslos reden, als ginge es nur darum, einen widerspruchsfreien Begriff von Gott gegenüber dem Problem des Bösen zu finden.

Gott hat dem Menschen gegenüber nicht die Gewissheit von Gegenstand, sondern die Gewissheit von Sinn. Die Wirklichkeit von Sinn zeigt sich uns in jener Entscheidung, die das ausgeschöpfte vernünftige Denken zu seinem Grund erhebt. Das Entscheiden des Menschen verläuft nicht im großen Thema von Sein und Nicht-Sein. Das Entscheiden des Menschen hat eine Alltäglichkeit, Mühsamkeit und Gewöhnlichkeit. Das Entscheiden des Menschen betrifft nicht unmittelbar das absolut Gute und das absolut Böse. Das Entscheiden des Menschen liegt in der Alltäglichkeit von Gut und weniger Gut, von Gutem und Besserem. Die Bandbreite unserer alltäglichen Entscheidung besteht darin, dass wir in unseren Entscheidungen die Priorität, den Primat des Guten vor dem Bösen entscheidend sichern.

Gott, der sich als Grund der Wirklichkeit in Sinn zeigt, trägt für unser Erkennen die Züge der menschlichen Entscheidung. So gewinnen wir Gewissheit über das Dasein Gottes, indem uns Gott als der unbedingte Primat das Guten aufgeht. Und Gott hat für uns viele Namen. Diese Namen sind nicht Projektionen des Menschen in den Himmel. Diese Namen sind der Ausdruck dafür, wie wir unter dem Anspruch des Sinns den Grund unserer Wirklichkeit verstehen können. Wir dürfen Gott gut, wahr, heilig, gerecht, barmherzig, für seine Welt sorgend, seine Welt lenkend nennen. Jeder

Existiert Gott?

Name Gottes ist eigentlich ein Thema, unter dem uns Entscheidungen in den Grund der Wirklichkeit gelingen. Wir dürfen Gott auch Namen geben, die das ganze Mensch- und Weltsein in Sinn fassen. So heißt zu Recht Gott der Schöpfer aller Dinge, das absolute Sein, die absolute Notwendigkeit, die erste Ursache, das Höchste, das Letzte, der Geist, das Leben. Diese Namen treffen die Wirklichkeit Gottes, sie sind jedoch Namen letztlich aus dem Wurzelboden der menschlichen Entscheidungen, in denen sich uns Gott in Sinn als Grund zeigt.

Unwirklich wird unser Gottesbild dann, wenn wir vergessen, dass die Klarheit, Liebenswürdigkeit, Überzeugungskraft und Mitteilbarkeit unseres Gottesbildes von der lebendigen Beziehung zu unseren Entscheidungen, von der Intensität der Erschließung abhängt. Dann wird unser Wissen von Gott ein totes Gegenstandswissen, das die Menschen und die Welt nicht verändern kann.

Ich habe Ihnen ein Gottesbild der menschlichen Mühsamkeit vorgestellt. Es wäre ein Leichteres, den Gottesgedanken in die Unendlichkeit und Absolutheit der philosophischen Spekulation hinauszurücken. Für viele aber würde sich damit die Frage nach der Existenz Gottes nicht beantworten. Auch für andere Menschen, die wir zur Rettung ihres Daseinssinns von Gottes Existenz überzeugen wollen, bliebe Gott verschlossen. Die Existenz Gottes ergreift uns, wenn sie erschließt. Sie erschließt, wenn menschliche Entscheidungen für das Bessere, Wahrere, Gerechtere, Barmherzigere fallen. Wenn wir vom Dasein Gottes andere überzeugen wollen, dürfen wir nicht den archimedischen Punkt anbieten, sondern die Alternative für das je Bessere. So ist für uns und für die anderen Menschen die Welt so zu gestalten, dass sich die Erschließung Gottes ereignen kann. Das Gottsuchen braucht die Kontinuität und die Solidarität vieler Entscheidungen. Der Gottsuchende braucht die hilfreiche Hand des entscheidungsbereiten gottbejahenden Menschen.

Existiert Gott?

Vieles ist heute in unserem Verhältnis zu Gott vom Ideal des archimedischen Punktes getrübt. Wir reden gern über Gott und reden gern über unser Reden über Gott. Wer den Gedanken der Erschließung begriffen hat, der weiß, dass man erst mit Gott reden muss, beten und glauben muss, ehe man über Gott reden kann. Und fragt man zuletzt, warum Gott in Jesus Christus Mensch geworden ist, warum uns Gott sein Wollen und seine Gedanken geoffenbart hat, dann können wir so antworten: In seiner Offenbarung hält Gott unwiderruflich sein Sinn-Bild fest, in dem unsere Entscheidungen geschehen müssen. In seiner Menschwerdung, im Vollziehen des Lebens, im Erleiden des Todes und in der Macht der Auferstehung ist jener Daseinsbereich für den Menschen ausgemessen, in dem der Sohn Gottes selbst die Erschließung des Göttlichen für jeden Menschen verbürgt. Für mich ist es Trost, gewiss zu sein, dass Gott existiert.

Das Systematische in der Theologie

Versuch einer Kosten-Nutzen-Analyse[1]

Der Nutzen des Systematischen sollte der wenigstens strukturelle Gewinn eines eigenen Gegenstandes der Theologie sein, den diese nicht mit anderen Wissenschaften vorbehaltlos zu teilen hat. Damit wäre ein wesentlicher Beitrag zur Diskussion um den wissenschaftlichen Selbststand der Theologie geleistet. Die Kosten des Systematischen liegen vor allem in jener Beunruhigung, die rein historische, soziologische, psychologische, pragmatische, politologische Konzeptionen der Theologie durch den Anspruch eines solchen spezifisch theologischen Gegenstandes erfahren. Ebenso wird die gewisse strukturelle Schwäche des theologischen Gegenstandes nur allzu leicht zu steriler, tautologischer, mechanischer und wirklichkeitsfremder Spekulation verführen. Die Erörterung des gestellten Problems verzichtet auf Hilfestellungen im historischen Verweilen. Die angewandten Mittel sind die bloßen Mittel der Nachdenklichkeit. Diese Analyse wird ohne Abrechnung enden. Dem analysierenden Leser sei es überlassen, den Schimmer des Nutzens oder den Vorbehalt der Kosten verstehend mitzutragen.

Zumindest dort, wo die Theologie nach den Spielregeln wissenschaftlicher Betriebsamkeit mit dem Anspruch auftritt, Wissen-

---

[1] Öffentliche Antrittsvorlesung von Kurt Krenn an der Universität Regensburg, 1975.

Das Systematische in der Theologie

schaft zu sein, Wahrheit zu erkennen und sich wissenschaftlicher Methoden zu bedienen, wird diese Selbstbehauptung der Theologie innerhalb der Gesamtheit der Wissenschaften zu einer schicksalhaften Überlebensfrage. Man nennt dies das Dilemma des Theologen: das Problem der Theologie als eigenständiger Wissenschaft. Ist die Theologie selbst eine Wissenschaft mit eigenem Gegenstand – oder ist die Theologie nur Gegenstand irgendeiner Wissenschaft, die sich mit dem religiösen Faktum, mit dem sogenannten religiösen Verhalten, mit religiösen Erklärungsmodellen der Welt und des Menschen und mit dem historisch verifizierbaren Werdegang des Religiösen befasst?

Wäre die Theologie nichts anderes als nur der Gesamtname für jene Gegenstände, denen man das Prädikat „religiös" zuerkennt, so könnte die wissenschaftliche Arbeit in der Theologie ohne weiteres von Soziologie, Literaturwissenschaft, Geschichtswissenschaft, Kulturkritik, Psychologie und Religionswissenschaft wahrgenommen werden, ohne dass sich die Notwendigkeit zeigte, Theologie sei doch eine davon verschiedene und eigenständige Wissenschaft. Den Eindruck einer solchen wissenschaftlichen Einschätzung der Theologie könnten noch die Organisation und die Arbeitsteilung im gegenwärtigen Wissenschaftsbetrieb der Theologie verstärken. Denn die heute übliche Auflösung der Theologie in viele Fachgebiete und die Beziehungslosigkeit dieser Fachgebiete untereinander könnte bei näherem Hinsehen doch den Eindruck entstehen lassen, es gebe wohl viele theologische Gegenstände, aber keine eigentliche Theologie mehr.

Gerhard Sauter beschrieb diese Auflösung in seinem 1973 veröffentlichten Buch „Die Theologie und die neuere wissenschaftstheoretische Diskussion": Statt einer eigenständigen Organisation ihrer Erkenntnis für das gesamte Ausmaß ihrer Materialien und Themen „wiederholt sich in der Theologie die Arbeitsteilung, die

Das Systematische in der Theologie

sich auf den Dualismus von rationaler und autoritativer Wahrheit beruft. Die Theologie befasst sich (1) mit historischen Texten, den biblischen, kirchen- und theologiegeschichtlichen Überlieferungen des Christentums, und sie erörtert die gegenwärtigen Lebensäußerungen der Kirche. Das beides aber ist wissenschaftliche Arbeit, die ebenso gut von Historikern und von Soziologen wahrgenommen werden könnte, wenn nicht (2) die Theologizität dieser Texte und dieser Praxis als maßgebendes Element, gleichsam als Ferment, hinzukäme. Wie kann diese theologische Eigenart erforscht, also zur wissenschaftlichen Aufgabe werden, wenn man sich nicht damit begnügt, auf die historische Herkunft der Gegenstände zu verweisen, mit denen sich die Theologie beschäftigt?"

Nach ziemlich übereinstimmender Meinung vertritt die Theologie einen besonderen, exklusiven Wahrheitsanspruch. Der Theologe wird diese Besonderheit sogar mit einem Sonderstatus seiner Wissenschaft begründen, dass Theologie in ihrem Anspruch es eben nicht mit einem begrenzten Gegenstandsbereich – wie dies bei allen übrigen Wissenschaften der Fall zu sein scheint – zu tun hat. Denn die Theologie hat nicht die gegenständlichen Verhältnisse der Erfahrungsdinge in ihrer Zuständigkeit. Die Theologie hat von dem zu reden, was die Grundlagen der menschlichen Existenz angeht, was alle Menschen und die ganze Welt betrifft. Die Theologie beansprucht zur Aufrechterhaltung ihrer Aussagen die Ganzheit, die eben ungleich mehr bedeutet als die Summe aller wissenschaftlich festgestellten gegenständlichen Verhältnisse.

Damit entzieht sich die Theologie der wissenschaftsüblichen Kontrolle. Im Konflikt zwischen der Theologie und den anderen Wissenschaften taucht daher immer wieder der gegenseitige Vorwurf der Ideologie auf. Dem Theologen wird vorgeworfen, dass er alles mit einer Bedeutung belegt, die nur demjenigen zugänglich ist, der diesen Sinn – den Sinn des Lebens, der Geschichte, der Welt usw. –

vorbehaltlos anerkennt. Der Theologe wieder verweist darauf, dass auch die übrigen Wissenschaften letztlich von Prinzipien leben, die dogmatisch sind und nicht mehr durch weitere Überprüfbarkeit sich rechtfertigen: Auch bei den nichttheologischen Wissenschaften handelt es sich nach Ansicht der Theologie folglich um autoritäre Ideologie, die nichts jenseits der Grenzen ihrer Gegenstände gelten lassen möchte.

Wenn das wissenschaftliche Verständnis des Religiösen, der Transzendenz, der religiösen Wahrheit, des Gottesbegriffs und des Normativen kirchlichen und religiösen Handelns rein empirisch-gegenständlich ist, dann kann Theologie für sich höchstens ein gewisses organisatorisches Provisorium sein, in dem gewisse faktische Bereiche des Religiösen solange thematisch konserviert werden, bis sie in den Methoden und Theoriebildungen anderer Wissenschaften – etwa Psychologie, Soziologie, Politologie, Geschichtswissenschaft, Linguistik usw. – als adäquate Gegenstände integriert sind. Wenn man nun alle diese hier genannten Wissenschaften als in Teilverhältnissen der Gegenstandswelt sich vollziehende Beschreibungen ansieht, folgt für die Theologie – wenn sie nichts anderes als auch ein Bereich besonders gearteter Erfahrung über die Welt und über den Menschen sein sollte – ein entscheidender Verlust: Es verliert sich der Anspruch eines Ganzen, das mehr ist als die Gesamtsumme aller gegenständlichen und damit partikulären wissenschaftlichen Beziehungen.

Dieses Ganze, von dem her die Theologie sich möglicherweise von den übrigen Wissenschaften absetzen könnte, hat seine Charakteristik nicht in einer unausdenkbaren Unbegrenztheit von uns bekannten Tatsachen. Dieses Ganze, das sich in den Forderungen und in der üblichen Sprache der Theologie niederschlägt, geht jeweils nur einen einzigen Schritt hinter jene wissenschaftlichen Verhältnisse, die die gegenständlichen Verhältnisse sind. Doch gerade

Das Systematische in der Theologie

zu diesem Schritt sieht sich selbst die Gesamtheit gegenständlicher wissenschaftlicher Verhältnisse nicht in der Lage, weil eben dieser Schritt von den Tatsachen her nicht mehr beschreibbar ist. Dieses Ganze meldet seinen vollen Anspruch bereits in einem ersten Schritt dahinter an, wenn es um so etwas wie Sinn, Wert, Gut oder um das Böse geht.

So ist bereits mit einem ersten Anspruch von Sinn, Wert oder Ethischem ein Höheres als ein Ganzes, abgesetzt von Welt und allem Geschehen, im Spiel. Dieses gezwungene Ausbrechen aus der Gesamtheit der Tatsachen und die damit unbedingt und sofort anstehende Alternative des Ganzen beschreibt Ludwig Wittgenstein in seinem „Tractatus Logico-philosophicus" so: „Der Sinn der Welt muss außerhalb ihrer liegen. In der Welt ist alles wie es ist und geschieht alles wie es geschieht; es gibt in ihr keinen Wert – und wenn es ihn gäbe, so hätte er keinen Wert. Wenn es einen Wert gibt, der Wert hat, so muss er außerhalb alles Geschehens und So-Seins liegen. Denn alles Geschehen und So-Sein ist zufällig." Auch in der Frage von Gut und Böse sieht Wittgenstein sofort die Frage des Ganzen hereinragen: „Wenn das gute oder böse Wollen die Welt ändert, so kann es nur die Grenzen der Welt ändern, nicht die Tatsachen; nicht das, was durch die Sprache ausgedrückt werden kann. Kurz, die Welt muss dann dadurch überhaupt eine andere werden. Sie muss sozusagen als Ganzes abnehmen oder zunehmen."

Ohne Zweifel stellt die Philosophie Wittgensteins eine der radikalsten Kritiken an Metaphysik und Theologie dar. Schließlich sieht Wittgenstein die Aufgabe der Philosophie darin: „Sie soll das Undenkbare von innen durch das Denkbare begrenzen." Abgesehen von der Beantwortung der Frage, ob ein Höheres und außerhalb der Welt Liegendes erreicht werden kann, kommt dennoch gerade in dieser Wittgenstein'schen Kritik eine vielfach verkannte Chance der Theologie zum Vorschein: Die Frage des Ganzen tritt

Das Systematische in der Theologie

viel eher auf als man gemeinhin meinen möchte, denn sobald man die wissenschaftliche Frage in ihrer Festlegung auf das bloße Wie der Welt verlässt, steht bereits das Problem des Ganzen in voller Bedeutung an. Fragt man nun wieder nach dem Eigenstand der Theologie gegenüber den anderen Wissenschaften, ist es für die Theologie durchaus kein langwieriger und ermüdender Prozess mehr, jenen Eigenbereich des sogenannten Ganzen zu finden, in den kein gegenständliches Verhältnis der anderen Wissenschaften hinausführt.

Sicherlich wird das Wort vom „Ganzen" jene unzufrieden stimmen, die sich an das lebendige und vielfältige Bild einer Theologie gewöhnt haben, der nichts Menschliches und Weltliches fremd ist. Solange jedoch eine Theologie ihre Gegenstände nur so vorweist, dass diese nach soziologischen, psychologischen, historischen usw. Gesichtspunkten wissenschaftlich aufgearbeitet werden müssen, wird es weder den adäquaten und unaustauschbaren Gegenstand der Theologie geben, noch werden eigene und eigentümliche wissenschaftliche Methoden der Theologie Geltung besitzen, noch wird eine eigenständige theologische Erkenntnis bestehen können, die sich wesentlich von anderen, etwa naturwissenschaftlichen Erkenntnisarten unterscheiden könnte. Es ist daher für das wissenschaftstheoretische Verständnis der Theologie ungleich wichtiger, jenen Ausschritt der Theologie in das sogenannte Ganze festzuhalten als auf der Bandbreite weltlicher Phänomene und vordergründiger sozialer, psychologischer Verhältnisse schließlich zur wissenschaftlichen Bedeutungslosigkeit eingeebnet zu werden. Auch sollte es nicht stören, dass die Metaphysik die Theorie für das Verhältnis der Welt mit dem sogenannten Ganzen ist. Schließlich bleibt es immer noch ausschließlich die Angelegenheit der Theologie, jene Themen zu stiften, in denen die Gesamtheit gegenständlicher Verhältnisse zurücktritt und das Ganze zur Frage steht.

Das Systematische in der Theologie

Wir wissen nun bereits grundsätzlich darum, wie der eigentümliche „Fall der Theologie" eintreten könnte, wie auf einmal das sogenannte Ganze zum ganz neuen Fall der Theologie wird, selbst wenn es sich beim Auftreten von Fragen wie Gut und Böse, Sinn und Wert noch keineswegs um das Abschließen einer Gegenstandsgesamtheit handelt. Trotz solcher Einsichten ist jedoch keineswegs schlüssig entschieden, ob es tatsächlich jenseits aller weltlichen Erfahrungsverhältnisse zum eigentlich Theologischen kommt oder wenigstens kommen kann. Die entscheidende Frage ist, ob es den eigentlichen Gegenstand der Theologie überhaupt gibt, ob dieser theologische Gegenstand so beschaffen ist, dass er nicht einfach in Gegenstände anderer Wissenschaften aufgelöst werden kann, ob dieser Gegenstand auf dem Weg menschlicher Vernünftigkeit erreichbar ist, und ob dieser Gegenstand ein besonders geartetes wissenschaftliches Vorgehen fordert.

Hätte die Theologie einen solchen Gegenstand und könnte sie diesen gegenständlich vorweisen, wäre das Problem der Theologie als Wissenschaft leicht lösbar. Dem ist jedoch nicht so. Die Betätigung, die wir Theologie nennen, kann keinen Gegenstand vorweisen, der sich so verhält, dass andere Wissenschaften sich daran unbedingt als inkompetent erklären müssten. Selbst der sogenannte Gegenstand „Gott" tritt nur in jenen Verhältnissen auf, die uns aus dem normalen menschlichen Erfahrungsbereich vertraut sind, wie dies vor allem die Sprache und das beziehungssuchende, vernünftige Denken sind.

Vielleicht jedoch liegt die wissenschaftliche Anomalie der Theologie darin, dass der Gegenstand der Theologie deswegen nicht vorweisbar ist, weil die Struktur unseres erfahrbaren Gegenstand-Seins dem Gegenstand der Theologie nicht angemessen ist. Denn Gegenstand-Sein bedeutet – selbst bei der größten Weite eines Gegenstandes – eine notwendige Einweisung in Partikulares und damit Begrenztes. Und unsere konkreten gegenständlichen und wissen-

Das Systematische in der Theologie

schaftlichen Verhältnisse sind nur dann von wissenschaftlicher Relevanz, wenn sie gerade nicht das Ganze schlechthin darstellen, sondern innerhalb eines Ganzen in Teilverhältnissen zueinander aussagen. Denn jede brauchbare Wissenschaft, wie wir sie kennen, manifestiert sich in einer Darstellung von Teilverhältnissen und entwickelt sich im Auffinden solcher Differenzen, die außerhalb der Bedeutungsbereiche des bereits Dargestellten liegen. So träte der Tod einer Wissenschaft ein, wenn absurderweise das Ganze der konkrete Gegenstand dieser Wissenschaft wäre, denn in diesem Fall wäre das noch einzige mögliche wissenschaftliche Verhalten, die Aufstellung jener kraftlosen Tautologie, dass eben das Ganze das Ganze sei.

Gegen solche tödlichen Entwicklungen der profanen Wissenschaften ist jedoch strukturell vorgesorgt. Diese strukturelle Vorsorge besteht im unaufhebbaren Subjekt-Objekt-Verhältnis jeder menschlichen Erkenntnis. Mit dem Subjekt-Objekt-Verhältnis im Erkennen – dies wissen wir begründeterweise seit Kant – ist in den Wissenschaften der strukturelle Vorbehalt gegen die Tautologie des Ganzen unaufhebbar gesetzt: Es ist nicht nur die vordergründige Unterscheidung, dass das Subjekt nicht das Objekt und das Objekt nicht das Subjekt ist, die dem Erkennen die notwendigen Teilverhältnisse garantiert. Es ist vor allem die grundsätzliche Uneinholbarkeit des Subjektiven und Apriorischen durch das Objekt und das Aposteriorische, und es ist die grundsätzliche Unerklärbarkeit des Faktischen durch das Begriffliche, die jedes profane gegenständliche Erkennen zum dauernden Vollzug in den Grenzen der empirischen Vielheit der Dinge anhält, wodurch profanes Erkennen niemals etwas zeitloses Totes wird, sondern sich immer ereignen muss – und damit einem Ganzen gegenüber immer unangemessen bleibt.

Nach der Erörterung der sogenannten profanen, eben der positiven Wissenschaften und ihrer strukturellen Unnahbarkeit an ein

Das Systematische in der Theologie

Ganzes muss sich unser Überlegen nun wieder der Theologie zuwenden. Die Theologie kann ihre wesentliche Beziehung zu einem Ganzen nicht in Abrede stellen. Denn das Gelten der theologischen Aussagen, sofern sie sich nicht im Vorfeld der Zufälligkeiten und der praktischen Nutzanwendung aufhalten, beansprucht den Horizont eines Ganzen. Ob wir von Sinn, Gnade, Gut und Böse, Eschatologie, Gott, Gotteserkenntnis, Heilsgeschichte, Offenbarung, Unsterblichkeit oder Glauben sprechen: Alles Gelten dieser Aussagen überschreitet den Zufall, hebt das Faktische der Tatsachen in neuer Bedingung auf, lässt sich an kein wissenschaftliches, politisches oder gesellschaftliches System festbinden und zeigt sich dem Menschen als etwas, was nicht seine Welt und nicht sein Werk ist. Und hört mit dem Tod jene Welt des Menschen auf, die sich von innen heraus bis zum Undenkbaren abgrenzen lässt, so ist Theologie, die in ihren Aussagen auch nicht durch das Aufhören unserer Welt konditioniert ist, der Umgang mit dem Unbedingten. Unbedingtes jedoch kann nur das sogenannte Ganze sein.

Man mag der Ansicht sein, dass ein durchschaubares Verhältnis zur Wissenschaft nicht das einzige Kriterium für die Wirklichkeit oder Gültigkeit eines Dinges sein muss. Hier jedoch sei die Frage der Wissenschaft zur entscheidenden Frage der Theologie erklärt. In diesem Fall ist es das Ganze, das die Last und das Unmaß der Theologie als Wissenschaft ausmacht. Das Ganze als der eigentümliche Gegenstand der Theologie stellt zweifellos jene Last dar, die der Theologie bei der Einschätzung durch andere Wissenschaften jene Beurteilung einträgt, dass es bei der Theologie um willkürliches Behaupten, unproduktives tautologisches Setzen eines Bereiches geht, von dem es doch keine Wissenschaft geben dürfte.

Wie ist Theologie als Wissenschaft gegen solche Einwände zu retten? Es kann festgestellt werden, dass im Bereich der Theologie eine gewisse Unverhältnismäßigkeit zwischen Sein und Bedeuten vor-

Das Systematische in der Theologie

liegt. Das heißt, es werden Begriffe, Sprachmittel, Verhältnisse, Vergleiche, Erfahrungskomplexe verwendet, die in ihrer tatsächlichen Einzelverwirklichung im Bereich unserer Erfahrungswelt – ontisch gewissermaßen – ungleich weniger „sind" als sie im Gebrauch der Theologie „bedeuten" müssen. Es geht bei dieser Feststellung jedoch nicht darum, diese Differenz zwischen Sein und Bedeuten mit der Erklärung abzutun, es gehe eben um Symbole, um ein unbegründbares Zusammentreffen von profaner Erscheinung mit der sakralen, jenseitigen Dimension. Ein anderer Tatbestand vielmehr soll aus diesem Anlass aufgedeckt werden: In dieser Differenz von Sein und Bedeuten zeigt sich das strukturelle Verhalten jener geistigen Tätigkeit, der wir zuweilen die Namen Transzendenz, Metaphysik, unbedingte Begründung geben. Es gibt Konstellationen menschlichen Denkens, in denen das Ganze als Teil desselben Ganzen auftritt. Ohne Zweifel ist ein solcher Fall nach der Härte mathematischer und logischer Gesetze verpönt, was etwa Russell und Whitehead in ihren „Principia mathematica" offen als grundlegenden circulus vitiosus vieler Paradoxien deklarierten.

Dieses Ineinandertreten von „Ganzem" und „Ganzem im Teil" stellt jedoch genau den Fall der metaphysischen Philosophie und der Theologie dar: Jedes Abhängigkeitsverhältnis in der Metaphysik stellt einen „ontischen Teilfall" dar, dieser Teilfall „bedeutet" jedoch das Ganze. So geht etwa ein Gottesbeweis aus der dauernden Abhängigkeit von einem Beweger, von einer Ursache oder von einer Notwendigkeit vor. Doch selbst eine unbegrenzte Reihe von Bewegern ergibt noch nichts Unendliches oder Jenseitiges. Dennoch bedeutet aus einer gewissen Denkkonstellation heraus dieser Teilfall des Bewegens und Bewegtwerdens das Ganze, das Unendliche, das Göttliche. Ähnlich liegt die Unverhältnismäßigkeit zwischen Sein und Bedeuten, zwischen Faktizität und Ganzheit in Aussagen der Theologie: In Jesus von Nazareth als Sohn Gottes kann eine einzelne

Das Systematische in der Theologie

konkrete menschliche Handlung zur Bedingung für das ganze Heil oder Unheil werden. Das in der Geschichte ergangene Wort der Offenbarung ist die ewige, unveränderliche Wahrheit. Ein konkretes sakramentales Zeichen verbürgt eine gnadenhafte Wirklichkeit. Diese Beispiele zeigen, dass immer der gleiche logische Rahmen durchbrochen wird.

Nun muss festgestellt werden, ob solche logische Eigenmächtigkeiten, die sich in dieser Differenz von Sein und Bedeuten manifestieren, ein Lebens- und Wirklichkeitsrecht haben. Die Antwort müsste positiv ausfallen. Fällt sie jedoch negativ aus, bietet sich für den Gegenstand und für den Eigenstand der Theologie nur mehr jene bedenkliche Variante der sogenannten „Rede von Gott" an. Diese kraftlose Konstruktion der „Rede von Gott" hätte nur dann eine Bedeutung, wenn es „Gott sich gefallen lässt", sich unter die Aussagebedingungen der menschlichen Wirklichkeit zu begeben.

Diese charakteristische Differenz von Sein und Bedeuten jedoch stellt nicht einen unberechtigten Sonderfall dar, den die Theologie allein für sich beansprucht. Diese Differenz ist die Grundformel der Wirklichkeit des Menschen, der Wirklichkeit des individuellen Geistwesens überhaupt: „Anima est quodammodo omnia" – spricht sich nicht in dieser Formel der alten Philosophie genau jene Differenz aus zwischen dem, was der Mensch faktisch ist, und dem, was der Mensch eigentlich und unbedingt ist? Auch der vernunftbegabte Mensch bedeutet das Ganze, wenngleich sein Dasein faktisch begrenzt, zufällig und durch vieles eng umschreibbar ist. Dem Menschen gelingt die Erfassung der Wirklichkeit seiner selbst nur im Vollzug seiner individuellen Faktizität, von der er sich im Bewusstsein einer Ganzheit jedoch absetzt, um sein Verstrebtsein in Faktizität und Ganzheit als seine Identität zu leben.

Wenn man die Identität zum umfassendsten Beschreibungsmittel der menschlichen Wirklichkeit wählt, macht die Differenz von Sein

Das Systematische in der Theologie

und Bedeuten, von Faktizität und Ganzheit, jene Lebensmomente aus, die das Menschsein und dessen Identität nicht in einer leeren Tautologie verenden lassen, sondern für das Selbstverständnis des Menschen eine dauernde Herausforderung darstellen. So hat der Mensch sehr wohl ein eigentümliches Verhalten zur Wirklichkeit, das nur jenes Wesen haben kann, dessen faktische Existenz wohl zufällig und undurchschaubar ist, das jedoch eine konstitutionelle Beziehung zu jener Ganzheit besitzt, wo die Zufälligkeit und die Faktizität aufgehoben sind, weil das Ganze eben nur notwendig sein kann. Der Mensch ist nicht bloßes Faktum, der Mensch ist auch nicht selbstbegründende Ganzheit. Der Mensch ist eine konstitutionelle Beziehung zwischen beiden. Der Mensch ist die Differenz zwischen Sein und Bedeuten.

Damit ist der Mensch, wenn er die Herausforderung seiner Konstitution annimmt, nichts anderes als „Methode". Das bedeutet in diesem Fall nicht einfach ein beliebig geregeltes Verfahren, das von gewissen Ausgangsbedingungen zu einem bestimmten Ziel führen soll. Methode bedeutet hier die Durchführung der konstitutionellen Beziehung des Menschen zwischen Faktizität und Ganzheit, womit das Grundmaß des geistigen Vollzugs nicht mehr auf Teilgegenstände eingeengt ist, wie dies in allen positiven Wissenschaften geschieht. Methode als die aktive Wahrnehmung dieser menschlichen Konstitution bedeutet, dass hier wenigstens jener geistige und erkenntnishafte Grundschritt vollzogen werden kann, der weder in gegenständlichen Teilverhältnissen gefangen ist noch ein sinnloses Aufstellen einer tautologischen Ganzheit ist. Methode ist hier die einzig mögliche Art des Begreifens der ganzen Wirklichkeit, wobei weder in die Partikularität der Wissenschaften noch in die Tautologie des Ganzen abgewichen werden muss. Methode soll hier sagen, dass weder das Sein noch das Bedeuten für sich allein ein absolut angemessener Weg der Erfassung der Wirklichkeit sind. Methode meint

Das Systematische in der Theologie

das Identisch-Sein des Menschen in der unlösbaren Verstrebung von Sein und Bedeuten. Dies eben nennt man am Besten Methode, weil diese konstitutionelle Differenz von Sein und Bedeuten weder als sogenannter Inhalt noch als bloße Tätigkeit bezeichnet werden kann. Denn Inhalte sind aus ihrem Gegenständlich-Sein begrenzt und bloße Tätigkeit beinhaltet noch nicht die Gesetzlichkeit einer Methode.

Warum und wie jedoch betrifft dies die Frage der Theologie als Wissenschaft? Die entscheidende Frage, die wir stellten, war: Hat die Theologie als Wissenschaft einen eigenen, unaufgebbaren, unaustauschbaren Gegenstand, so dass sich Theologie letztendlich nicht in einzelne profane Wissenschaften auflösen lässt? Daraus folgt wiederum die Frage: Gibt es von einem solchen eigenen Gegenstand der Theologie her eine gewisse Koordination und ein Gesamtkriterium für alle im Rahmen der Theologie unternommenen Arten von Wissenschaft? Oder trifft eher das Gegenteil zu, dass den Teilwissenschaften in der Theologie die grundsätzliche Fähigkeit zugebilligt wird, dass diese von sich aus dem jeweiligen Gegenstand erschöpfend auf den Grund gehen? Der eigenständige Gegenstand der Theologie muss sich dem Zugriff der Teilwissenschaften entziehen und zugleich auch die Denkunwürdigkeit eines tautologischen Ganzen vermeiden. Die Theologie könnte sich im Erbringen eines solchen Gegenstandes jener konstitutionellen Differenz von Sein und Bedeuten bedienen, die die Methode für die Festschreibung menschlicher Wirklichkeit jenseits von immanenten Teilverhältnissen und diesseits von einer tautologischen Ontologie ist.

Wie kann jedoch die Theologie diese konstitutionelle Differenz von Sein und Bedeuten als Vollzugsmöglichkeit wahrnehmen? Es geht für die Theologie um das Umgehen mit dem „Ganzen im Teil", wobei Ganzes und Teil niemals zu selbständigen Gegenständen oder Pseudogegenständen auseinanderfallen dürfen. Eigenständi-

Das Systematische in der Theologie

ger Gegenstand der Theologie, der ein besonderes Verhalten der Vernünftigkeit oder der Wissenschaft verlangt, wäre das „Ganze im Teil". Und die besondere Art der Vernünftigkeit im Hinblick auf einen solchen Gegenstand stellt sich im System oder im Systematischen der Theologie vor.

Das Wort „System" ist heute wohl verbraucht durch Gebrauch, etwa in der Philosophie Hegels und in anderen Deutungen von Wissenschaft und Wirklichkeit: Offene Systeme, geschlossene Systeme, kybernetische Systeme, stabile Systeme, instabile Systeme, lernende Systeme, deduktive Systeme, Input, Output – all diese wahllos aufgeführten Worte zeigen den wissenschaftlichen Gebrauch in Teilverhältnissen an. Es ist daher für die Eigenart der Theologie von vornherein geboten, eher vom „Systematischen" zu sprechen, um nicht unnötige Hypotheken aus der Begriffsgeschichte und aus dem allgemeinen Gebrauch aufzuladen.

Eine stets anwendbare Art von Definition des Systematischen in der Theologie gibt es weder apriori noch aposteriori. Diesem Tatbestand kann nur durch das Feststellen gewisser Charakteristika des Systematischen abgeholfen werden. Von großer exemplarischer Bedeutung wären nun freilich konkrete Fälle von Systematisierung in bestimmten theologischen Inhalten. Der gegebene enge Durchführungsrahmen lässt dies jedoch nicht zu. Für diese konkreten Fälle des Systematischen darf dennoch ein gewisser innovatorischer Nutzen aus dem hier Sagbaren über den Gegenstand der Theologie erhofft werden. Den hier aufgeführten Charakteristika des Systematischen in der Theologie sollte jener Grundzug eigen sein, der ein Umgehen mit dem Ganzen im Teil, ein Wahrnehmen der konstitutionellen Differenz von Sein und Bedeuten, in Themen der Theologie versucht oder vollbringt. Wenn diese konstitutionelle Differenz die tiefste Grundstruktur menschlicher Erfassung der Wirklichkeit ausmacht, ist die Austragung dieser Differenz im Systematischen der

Das Systematische in der Theologie

Theologie zumindest eine Methode, die sich in einem Eigenbereich bewegt, der weder von der positiven Wissenschaft noch von einer tautologischen Ontologie des Ganzen schlechthin einnehmbar ist. In diesem besonderen Fall ist es die Methode, die den wissenschaftlichen Gegenstand sichert. Das Systematische in der Theologie, sofern es den Anforderungen jener konstitutionellen Differenz entspricht, sichert den eigenständigen Gegenstand der Theologie als Wissenschaft.

Es ist also jener Grundzug, dass etwas Theologisches mehr bedeutet als sein Sein, seine ontische Grundlage ist, der im Systematischen der Theologie zur Sicherung des theologischen Gegenstandes aufzutreten hat. Damit ist in der Theologie noch keineswegs einem abgeschlossenen und geschlossenen System das Wort geredet. Nicht die Geschlossenheit als solche eines Systems sichert den Gegenstand der Theologie. Es ist vielmehr der Gebrauch des Höchstmaßes an Wirklichkeitserfassung, der im Anwenden der konstitutionellen Differenz möglich ist, der dem Systematischen in der Theologie die Koordinaten eines eigenen, auch jenseitigen und transzendenten Gegenstandes sichert, der wissenschaftlich relevant ist.

Gefährdet ist die Theologie in ihrer wissenschaftlichen Struktur dann, wenn jene konstitutionelle Differenz zugunsten des Ganzen oder zugunsten des Faktischen einseitig aufgegeben wird. Zunächst zur Gefährdung der Theologie durch den einseitigen Anspruch des Ganzen: So wird im Systematischen das Formalisieren, das Harmonisieren und Verallgemeinern, das Einführen einer philosophischen Sprache, Begriffswelt, Denkweise und Argumentation in theologischen Aussagen nur dann zu einer sterilen und sinnlosen Automatik, wenn die Grunddifferenz vergessen wird und man mit solchen Mühen nur der Tautologie des Ganzen dienen will. Denn die richtige Durchführung des Systematischen bedeutet nicht Übersicht, sondern Einsicht und Verantwortung.

Das Systematische in der Theologie

Dabei mag das Systematische durchaus in der Strenge geordneter Verhältnisse und Argumente erscheinen. Die Verantwortung des Systematischen besteht darin, jeden Fortschritt der Vernünftigkeit, jede Konklusion darin zu prüfen, ob nicht die Verwurzelung im Faktischen verloren ging, so dass eine theologische Aussage nur mehr aus der Tautologie eines zweifelhaften Ganzen lebt. Der Grad der Entwurzelung einer theologischen Konklusion zugunsten der absoluten Tautologie mag verschieden sein: daher auch die verschiedene Verbindlichkeit, Glaubwürdigkeit und Vollziehbarkeit einer theologischen Konklusion. Die Grunddifferenz muss einbezogen bleiben. Einbezogen bleiben muss das Faktische, Geschichtliche, Geglaubte, Gelebte und Erlebte. Wenn Systematisches in der Theologie dieses Grundmaß verliert, wird die Theologie zur leeren Spekulation, zur ätherischen opinio, zur Rechthaberei mit geheimwissenschaftlichen Ansprüchen.

Das Systematische der Theologie ist jedoch auch vom Faktischen her in seiner Verantwortung gefährdet: Es ist ein charakteristisches Merkmal unserer Epoche, dass sich Wissenschaft immer mehr als Forschung versteht. Der Forschung ist es wesentlich, keinen Abschluss zuzulassen, keine endgültigen Ergebnisse zu erbringen, keinen Ergebnisstand aus einer Ganzheit her zu bewerten. Die bewusste Willkür der Forschung gegenüber einem Ganzen ist vom Systematischen der Theologie her zu brechen, denn Forschung in der Theologie hat eine Rechtfertigungspflicht gegenüber dem Ganzen, was ungleich mehr ist als eine Inquisition der Forschung.

Das Bedeuten des Theologischen ergibt sich nicht aus gezielten Anordnungen rein empirischer Komplexe, aus der Psychologie, Soziologie, Gesellschaftsstrategie. Hier muss es Aufgabe des Systematischen sein, das im traditionellen Denken selbstverständliche Maß von Ordnung, Überordnung, Hierarchie einzuführen, um empirische Selbstgenügsamkeit in den Denk- und Verfahrensduktus eines Höheren und Ganzen zu bringen.

Das Systematische in der Theologie

Auch der gegenwärtige Hang zur Diachronizität theologischer Aussagen muss durch die Forderung nach allgemeingültiger und ganzheitsbezogener Qualität vom bloß Willkürlichen und Zufälligen des Unabgeschlossenen wegführen. Selbst die unsagbare Tiefe individuellen Glaubens und Glaubenserlebens muss vom Systematischen in die Pflicht des Ganzen genommen werden. In diesem Fall heißt die Pflicht des Ganzen nichts anderes als Kommunikabilität, Gesellschaftlichkeit und Kirchlichkeit des Glaubens.

Nicht zuletzt hat das Systematische in der Verpflichtung auf die Grunddifferenz laufende Selbstkritik an der eigenen konkreten Selbstgestaltung zu üben, denn nur allzu schnell wird die sinnlich bedingte Vorstellung, die alles Denken des Menschen unablösbar begleitet, zum inneren Gesetz der Systematik erhoben. So kann immer wieder der fatale Umstand beobachtet werden, dass räumlich bedingte Symmetrien und Parallelismen geometrische Bezüge und eine figürliche Ästhetik des Denkens im Fortschritt der Theologie mehr überzeugen als das Denken in begrifflichen Notwendigkeiten.

Nur ein ausgewähltes Feld von Fällen für das Systematische in der Theologie wurde hier vorgeführt. Das in der Grunddifferenz Mittelnde, aber auch das in Einseitigkeit Gefährdete des Systematischen in der Theologie kam zur Sprache. Dass das Systematische den selbständigen Gegenstand der Theologie sichert, sollte hier gezeigt werden. Das Systematische ist nicht etwas, was nach und nach durch mancherlei Fleiß einen thematisch vollständig ausgestatteten Gegenstand der Theologie erscheinen lässt. In der richtigen Durchführung des Systematischen ist der theologische „Gegenstand" nichts anderes als die große Bedingung für das Verstehen des Göttlichen aus dem Verstehen und Selbstverstehen des Menschen. Das Systematische ist auch nicht ein Beweis für die Existenz des theologischen Gegenstandes. Das Systematische in der Theologie

Das Systematische in der Theologie

schreibt den theologischen Gegenstand nur in den Strukturen wissenschaftlichen Erkennens fest. Die Existenz des Gegenstandes der Theologie haben Offenbarung, Glaube und Zeugnis des Christen zu verantworten.

Erkenntnis und Erfahrung

*Spekulative Präambeln
zur Wahrheitsfähigkeit der Theologie*[1]

Papst Johannes Paul II. hatte am 18.11.1980 anlässlich seiner Deutschlandreise Theologieprofessoren zu einer Begegnung ins Kapuzinerkloster St. Konrad in Altötting geladen. Johannes Paul II. nannte in seiner Ansprache drei Perspektiven, die für die Theologie von besonderem Belang sein sollten. Bereits in der ersten wird Folgendes ausgesagt: „Da die Spuren Gottes in einer säkularisierten Welt ohnehin sehr verschüttet sind, ist diese Konzentration auf den dreifaltigen Gott als Ursprung und bleibenden Grund unseres Lebens und der ganzen Welt die vordringlichste Aufgabe der heutigen Theologie. Alle Leidenschaft des theologischen Erkennens muss am Ende zu Gott selbst führen. Noch während des Zweiten Vatikanischen Konzils glaubte man, die Beantwortung der Gottesfrage voraussetzen zu dürfen. Inzwischen hat sich erwiesen, dass gerade das Verhältnis des Menschen zu Gott brüchig geworden ist und der Stärkung bedarf. Ich möchte Sie darum bitten, dass Sie mit allen Ihren Kräften an der Erneuerung des Gottesverständnisses arbeiten, wobei ich die Trinität Gottes und den Schöpfungsgedanken unterstreichen möchte."

---

[1] Erstveröffentlichung in: Veritati Catholicae: Festschrift für Leo Scheffczyk zum 65. Geburtstag, hg. v. Anton Ziegenaus, Franz Courth und Philipp Schäfer, Verlag Pattloch, Aschaffenburg 1985.

Erkenntnis und Erfahrung

Mit dieser Aussage ist festgestellt, worin alles Krisenhafte der heutigen Theologie seine gründlichste Wurzel hat. Das Krisenhafte liegt darin, dass nicht irgendeine theologische Aussage in Diskussion und Kontestation gerät. Wohl wird über die verschiedensten Dogmen und über viele theologische Erkenntnisse diskutiert. Dennoch sollte damit nicht in Vergessenheit geraten, dass es im Grunde heute um die Frage der Existenz Gottes, des Wesens Gottes und der Erkennbarkeit Gottes geht. Man kann heute sogenannte Theologie sogar dann noch mit dem Namen Theologie betreiben, wenn man sich nur mehr mit der Aufarbeitung psychologischer, zwischenmenschlicher, ökonomischer und sozialer Verhältnisse befasst. In solchen Aufarbeitungen verblasst der Anspruch der Existenz und der Notwendigkeit Gottes zumeist zu einer utopischen Perspektive von Gerechtigkeit, von Befreiung des Menschen oder von humaner Sinnhaftigkeit. Manchmal bleibt das Sein Gottes so etwas wie eine höchste Hypothese, über die sich das konkrete Sprechen gar nicht zu lohnen scheint.

Nicht einmal die Theologie, die heutzutage Jesu Worte und Taten thematisiert, kann die unbedingte theologische Rückbindung auf Gott selbst garantieren. Hier liegt es an der heute oft gewählten Verfahrensweise, den theologischen Daseinsgrund Jesu von den Worten, von den Taten und vom Lebensschicksal Jesu her zu interpretieren. In früheren Epochen der Theologie war es üblich, von der Menschwerdung Gottes in Jesus Christus her das Leben und die Sendung Jesu zu deuten. Thomas von Aquin zum Beispiel baut die Christologie von der Möglichkeit und von der Gehörigkeit (convenientia) der Menschwerdung, von der Inkarnation Gottes her auf. Erst in der späteren Folge werden aus der vollen theologischen Perspektive der Inkarnation das Leben, das Leiden und Sterben, die Auferstehung und die Himmelfahrt Jesu in die Darstellungsverhältnisse der Theologie gebracht. Es ist beileibe nicht dieselbe

Erkenntnis und Erfahrung

Ausgangslage, ob man vom glaubenden Wissen um die Menschwerdung Gottes her die Worte und Taten Jesu interpretiert oder ob man über das Verfolgen der einzelnen Worte und Taten Jesu zu jener Formel kommt, dass Jesus von Nazareth nur ein besonderes Gottesverhältnis habe.

Man kann heute das weite Feld der Christologie betreiben und dabei die Gottessohnschaft Jesu und selbst die Existenz Gottes zu einem abstrakten Horizont verfallen lassen, der inhaltlich nicht in die Christologie selbst einwirkt. Im Gegensatz zur früheren Theologie verläuft die Theologie heute meist „induktiv". Vor allem sind es die historisch-kritischen Perspektiven der heutigen exegetischen Wissenschaften, die eine solche Methode bedingen: Man versucht, die Aussagen der Schrift, vor allem die Botschaft und das Leben Jesu, wissenschaftlich so weit zu enthüllen, dass sich die historische Tatsächlichkeit der Schrifttexte zeigt. Ist erst einmal diese Tatsächlichkeit erreicht, versucht man, induktiv, Tatsächlichkeit mit Tatsächlichkeit vergleichend, eine Theologie aufzubauen. Diese induktive Theologie lässt nur zu, dass durch eine häufende Beibringung gleichartiger Tatsächlichkeiten allgemeinere Aussagen entwickelt werden, die dadurch „theologisch" sind, dass sie eine gewisse Verallgemeinerung der Tatsächlichkeiten in sich bergen. Diese Methode ist vergleichbar mit dem induktiven Vorgehen der Naturwissenschaften, aus dem durch Beobachtung und Erbringung gleichartiger Verhaltensweisen der natürlichen Dinge sogenannte Naturgesetze formuliert werden. Längst ist heute hinlänglich bekannt, dass selbst die scheinbar sichersten Naturgesetze von Voraussetzungen abhängen, die sich weder in den einzelnen beobachteten Tatsachen zeigen noch in den Naturgesetzen selbst zum Ausdruck kommen. Voraussetzungen dafür sind die Gültigkeit des Kausalitätsprinzips, die Annahme der durchgängigen Gesetzmäßigkeit der Welt, die relative Gleichförmigkeit des Geschehens im Universum.

Erkenntnis und Erfahrung

Es sind also an den einzelnen Tatsachen unzeigbare Voraussetzungen, die die Sicherheit einer gemachten Verallgemeinerung ausmachen. In der gleichen Not befindet sich auch jene Theologie, die sich zunächst der historischen Tatsächlichkeit zuwendet und schließlich über alle Einzelfälle, alle Zeiten, alle Menschen hinweg eine theologisch verstehbare Frohbotschaft über den Menschen, über die Welt und über Gott entwickeln will. Der induktive Trend der heutigen Theologie wird an der eindeutig gestellten Gottesfrage nicht vorbeikommen, wenn man sich über die Legitimität der theologischen Verallgemeinerung Rechenschaft geben will. Um Missverständnissen zu begegnen: Es geht mit dieser Feststellung nicht um die Frage, ob die Theologie von Gott reden will oder nicht. Es geht darum, die volle Bedeutung der Existenz Gottes als methodische Notwendigkeit theologischer Aussagen festzuhalten. Es ist also nicht nur eine inhaltliche Notwendigkeit, in den theologischen Aussagen die Existenz Gottes in irgendeiner Weise zu nennen. Es ist vielmehr eine innere spekulative Notwendigkeit der Methode der Theologie, Gott als diejenige Größe bewusst zu halten, durch die erst Theologie in ihrer Eigenart möglich ist. Jede Wissenschaft hat mit Inhalt und Methode bewusst umzugehen.

Wie hält es die Theologie mit Inhalt und Methode? Bis in unsere Zeit ist die Methode der Theologie der „Allgemeinbegriff": Man ging bislang von der Voraussetzung aus, dass jede geltende wissenschaftliche Aussage der Theologie in ihrem Innersten etwas „Allgemeines" zum Ausdruck bringt. Es ist das Charakteristische des Allgemeinen, des Universalen, vom jeweils Einzelnen Abstand zu nehmen und dennoch das Wesentliche des Einzelnen im Allgemeinen auszusagen. Durch das Allgemeine ist also die Wesentlichkeit der theologischen Aussage gesichert, aber auch damit dem Kriterium der Identität im Allgemeinen unterworfen. Die theologische Identität einer Aussage hat damit auch den methodischen Gang ihres wissenschaftlichen

Erkenntnis und Erfahrung

Fortschritts im Allgemeinen zu nehmen: Zusammenhänge, Vergleiche, Vertiefungen der Einsicht, Anwendungen, Versöhnungen von Gegensätzen, Begründungen und Wahrheitshierarchien in den einzelnen theologischen Aussagen folgen jeweils der Verpflichtung bezüglich des Wesentlichen so, wie sich das Wesentliche als Allgemeines dartut. Das Allgemeine ist also nicht nur der Inhalt, sondern auch die Weise, in der sich die theologische Wirklichkeit zeigt. Ist nun einmal das Allgemeine als der begreifende Weg der Wirklichkeit gewählt, ist auch die Abstraktion als jener Weg legitimiert, auf dem das Allgemeine fortentwickelt werden kann. Durch die Abstraktion wird das Allgemeine immer umfassender zum wesentlichen Ausdruck der einzelnen und verschiedenen Wirklichkeiten. Aus den Beispielen der klassischen Logik ist jenes Verfahren bekannt, nach dem etwa der Allgemeinbegriff „Mensch" über die allgemeineren Begriffe wie Sinnenwesen, Lebewesen, Körper, Substanz, Seiendes mit verschiedenen anderen Wirklichkeiten in eine allgemeinbegriffliche Beziehung gebracht werden kann. Und selbst der allgemeinste, durch Abstraktion gewonnene Begriff erhebt den Anspruch, die Wirklichkeit in der Weise des Allgemeinen darzutun.

Der Anspruch des Allgemeinen endet jedoch nicht beim allgemeinsten Allgemeinen der endlichen und begrenzten Dinge. Der Allgemeinbegriff erhebt auch den Anspruch, Wesentliches über Gott darzutun. Das Verfahren der Theologie in der Anwendung von allgemeiner Begrifflichkeit auf das Wesen Gottes war immer sehr behutsam und umsichtig. So wurden in Aussagen über Gott immer jene Begrifflichkeiten ausgeschieden, die in ihrer innersten Bedeutung eine Vielheit und Begrenzung einschließen. Auf diese Weise wurden von Gott räumliche und zeitliche Bestimmungen ferngehalten. Man verwendete schließlich über Gott solche Aussagen, die in ihrer Formalität eine gewisse Unbegrenztheit bedeuten, so dass man sagen durfte: Gott ist Geist, Leben, Güte, Wahrheit, Identi-

Erkenntnis und Erfahrung

tät usw. Als weitere Sicherung bezüglich der Aussagen über Gott wurde festgehalten, dass der Modus der Verwirklichung der über Gott ausgesagten Begriffe ein gänzlich anderer ist als der Modus in denselben Begriffen, die in unserer Erfahrungswelt auftreten. Was dabei jedoch trotz aller Einschränkungen aufrecht blieb, war der Anspruch, dass diese von Gott sagbaren Allgemeinbegriffe trotz ihrer Herkunft aus unserer endlichen Erfahrungswelt eine gewisse Gemeinsamkeit zwischen Gott und Welt sind und bedeuten.

Was jedoch im Gesamten des Problems unbeantwortet bleiben musste, war die Frage nach dem Allgemeinen selbst: Welche Dimension bleibt eigentlich unbeachtet, wenn sich die Wirklichkeit im Allgemeinen zeigt? Klar war man sich immer darüber, dass das Allgemeine als Ergebnis der Abstraktion das individuelle Einzelne, von dem das Allgemeine abstrahiert wird, nicht berücksichtigt. So sah man kein Hindernis darin, dass z. B. der Allgemeinbegriff „Mensch" auf seine individuellen Verwirklichungen in Petrus, Paulus, Sokrates usw. nicht spezifisch Rücksicht nehmen kann. Die nun zu stellende Frage ist jedoch die, ob nur die Individualität der Dinge als bloße numerische Vielheit der Dinge damit dem Allgemeinen geopfert wurde. Legen wir das Problem des Allgemeinen einmal auf die spekulative theologische Gottesfrage um: Wie kann der menschlichen Vernunft die Frage nach der Existenz Gottes beantwortet werden? Eigentlich nicht über das Allgemeine oder über das Verallgemeinern. Es ist zunächst zu bedenken, dass es eine erkennende Gewissheit über das, was das Existieren ist, nur aus der eigenen Erfahrung des erkennenden und existierenden Menschen gibt. Über das Existieren gibt es zunächst keine Begrifflichkeit. Was Existieren bedeutet, weiß jeder nur aus der Erfahrung seines eigenen erlebten Existierens. Eine Vernunfterkenntnis, die sich im abstrakten Allgemeinen von den endlichen Dingen bis zu Gott spannt, bleibt gegenüber der Frage nach der Existenz Gottes unempfindsam. Auf der anderen Seite

Erkenntnis und Erfahrung

jedoch muss gerade in Gottes Begriff auch das Existieren notwendig eingebracht sein, zumal jede spekulative Begrifflichkeit über Gott notwendig Wesen und Existieren Gottes absolut zusammensehen muss. Gott ist eben das esse per essentiam.

Wenn wir also ein Gottesdenken bloß in der Dimension des Allgemeinen unternehmen, geht die Gottesfrage gewissermaßen „außen" am Menschen vorbei. Diese Umgehung des Menschen bringt mit sich, dass die Gottesfrage zu einer abstrakten spekulativen Übung verfällt, weil im Allgemeinen für sich das Existieren und dessen Bedeutung nicht wahrgenommen werden kann. Wird also das Gottesdenken ausschließlich in der Dimension des Allgemeinen geführt, ist es nicht nur die individuelle Vielheit der Dinge, von der abstrahiert wird. Ausgeschlossen bleibt dabei auch jenes Moment im denkenden Menschen, das ihn das Existieren verstehen lässt. Man nennt das Verstehende der Existenz des Menschen das Selbst des Menschen, die Identität des Menschen.

Das Existieren ist in der philosophischen Spekulation vornehmlich als das aktuelle, faktische Dasein eines Dinges gedeutet worden, dem vor allem das Dunkle der Faktizität (oder der Kontingenz) anhaftet. Somit ergab sich auch immer wieder der Anlass, das Existieren als etwas anzusehen, was man dem Allgemeinen beifügen oder wegnehmen kann, ohne dass der spekulative Gang des Denkens davon innerlich betroffen wäre. Am deutlichsten kommt diese Einschätzung des Existierens vielleicht in der Kritik Kants an den traditionellen Gottesbeweisen, besonders am ontologischen Gottesbeweis, zum Ausdruck. Mit dieser Bindung des Existierens an das bloß Tatsächliche und bloß Einzelne war auch die scheinbare Legitimation vorhanden, das Denken in der Dimension des Allgemeinen in Abstraktion vom Existieren zu versuchen.

Aber auch das Existieren kann eine vernünftige Innerlichkeit aufweisen. In der denkerischen Bewertung des Existierens scheint

Erkenntnis und Erfahrung

sich alles zunächst auf primitive Aussagen festzurennen. Man beteuert zunächst, dass etwas eben ist, eben da ist. Man appelliert an den Wirklichkeitssinn des Menschen, Tatsachen, die eben sind, anzuerkennen. Man sieht den einzigen Unterschied bloß darin, dass das eine bloß denkbar, dass das andere dazu noch wirklich ist. Das bloße Existieren scheint nichts herzugeben, was das Denken weiterführen könnte. Das Existieren wird als ein für unser Denken im letzten unverfügbarer Modus angesehen. Wie jedoch kann über das Existieren gesprochen werden, wenn das Existieren außerhalb dessen liegt, was der Begriff und das Allgemeine bedeuten? Was befähigt uns überhaupt dazu, eine doch recht unumstößliche Gewissheit vom Existieren zu haben? Liegt im Existieren des einzelnen Menschen irgendeine Innerlichkeit, irgendeine Art Struktur, die uns befähigen könnte, unser eigenes Existieren zu erfassen und damit auch ein Verhältnis zum Existieren anderer Seiender zu entwerfen?

Vorerst ist Erkennen jeweils das Herstellen einer gewissen Vergleichbarkeit zwischen dem, was das erkennende Subjekt ist und dem, was das erkannte Ding ist. Dies bedeutet, dass Erkennen ein allmähliches Bekanntwerden des Subjektiven mit dem Objektiven ist, wobei das Subjektive grundsätzlich immer schon zumindest im Ausmaß des Objektiven bestehen muss. Selbst ein vorläufiges Hinsehen auf den Erkenntnisvorgang zeigt, dass Erkennen immer etwas mit Konnaturalität zwischen Subjekt und Objekt zu tun hat. Worin also könnte jene Struktur des Subjekts liegen, die es ermöglicht, das eigene Existieren zu erfahren und über das Existieren der anderen Dinge erkenntnishaft abzuhandeln?

Diesen hier gemachten Überlegungen zum Erkennen entspricht die Formel der klassischen Erkenntnislehre, dass Erkennen eine Gleichheit zwischen erkennendem Subjekt und erkanntem Objekt bedeutet: intelligens in actu est intellectum in actu. Und der Verständigungsrahmen zwischen Subjekt und Objekt ist zunächst das

Erkenntnis und Erfahrung

Allgemeine, das als Begriff über das erkannte Ding und als das erkannte Wesen des Dinges diese Gleichheit zwischen Subjekt und Objekt ermöglicht. Diese übereinstimmende Gleichheit wird als Wahrheit bezeichnet: veritas est adaequatio rei et intellectus. Ist nun Wahrheit des Erkennens schlechthin nichts anderes als die Gleichheit von erkennendem Subjekt und erkanntem Objekt? Ohne Zweifel handelt es sich hier nicht um einfach dasselbe. Während die Gleichheit von erkennendem Subjekt und erkanntem Objekt einfach „vorhanden sein" mag, wird die Wahrheit als Übereinstimmung mit Blick auf unser Bewusstsein von der Übereinstimmung gesagt. Gleichheit von Subjekt und Objekt mag bloß vorhanden sein, Wahrheit ist die Gewissheit dieser Gleichheit. Die Gleichheit ist wahrheitsfähig, die Wahrheit als Gewissheit jedoch hebt die vorhandene Gleichheit in eine so hohe Geltung, dass die bloß vorhandenen Momente der Gleichheit, das Subjekt und das Objekt, das hierin Zufälligste und Ungesichertste sind. Obwohl die Wahrheit zunächst nur das bewusste Übernehmen der Gleichheit von Subjekt und Objekt ist, wird die Wahrheit als Gewissheit etwas so Absolutes, dass der unmittelbare Anlass der Wahrheit, die Gleichheit, gewissermaßen wie eine abgetragene Hülle zerfällt.

In diesem beschriebenen Fortschreiten der Wahrheit von der Gleichheit zur Gewissheit zeichnet sich etwas ab, was nicht eine Vermehrung, nicht eine Addition in der uns vertrauten Vorstellungsweise ist. Dieser Fortschritt lässt sich auch nicht durch Verallgemeinerung erklären. Es liegt vielmehr in dem, was wir mit Wahrheit gekennzeichnet haben, eine Anforderung von Wirklichkeit, die weder aus Addieren noch aus Verallgemeinern entsteht. Die ursprüngliche Gleichheit von Subjekt und Objekt im Erkennen beruhte auf der Voraussetzung, dass es eben ein Subjekt und ein entsprechendes Objekt gibt. Solange etwas auf Voraussetzungen beruht, kann dieses für sich allein nicht zur „Gewissheit" erhoben werden. Dieses auf

Erkenntnis und Erfahrung

Voraussetzungen Beruhende bleibt in seiner Geltung immer in seinen Voraussetzungen eingesperrt. Das Gewisshaben oder Bewussthaben der Übereinstimmung von Erkennendem und Erkanntem, wie es in der Wahrheit charakteristisch ist, verlangt die Loslösung von solchen Voraussetzungen, die nur „vorhanden sind", die jedoch nicht in die Form des Geltens einer Wahrheit eingebracht werden können. Die konkreten Konturen des erkennenden Subjekts und des erkannten Objekts als Voraussetzungen einer Gleichheit wären demnach in die Wahrheit selbst nicht einbringbare Voraussetzungen.

Es gehört zum eigentlichen Wesen der Wahrheit, alle Voraussetzungen, die in der Wahrheit selbst sich nicht zeigen oder sich nicht zeigen können, abzulegen. Wahrheit meint das absolute Gelten aus sich selbst und nur aus sich selbst. Das innere Wesen der Wahrheit erträgt kein Wenn, kein Womit und kein Wozu. Es mögen durchaus Wahrheiten bestehen, die ein Wenn, Womit oder Wozu aussagen, dennoch muss alles in die sich zeigende Wahrheit vollends eingehen, an der Wahrheit darf nichts mehr als Voraussetzung bloß „vorhanden sein". In diesem Sinn kann sich Wahrheit als bloßes Zusammenspiel von Subjekt und Objekt nicht legitimieren. Solange Subjekt und Objekt nur gewisse Voraussetzungen sind, muss die Wahrheit deren Faktizität überwinden, um Wahrheit aus sich sein zu können.

Wenn wir von der Wahrheit als der Gewissheit, als dem Bewusstsein von der übereinstimmenden Gleichheit von Subjekt und Objekt (adaequatio) gesprochen haben, so war diese Einbringung von Gewissheit und Bewusstsein nicht einfach die Einführung einer neuen psychologischen Qualität. Gewissheit und Bewusstsein von etwas lassen alles von etwas gelten, nur nicht das „Etwas" von etwas selbst. Wenn sich etwas ins Bewusstsein erhebt und wenn es wesentlich als Bewusstes gelten soll, muss es etwas von Absolutheit annehmen, was mit unbedingter Voraussetzungslosigkeit von uns gekennzeichnet wurde. Das wahrhaft und wesentlich Bewusste, dessen Gelten in der

Erkenntnis und Erfahrung

absoluten Voraussetzungslosigkeit liegt, ist damit gleichzeitig und wesentlich eine Weise der Unendlichkeit.

Die bloße Übereinstimmung von erkennendem Subjekt und erkanntem Objekt im Akt des Erkennens mag so etwas wie eine anfängliche Wahrheit bedeuten. Die Wahrheit als solche jedoch muss völlig frei in sich selbst stehen, sonst ist sie weder bewusst noch uns gewiss. Diese unersättliche Freiheit von allen Voraussetzungen, die der Wahrheit eigen ist, kann unser Bewusstsein sogar thematisieren: Der denkende und erkennende Mensch kann reflektieren, kann sein Denken denken, sein Erkennen erkennen. Dieses Reflektieren können wir maßlos fortführen. Was sich aber an einer solchen maßlosen Unsinnigkeit artikuliert, ist das kritische Bewusstsein von der Wahrheit. Das kritische Bewusstsein von der Wahrheit erkennt über das ständige Befragen des Erkennens, dass keine Voraussetzung die Wahrheit sichert. Alles stattgefundene Erkennen befragt durch das Erkennen wieder das Erkennen. Löst sich das kritische Bewusstsein nicht zu einer wesentlich neuen Einsicht, wird man die Gültigkeit alles Erkennens und der darin behaupteten Wahrheit anzweifeln und immer wieder anzweifeln. Dieses voraussetzungsgebundene Verhalten nennen wir den Skeptizismus. Auch heute noch versteht man den Skeptizismus bezüglich der Wahrheit unseres Erkennens weithin als ein ärgerliches Verhalten des Menschen, dem aber nicht recht beizukommen ist. Denn, wer skeptisch sein will, kann immer wieder aufs Neue das Geltende in Zweifel ziehen. Man kann scheinbar vernünftigerweise behaupten, dass an allem zu zweifeln sei. Einem solchen Skeptizismus sucht man meist dadurch beizukommen, dass man aufzeigt, dass dieser Skeptizismus sich in seiner kontinuierlichen Fortsetzung gleichzeitig und praktisch widerlegt. Die „Bedeutung" des skeptischen Denkens kann sich in seinen notwendigen praktischen „Voraussetzungen" nicht verifizieren: Es zeigt sich damit die innere Tragik des Skeptizismus, dass die „Bedeutung" des

Erkenntnis und Erfahrung

Skeptizismus sich nicht von ihren „Voraussetzungen" lösen kann. Die Bedeutung des Satzes „Man muss an allem zweifeln" kann sich nicht von der Voraussetzung einer Maxime, nicht von der Legitimation aller gebotenen Zweifel eben durch diese Maxime lösen.

Man spricht beim Skeptizismus folglich von innerem Widerspruch, der sich aus der „Bedeutung" der Aussage und aus der „Voraussetzung" der Maxime offenkundig aufbaut: Man widerlegt sich, indem man den radikalen und totalen Zweifel fordert. Man fordert die absolute Voraussetzungslosigkeit (an allem ist zu zweifeln), indem man die absolute Voraussetzung (die absolute Kontinuität der Maxime) anwendet. An dieser Stelle könnte man jedoch verstehen, dass der Skeptizismus nicht eine innere Notwendigkeit des reflektierenden Denkens, sondern eher die weniger vernünftige Option des kritischen Bewusstseins ist. Der Skeptizismus missversteht im Grunde das Verhältnis von Voraussetzung und Wahrheit. Indem der Skeptizismus die Wahrheit zuinnerst mit Voraussetzungen verbindet, die nicht in das Innere der Wahrheit eingehen können, wird er zum ratlosen Zweifel. An der Wahrheit kann nur gezweifelt werden, wenn für die Wahrheit sichere Voraussetzungen gesucht werden, die eben nicht in das Innere der Wahrheit eingehen. So ist auch das Verweilen am Zusammenspiel von erkennendem Subjekt und erkanntem Objekt nur eine vorläufige Begründung der Wahrheit. Selbst das beste Sichern und Bereiten der Erkenntnisfähigkeit des Subjekts und selbst die bestmögliche Plazierung des Objekts machen noch nicht die Wahrheit aus. Die Wahrheit lebt letztlich im Bewusstsein der Übereinstimmung von Subjekt und Objekt. Durch das Bewusstsein steht die Wahrheit völlig frei in sich selbst. Was dabei noch Voraussetzung wäre, stünde noch nicht in diesem Bewusstsein.

Wir können also mittels unseres kritischen Bewusstseins dahin kommen, dass wir die Wahrheit als frei in sich stehend verstehen oder dass wir, mit Blick auf die Voraussetzungen, das Bewusstsein der

Erkenntnis und Erfahrung

Wahrheit nicht freigeben und damit auf den endlosen Skeptizismus zurückfallen. Damit sind die alternativen Optionen des kritischen Bewusstseins gekennzeichnet: der Skeptizismus oder das Gelten der Wahrheit in ihrer voraussetzungslosen Freiheit.

Das Ideal des sogenannten archimedischen Punkts hat in der Philosophie, ausdrücklich oder unausdrücklich, immer seine Rolle gespielt. Es ging in der Sache immer um jenen festesten Ausgangspunkt, von dem her alles Gelten und Wirken sich begründet und erklärt. Dieser archimedische Punkt sollte am besten einfach „sein", um daraus alle Aussagen, alle dargestellten Verhältnisse der Dinge, alle Forderungen und Ansprüche zu begründen. Ist in solchen Ableitungen vom archimedischen Punkt von der Wahrheit dieser Ableitungen die Rede, müsste eigentlich jenes Problem einsichtig werden, dass „Wahrheit" sich gerade nicht in Abhängigkeit von Voraussetzungen zeigen kann. Selbst wenn Verhältnisse der Wirklichkeit die sicherste und unmittelbarste Beziehung zum archimedischen Punkt hätten, könnten dadurch diese Verhältnisse dennoch nicht vollends in Wahrheit auftreten. Selbst die umfassendste ursächliche Beziehung und Abhängigkeit macht noch keine Wahrheit.

Welcher Weg verbleibt uns, um uns der Wahrheit vergewissern zu können? Der Weg des Skeptizismus war im Letzten der Weg der nicht gelingenden Gleichsetzung von Wahrheit und Voraussetzung. Ein anderer Weg zur Gewissheit von Wahrheit könnte so verlaufen: Die Wahrheit besteht wesentlich im Bewusstsein; sie wird für uns erst dann gewiss, wenn wir sie in der Weise des Bewusstseins erfassen und haben. Die Wahrheit versperrt sich unserer Gewissheit dann, wenn wir sie als kausales Gefüge und nicht in der Freiheit des Bewusstseins erfassen. Wäre das kausale Gefüge das Innerste der Wahrheit, bliebe die Wahrheit ein totes Vorhandenes, könnte die Wahrheit nicht im Bewusstsein bestehen. Vielleicht wurde bislang zu sehr auf das Zusammenspiel von Subjekt und Objekt geachtet, wenn von der Wahrheit die Rede war. Vielleicht wurde übersehen, dass nicht das konkrete Zusammenspiel, sondern das Bewusstsein der Übereinstimmung der Wahrheit die Fähigkeit gibt, in sich selbst stehen und bestehen zu können. Wahrheit im Bewusstsein meint also unbedingt das absolute Sich-zu-sich-selbst-verhalten-Können, wobei das Verhalten zu jeder bloßen Voraussetzung ausgeschlossen bleiben muss.

Das Wahrheitsproblem des kritischen Bewusstseins sollte also nicht der feste archimedische Punkt sein. Der Wahrheitsfrage dürfte man eher gerecht werden, wenn man die Wahrheit in ihrer Weise des Bewusstseins gelten lässt, und wenn man die Wahrheit in der Weise des Bewusstseins denkt. Dies bedeutet für den denkenden und erkennenden Menschen die Gewinnung eines neuen Verhaltens, die Gewissheit von Wahrheit in der Freiheit, die alles Vorausgesetzte transzendiert. Wie will man sich der Wahrheit vergewissern, wie will man von Wahrheit reden, wenn man die Wahrheit nicht in ihrer eigenen Weise, nämlich in der Weise des Bewusstseins denken will? Die Wahrheit ist nicht ein irgendwohin verstreutes Ding, das man mit jedem beliebigen Instrument aufheben und behandeln könnte. Was sich von der Wirklichkeit z. B. in Verhältnissen von bloßen Voraussetzungen, von bloßer kausaler Abhängigkeit darstellt, kann höchstens die Wahrheit über diese Voraussetzungen beanspruchen. Solche Verhältnisse sind jedoch niemals die Wahrheit selbst.

Die Wahrheit begleitet also nicht wie selbstverständlich alle Darstellungsweisen der Wirklichkeit, um nichts anderes als eine bloße Gleichheit zwischen dem subjektiven Erkennenden und dem objektiven Erkannten zu sein. Diese leichtsinnige Einschätzung der Wahrheit bringt es auch mit sich, dass alle möglichen Gleichheiten, wie sie in den einzelnen Wissenschaften mit ihren besonderen Voraussetzungen gefunden werden, als die Wahrheit schlechthin angesehen werden.

Erkenntnis und Erfahrung

Diese willkürliche Anonymität der Wahrheit führt dazu, Ergebnisse aller möglichen Wissenschaften miteinander zu vergleichen und den banalen Schluss zu ziehen: Wenn das eine wahr ist, kann nicht auch das andere wahr sein. Unter besonderen Druck geraten dabei die Philosophie und die Theologie von Seiten der Naturwissenschaften, da die Voraussetzungen der Naturwissenschaften mit größerer Eindeutigkeit ausmachbar sind.

Wer die eigene Weise der Wahrheit im Bewusstsein dagegen erfasst, wird wissen, dass die Gleichheit von Subjekt und Objekt sich zu einer bewussten Übereinstimmung erweitern muss, in der sogar Subjekt und Objekt, als die ursprünglichen Bezugspunkte der Gleichheit, belanglos werden. Dies heißt, dass die Wahrheit als Bewusstsein sich uns als etwas alle Voraussetzungen Transzendierendes erschließen muss. Es geht in dieser Erschließung der Wahrheit also nicht um die festeste Voraussetzung, sondern um die Freiheit von aller Voraussetzung. Die Wahrheit wird damit zur Angelegenheit einer vernünftigen Option des denkenden Menschen, mit der die andere Option für den sogenannten archimedischen Punkt ständig konkurriert.

Es sollte dennoch nicht der Irrtum entstehen, Wahrheit sei einfach etwas „anderes" als die besagte Gleichheit von Subjekt und Objekt. Wahrheit wird nicht als Neuigkeit der Gleichheit aufgepfropft. Die Wahrheit bewahrt durchaus die Identität der Gleichheit. Die Wahrheit nimmt jedoch durch ihr Bewusstsein an der Gleichheit alles „Vorhandensein" wahr. Damit eröffnet sich durch das Erschließen der Wahrheit auch für das Subjekt (und Objekt) die Chance, aus der bloßen „Instrumentalität" für das Erkennen wegzukommen und in der Wahrheit ein gewandeltes Selbst zu finden.

Was jedoch meint diese Freiheit von Voraussetzungen, in der die Wahrheit in der eigenen Weise des Bewusstseins auftritt? Diese Freiheit kann im innersten Kern nicht einfach Negation, Negativität

Erkenntnis und Erfahrung

sein. Die Wahrheit kommt nicht zu ihrer Freiheit des Bewusstseins, wenn sie einfach ihre Voraussetzungen im subjektiven und objektiven Bereich negiert. Das bloße Negieren von etwas, auch wenn dieses Negieren unendlich oft und in aller Weite und auf allen Ebenen geschieht, bewerkstelligt niemals ein wahres Transzendieren. Auch die unendlich oftmals ausgeübte Negation von etwas lebt im Letzten genau nur von diesem Etwas. Das bloße Negieren von etwas schafft nicht mehr als eben das negative Spiegelbild von diesem negierten Etwas. Wir können es also bei der Freiheit der Wahrheit nicht mit der spekulativen Sorglosigkeit mancher theologia negativa halten, die das Negieren für eine konstruktive Tat hält, dabei aber negativ höchstens das Negierte reproduziert. Die bloße Negation ist letztlich nichts anderes als die Reproduktion des Negierten.

Aus diesem Grund haben wir nicht von Negieren, Verneinen, sondern von „Erschließen" zu sprechen. Mittels der bloßen Negation darf auch die Wahrheit nicht wieder zur bloßen Reproduktion ihrer Voraussetzungen werden. Was aber ist gefordert, damit wir dem gerecht werden, was wir mit der Wahrheit als dem Bewusstsein der Übereinstimmung von Subjekt und Objekt erleben und meinen? Will die Wahrheit nicht die Reproduktion ihrer Voraussetzungen sein, muss die Wahrheit in irgendeiner Weise sich zu sich verhalten. Kann dies jedoch gelingen, wenn das Transzendieren der Voraussetzungen ein Abrücken von einem Sich-zu-einem-anderen-Verhalten ist? Im Grunde ist die Erschließung der Wahrheit im Bewusstsein (Freiheit) das Sich-Zeigen eines unreproduzierten Sich-zu-sich-Verhaltens, das Sich-Zeigen eines Selbst.

Es dürfte nützlich sein, noch einmal auf das „Reproduzieren" der Negation die Rede zu bringen. Dieses Wort sollte die Freiheit von Voraussetzungen und das Transzendieren der Wahrheit erörtern: Der Wahrheit als Bewusstsein wird nicht Rechnung getragen, wenn man einfach nur die Voraussetzungen negiert. Das bloße Negieren

Erkenntnis und Erfahrung

führt zu keinem Höheren weiter. Von einem Ding, das nur dasselbe und eines ist, kann man unendlich oft und verschieden sagen, was dieses Ding „nicht-ist", man kann unendlich oft negieren, abgrenzen und unterscheiden. Aber selbst unendlich viele solche Negationen sagen nie die Selbigkeit eines Dinges aus. Auch die Gesamtheit der negierenden Abgrenzungen eines Dinges von anderen Dingen erreicht niemals die Selbigkeit des Dinges, bestenfalls ist es ein Reproduzieren des Dinges durch negierende Abgrenzung. Es sei aber festgehalten, dass es an dieser Stelle nicht primär um die spekulative und erkenntnishafte Leistung der Negation geht. Es soll durch den Verweis auf die Negation vor allem deutlich werden, dass die Freiheit von den Voraussetzungen, wie sie in der Wahrheit als Bewusstsein erscheint, eine wesentlich andere Bestimmung als die bloße Negation der Voraussetzungen fordert. Diese wesentlich andere Bestimmung zur Ermöglichung der Freiheit von Voraussetzungen ist das, was wir vorhin das „Selbst" nannten.

Dieses Selbst entzieht sich in seinem Wesen all jenen Versuchen, die die Wirklichkeit letztlich in äußeren Verhältnissen darzustellen bestrebt sind. In diesem Sinn ist das Selbst nicht das Resultat von Voraussetzungen, sondern das sich hinter den Voraussetzungen Zeigende, falls im Denken und Erkennen eine Erschließung glückt. Wo ist nun dieses Selbst, das der Wahrheit die Freiheit von Voraussetzungen im Bewusstsein ermöglicht, anzutreffen? Wir werden ohne Schwierigkeiten das Selbst mit dem Bewusstsein in Beziehung bringen. Allerdings läuft eine Verbindung des Selbst mit dem Bewusstsein die Gefahr, wiederum fehlverstanden zu werden: Falls wir das Bewusstsein als psychologisches Selbstbewusstsein deuten, rücken wir das Selbstbewusstsein als die individuellste Gewissheit unserer Subjektivität und unserer Handlungsmächtigkeit wieder in die Stellung eines Faktums. Solange wir das Selbstbewusstsein psychologisch und empirisch deuten, haben wir das Selbst zu einem

Erkenntnis und Erfahrung

Faktum gemacht, dem wir wiederum das alte Instrumentarium von Subjekt und Objekt anzulegen haben. Eine Wahrheit, die auf dem Faktum des Selbstbewusstseins errichtet wird, kann bestenfalls eine subjektivistisch bedingte und begründete Wahrheit sein. In diesem Fall verliert das Bewusstsein seine Freiheit wiederum an die große Voraussetzung eines empirisch und psychologisch errichteten Selbstbewusstseins, eines Ich. Die Frage ist nun: Können wir überhaupt von der Wirklichkeit eines Bewusstseins, das nicht wieder in die Enge eines faktischen Selbstbewusstseins gerät, mit Grund reden? Gibt es im Denken die Möglichkeit für eine Methode des Bewusstseins, die die Wahrheit in der Freiheit von Voraussetzungen bewahrt? Gibt es eine Methode des Bewusstseins, die nicht auf ein subjektivistisches Über-Ich oder auf ein unabweisbares Apriori der Subjektivität zurücksteuert? Haben wir aus dem kritischen Umgang mit den Voraussetzungen etwas zugunsten der Wahrheit zu lernen?

Eines konnten wir mit Deutlichkeit einsehen: Die „Voraussetzungen" versöhnen sich zugunsten der Wirklichkeit durch gegenseitige Gleichheit. Hat man z. B. eine Gleichheit zwischen Subjekt und Objekt erreicht, hält man diese Gleichheit für eine Erscheinungsweise der Wirklichkeit. Die übereinstimmende Gleichheit von Subjekt und Objekt wird nicht einfach als geglücktes Zusammenspiel zwischen Subjekt und Objekt angesehen: Die Gleichheit gilt als Index der Wirklichkeit, als Wahrheit oder zumindest als Richtigkeit. Warum muss es eigentlich die Gleichheit sein, die als der Schlüssel zur Wirklichkeit gilt? Bei der Gleichheit von Subjekt und Objekt geht es immer um den verständigenden Ausgleich zwischen jenem dem Subjekt „Bekannten" und dem im Objekt „Unbekannten". Wenn man es aus dieser Perspektive betrachtet, ist die Gleichheit eine ökonomische Regel im Rahmen des Bekannten: Das Bekannte im Subjekt organisiert sich gegenüber dem Unbekannten im Objekt immer wieder in neuen Konfigurationen, um die Gleichheit aufrecht zu erhalten. In nichts anderem besteht der sogenannte Fortschritt der Wissenschaften. Unser sogenanntes Wissen nähert sich der Wirklichkeit in der Weise jener Gleichheit, die darin besteht, dass uns Bekanntes so geordnet wird, dass das uns Bekannte das uns Unbekannte umschließt und verfügbar macht. Wissenschaft ist also primär nicht ein Erforschen der Dinge an sich, sondern vorrangig eine kontinuierliche Umsicht und Umschichtung im uns Bekannten zum Ziel der Gleichheit mit dem uns Unbekannten der Dinge. Diese Gleichheit kann verschiedene Tiefen je nach den Höhen der Wissenschaften erreichen.

Erinnern wir uns bei dieser Gelegenheit an das, was Ludwig Wittgenstein im Tractatus logico-philosophicus (6.342) über die Newtonsche Mechanik feststellt: „So auch sagt es nichts über die Welt aus, dass sie sich durch die Newtonsche Mechanik beschreiben lässt; wohl aber, dass sie sich so durch jene beschreiben lässt, wie dies eben der Fall ist. Auch das sagt etwas über die Welt, dass sie sich durch die eine Mechanik einfacher beschreiben lässt als durch die andere." Im Grunde ist die Mechanik ein Konstruktum des uns Bekannten, durch welches wir die Gleichheit mit den Dingen suchen. Das Kriterium der Gleichheit ist jedoch kein Kriterium einer „ontologischen" Gleichheit zwischen uns Bekanntem und uns Unbekanntem. Die Gleichheit der Wissenschaften ist keine ontologische Regel, die eine Übereinkunft des uns Bekannten und des uns Unbekannten im „Sein" suchen oder behaupten würde. Die Gleichheit bleibt in der „Äußerlichkeit" einer ökonomischen Regel, nach der wir uns in Einfachheit und Vollständigkeit durch das uns Bekannte ein Bild von der Welt zu machen versuchen. Wittgenstein charakterisiert die Unfähigkeit der (Natur-)Wissenschaften zur Ontologie so: „Wir dürfen nicht vergessen, dass die Weltbeschreibung durch die Mechanik immer die ganz allgemeine ist. Es ist in ihr z. B. nie von bestimmten materiellen Punkten die Rede, sondern immer nur von irgendwelchen." (Tractatus 6.3432)

Erkenntnis und Erfahrung

Es sind also gewisse Konfigurationen des uns Bekannten, die nach bestimmten Kriterien (wie z. B. Einfachheit und Vollständigkeit) bezüglich der Welt in den Wissenschaften zur Anwendung kommen. Das Erkennen der einen und der anderen Seite der Gleichheit, das Erkennen der Zugehörigkeit der einen zur anderen Seite durch ihre Gleichheit, all das bleibt ein Vergleichen in Konfigurationen, wie sie der einen Seite bekannt sind und wie sie die andere Seite in ökonomischen Kriterien verfügbar machen. Eines aber können Gleichheit und Vergleichen nicht leisten: Eine Besinnung auf das „Sein" ist nicht möglich. Die Gleichheit bleibt bis zuletzt ein beiderseitiger Aufbau in Konfigurationen; ohne diese Konfigurationen gibt es keinen Vergleich und keine Gleichheit. Die Gleichheit muss also immer in Konfigurationen auftreten, die der denkende Mensch niemals bis zu dem Punkt verinnerlichen kann, dass es um das „Sein" selbst ginge. Die Konfigurationen, die wir nach ökonomischen Kriterien behandeln müssen, stellen immer äußerliche Verhältnisse der Dinge zueinander dar. Es kann also niemals um das „Sein" an sich gehen. Die Dinge zeigen sich in den Wissenschaften nur in äußerlichen Verhältnissen zueinander. Solange die Welt sich nur in äußerlichen Verhältnissen zeigt, kann der Mensch sein Verhältnis zur Welt nach allen möglichen ökonomischen Regeln bestimmen, nicht jedoch nach einer ontologischen Regel.

All das hier über die Gleichheit Gesagte ist eine Verdeutlichung dessen, dass die Wahrheit nicht in der bloßen Gleichheit besteht und nicht in der Gleichheit zu finden ist. Der hier gemachte Exkurs über die Gleichheit, die Konfigurationen und die Wissenschaften belehrt uns jedoch über eine bereits gestellte Frage: Wir fragten nach der Möglichkeit eines Bewusstseins, das die Wahrheit frei von Voraussetzungen bewahrt; wir fragten nach jenem Selbst, das die Wahrheit zu ihrer Freiheit erheben kann, in der wir nicht wieder die alten kritischen Mängel vorfinden, so dass wir wieder zum geistlosen

Faktum eines archimedischen Punktes denkerisch zurückfallen müssten. Ein gewisses Indiz liegt nunmehr vor: Das Selbst der Wahrheit muss sich der „Gleichheit" versagen. Das Sich-Versagen des Selbst gegenüber der Gleichheit kann jedoch nicht die willkürliche Wahl der Nicht-Gleichheit oder der Unrichtigkeit sein. Das Selbst der Wahrheit muss die Ökonomie der Gleichheit in irgendeiner Weise zugunsten der Ontologie der Wirklichkeit übersteigen.

Können wir uns in einer anderen Weise als in jener der Gleichheit zur Wirklichkeit verhalten? Das bloße Abstandnehmen von der Gleichheit wäre nur Negation und Reproduktion, das Selbst der Wahrheit muss sich vielmehr im Verhältnis zur Wirklichkeit rechtfertigen. Das Selbst der Wahrheit, die Wahrheit als Freiheit von Voraussetzungen, die Wahrheit als Bewusstsein verpflichtet uns gegen ein Wirklichkeitsverstehen in bloßen äußerlichen Verhältnissen. Aber auch die Gleichheit selbst, die vielen Menschen wie die unersetzbare Waage von Geist und Weltwirklichkeit erscheint, braucht ihre höhere Rechtfertigung und ihre höhere Wahrheit. Eine Waage ist erst eine Waage, wenn sie auf beiden Seiten belastet ist; nur in der Belastung durch Dinge kommt das Wesen der Waage zum Ausdruck. So ist es auch mit der Gleichheit: Die Gleichheit kommt nur über das Äußerliche ihres wissenschaftlichen Vergleichens zwischen dem uns Bekannten und dem uns Unbekannten erst dazu, überhaupt Gleichheit zu sein.

Die Freiheit der Wahrheit erscheint uns als etwas außer oder über der Gleichheit Bestehendes. Versuchen wir nun das Transzendieren der Gleichheit durch das Selbst der Wahrheit, so sind wir dadurch nicht befugt, gegen die Gleichheit gewissermaßen als Ersatz das Irrationale zu installieren. Es ist das Kennzeichen des Irrationalen, den Menschen mit subjektiven Vorstellungen und Einstellungen zu belasten, die mit den Dingen nicht in Einklang kommen oder nicht in Einklang kommen sollen. Im Irrationalen wird die Forderung nach

Erkenntnis und Erfahrung

jener Gleichheit durch die ungleichmäßige Belastung der wissenschaftlichen Waage zu einem kultivierten Gefühl des „Wahns". Der Wahn – im weitesten und sachgerechtesten Sinn – ist das behauptete Verhältnis des Menschen zur Wirklichkeit, das sich im Irrationalen manifestiert; und der Sinn für Wirklichkeit, den der Wahn aufzubringen imstande ist, ist nicht mehr als das ungleiche Belasten der Waage in jenem Glauben, dennoch die Gleichheit zu besitzen: Das extreme ungleiche Missverhältnis zwischen dem Subjektiven und dem Objektiven wird als Wirklichkeitserfahrung unter dem höheren Wissen der Gleichheit aufgefasst.

Aber auch das Wirklichkeitsverhältnis des Wahns vermag sich nicht von der Gleichheit zu lösen. Die extremen Koordinaten des Wahns lassen viele Versuche von Philosophie und Theologie wiedererkennen, die es angeblich mit der Wirklichkeit versucht haben und bei der Gleichheit dennoch wieder enden: In dieses Feld gehören die vielen Kultivierungen der Antinomien und Paradoxien, die unter dem Einschluss eines gewissen persönlichen Engagements von gewissen Theologien mit Fleiß geübt werden. Man meint, in den größten Ungereimtheiten die echteste Wirklichkeitserfahrung zu machen, weil man die Waage der Gleichheit zwischen dem Subjektiven und dem Objektiven am extremsten und ungleichsten belastet. Eine Philosophie und eine Theologie, die sich bei solchem Tun dennoch nicht von der Gleichheit löst, muss den Einwand der Wissenschaften tragen, dass Taten gesetzt werden, die eben wissenschaftlich (in der Gleichheit der Psychologie, Soziologie, Kulturkritik, Religionswissenschaft usw.) „aufgeklärt" werden müssen. In diesem Sinn ist „Aufklärung" (nicht als besondere Epoche der Geschichte oder der Philosophiegeschichte gemeint) nichts anderes als die Einbringung von wissenschaftlichen Größen in die Konfigurationen des Wahns. Zweck der Einbringung solcher wissenschaftlicher Größen der Psychologie, Soziologie, Geschichte usw. ist es, Denominationen für die

Erkenntnis und Erfahrung

Verhältnisse der Gleichheit zu finden, um damit das Irrationale rational „aufzuklären". Die so fest behauptete Wahrheit des Irrationalen kann sich schließlich nicht dem Anspruch der Gleichheit entziehen.

Hat der Mensch noch einen anderen Weg zur Freiheit der Wahrheit, zum Selbst der Wahrheit, der nicht doch wieder in der Gleichheit endet? Zur Beantwortung dieser noch einmal gestellten Frage müssen wir wieder auf das Umgehen des Menschen mit der Wirklichkeit hinsehen. Kann der Mensch so mit der Wirklichkeit umgehen, dass ihm ein Selbst verbleibt, ja, dass sogar ein Selbst notwendig ist? Gibt es Ereignisse und Handlungen des Menschen, die wesentlich nicht in Gleichheit dargestellt werden können? Gibt es Ereignisse und Handlungen, die mit einer Wahrheit verbunden sind, die sich nicht in der Gleichheit der äußerlichen Verhältnisse als Wahrheit rechtfertigen lässt? Gibt es etwa menschliche Handlungen, die in ihrer Wesentlichkeit sich völlig zu sich selbst verhalten müssen, um diese Handlung überhaupt sein zu können? Ohne Zweifel gibt es zunächst viele menschliche Handlungen, die sich innerhalb von Voraussetzungen vollziehen und von den Voraussetzungen her auch zu bewerten sind. So kann z. B. die Handlung innerhalb eines Systems daraus beurteilt werden, wie sehr eine Handlung innerhalb ihrer Voraussetzungen für ein System förderlich oder schädlich ist. Eine solche Handlung also, die sich innerhalb eines Systems aufbaut und innerhalb eines Systems zu beurteilen ist, hat noch nichts von jener Wahrheit an sich, die ein Sich-zu-sich-selbst-Verhalten zum Ausdruck brächte.

Eine Handlung, die sich zu sich selbst zu verhalten hat, wird von einem Denken, das sich nur an der Gleichheit orientiert, für eine willkürliche, zufällige, undeutbare Handlung angesehen werden. Eine solche sich zu sich selbst verhaltende Handlung wird in ihrem Inneren von keiner Voraussetzung her interpretiert und ist in ihrem Wesentlichen nicht in der Äußerlichkeit, Abhängigkeit von Voraussetzungen darstellbar. Das Gelten einer solchen Handlung muss im absoluten Sich-zu-sich-selbst-Verhalten begründet sein. So ist z. B. das Desiderat der kritischen Frage nach der Wahrheit unseres Erkennens über alle zu befragenden Voraussetzungen hinweg jene sich zeigende Wahrheit, die das Selbst ist. Jene Wahrheit, die in nichts mehr die Voraussetzung und den Gegensatz zu Anderem braucht. Was eigentlich ist es, was sich in einer Handlung eröffnet, die sich völlig zu sich selbst verhält? Was sich hier eröffnet und was in äußeren Verhältnissen niemals darstellbar ist, ist die freieste Erfahrung. Diese freieste Erfahrung, die sich aus der reinen Innerlichkeit des Sich-zu-sich-selbst-Verhaltens hält, ist die Erfahrung des Existierens. Es bleibt also der freiesten, nur aus sich selbst geltenden Erfahrung vorbehalten, das Existieren zu erfahren. Die Wahrheit des Existierens geht in jenem Augenblick verloren, in dem sich uns die Frage der Gleichheit stellt. Denn der Gleichheit geht diese „Seele" der freiesten Erfahrung verloren, weil die Verhältnisse der Gleichheit im Nebeneinander und Gegeneinander liegen. In wissenschaftlichen Überlegungen kann man vielerlei in Zusammenhang bringen, man kann vielerlei voneinander ableiten. Eines nur bleibt in all diesen Überlegungen eigentlich unableitbar: das Existieren. Das Existieren lässt sich nicht in äußeren Verhältnissen darstellen, nicht ableiten. Das Existieren lässt sich nur erfahren.

Wenn es also um die Wahrheit geht, auch um die Wahrheit des menschlichen Erkennens, geht es nicht nur um das Wissen, das sich in der Gleichheit vollzieht, sondern auch um das Erfahren, das so etwas wie das aktive Selbst unseres Verhaltens zur Wirklichkeit ist. Es kann und soll hier nicht erörtert werden, warum im Verhältnis von Wissen und Erfahren im Verlauf der Philosophiegeschichte das Erfahren als die Begegnung mit dem sogenannten Einzelfall des Wirklichen verbunden wurde. Die Verkettung der Erfahrung mit dem Einzelfall erweckt so immer mehr den Eindruck, als sei Erfahrung einfachhin die sogenannte Empirie. Es ist der Weg dann auch nicht mehr weit zu jener Annahme, Erfahrung sei nur im Rahmen der sinnlichen Fähigkeiten des Menschen zu machen. Ebenso wird dadurch die Meinung begünstigt, Erfahrung sei nur das empirische Vorspiel zum verallgemeinernden Erkennen und Wissen. Schon diese wenigen Sätze, die sehr schnell auch auf ihrem philosophiegeschichtlichen Hintergrund in ihrer Systematik wiedererkannt werden können, zeigen, dass Erfahrung fast unlösbar mit Einzelfall, sinnlichem Datum, materialer Erkenntniskomponente und mit eigentlich vorgeistiger Dimension gleichgesetzt wurde. So bleibt für die Erfahrung im Gesamten der Wahrheit nicht viel anderes übrig denn als Einzelfall und Vorspiel für das verallgemeinernde Erkennen zu sein oder schließlich zur empirischen Verifikation einer Verallgemeinerung herangezogen zu werden.

Im wissenschaftlichen Erkennen, das sich in der Gleichheit der Voraussetzungen abspielt, besteht eine gewisse Gefühllosigkeit und Blindheit gegenüber der Dimension des Selbst. Das, was unter der Perspektive des konkreten „Existierens" verstanden werden sollte, wird zum „Einzelfall" herabgestuft, wird als Beobachtungsfall für die allgemeinere Erkenntnis eingeschätzt. Damit ist das konkrete Existieren mit der Qualität einer „Voraussetzung" ausgestattet und kann damit dem Prinzip Gleichheit in den Wissenschaften scheinbar unbedenklich unterstellt werden. Damit ist die Erfahrung aus ihrem ursprünglichen Zusammenhang mit der Wahrheit verdrängt. Das Erkennen kann damit letztlich nur mehr ein Wissen sein. Das Wissen sichert sich auf seine Weise eine Art von Erfahrbarkeit, indem das konkrete Existieren zum Einzelfall des Wissens uminterpretiert wird. Das Wissen ist somit eigentlich erfahrungslos, es ist nur mehr in Einzelfällen verifizierbar. Dieses erfahrungslose Verhalten der Wissenschaften zur Wirklichkeit mag in manchen Wissenschaften für die Ökonomie ihrer Gleichheit unbedenklich sein. Man wird

Erkenntnis und Erfahrung

jedoch dieses Problem noch einmal mit Blick auf jene Wissenschaften stellen müssen, die den Menschen und sein bewusstes Lebensganzes betreffen.

Diese Frage wird besonders Philosophie und Theologie betreffen. Beachten wir das Problem an der Theologie: Die Theologie hat sich heute die Rolle einer Wissenschaft zugelegt, die man ohne weiteres und grundsätzlich mit gleichem Erfolg betreiben kann, ob man nun glaubt oder nicht glaubt. Mit dieser Feststellung einer gewissen Gleichgültigkeit von Glauben und Nicht-Glauben soll vorerst keine weiterführende Bewertung erfolgen. Vorerst soll die Feststellung genügen, dass in einem solchen Theologie-Verständnis der Glaube nicht in das Wissen hinübergenommen zu werden braucht. Der konkrete Glaube einer Gemeinschaft oder die religiöse Kreativität eines Menschen werden als faktische Voraussetzungen genommen, das konkrete Existieren von Glaube und Religiosität spielt jedoch im Aufbau des theologischen Wissens selbst keine besondere Rolle. Eine Theologie, die sich so betreibt, scheint sich im Bereich des Wissens vollkommen zu genügen. In einer solchen Theologie gibt es keine Notwendigkeit eines Selbst, einer Erfahrung, die notwendigerweise über eine Logik der Voraussetzungen hinaus zu jener freiesten Geltung führen müsste, über die wir gesprochen haben. In dieser Perspektive des Selbstgenügens des theologischen Wissens sei sogar die polemische Formel erlaubt, dass das theologische Wissen durch Absehen von der Erfahrung eigentlich auch von der Wahrheit und Wahrheitsfrage absieht. Selbstverständlich wird auch in dieser Auffassung von Theologie ein gewisser Legitimationszwang verspürt. Man wird daher in vielen verbalen Wendungen von der Lebbarkeit der Theologie, vom Lebensvollzug, von der Praxis und von der Erfahrung im Religiösen sprechen. Dennoch muss trotz vieler solcher Beteuerungen die Feststellung aufrechterhalten werden, dass eine solche Weise

Erkenntnis und Erfahrung

theologischer Wissenschaft strukturell einen Platz für die Erfahrung weder sichern noch begründen noch als wesentlich fordern kann.

Für dieses Ausbleiben der Erfahrung im theologischen Wissen gibt es viele unübersehbare Indizien: So ist zum Beispiel das Verhältnis von Theorie und Praxis in der Theologie zum Thema einer irrationalen Überheblichkeit, sei es zugunsten der Theorie, sei es zugunsten der Praxis, geworden: So gibt es die von vielen verspürte Kluft zwischen Theologie und sogenannter Spiritualität. Es gibt eine hochentwickelte exegetische Wissenschaft auf der einen Seite und eine große Unübertragbarkeit der exegetischen Einsichten in die Themen der praktischen Glaubensverkündigung auf der anderen Seite. Selbst gelehrteste Exegeten behelfen sich bei der praktischen Verkündigung mit lebensversinnbildenden Allegorien und mit exegesefremden theologischen Kategorien und Vorstellungen. Alle diese Entzweiungen sind nichts anderes als die leicht feststellbaren Phänomene einer Entfremdung zwischen theologischer Wissenschaft und Erfahrung. Appelle zur Erfahrung werden nur auf kurze Zeit nützlich sein, auf weitere Sicht werden sich die Momente des Wissens und der Erfahrung in der Theologie dadurch noch weiter entfremden. Die Konsequenzen einer solchen Entfremdung bleiben keineswegs auf die Ebene einer wissenschaftstheoretischen Streitfrage beschränkt.

Worin besteht eigentlich die Krise in der heutigen Theologie, die so oft in den Mund genommen wird? Eine mögliche – sicher nicht die einzige – Perspektive dieser Krise besteht darin, dass die theologischen Inhalte entweder keine Erfahrung in sich enthalten oder den Weg zur Erfahrung versperren. So hat sich vor allem im theologischen Pathos unserer Zeit eine hohle Sprache gebildet, die zwar viel Erfahrung behauptet, in ihrem Inneren jedoch ohne Erfahrung und ohne Ermöglichung von Erfahrung ist. Am augenfälligsten

Erkenntnis und Erfahrung

wird diese Hohlheit der Sprache in der theologischen Sprache des Gebets, in der ohne Erfahrungslegitimation hohe Zusammenhänge verbal behauptet werden. Ein Verhältnis zur Wirklichkeit oder zur Erfahrung wird in diesen hohen Gebeten dadurch hergestellt, dass die trivialsten und unpassendsten Dinge zum Einzelfall dieser Zusammenhänge erklärt werden. Eine schwerwiegende Problematik bezüglich der Notwendigkeit einer inneren Erfahrung liegt auch bei dogmatischen Aussagen über Gott, über das Wesen Gottes und über das geoffenbarte Wesen Gottes vor. Die Verachtung und Indifferenz, mit der man heute oft den wesentlichen Aussagen über Gott und Gottes Wirken begegnet, motiviert sich häufig daran, dass in den abstrakt erscheinenden dogmatischen Aussagen jedwede Erfahrung verschlossen erscheint. Der Weg zur Perversion der Theologie ist dann nicht mehr weit. So kann sich heute alle mögliche Ideologie gleichzeitig Theologie nennen, obwohl in diesen Ideologien für die Wirklichkeit Gottes nicht der geringste Platz ist, zumindest nicht aus der inneren Kohärenz eines Begriffs oder eines Systems. Durch solche Versuche in neuen Theologien, die aus der Aktualität der Stunde und aus der modischen Perspektive zuweilen entwickelt werden, wird die Entfremdung von Wissen und Erfahrung in theologischen Inhalten nicht überwunden.

Eine Folge solcher Entwicklungen ist die, dass die Wirklichkeit Gottes, des Göttlichen, des Übernatürlichen und des Jenseitigen immer mehr zu unvermittelten Voraussetzungen degenerieren. Diese Voraussetzungen wird man verbal zunächst noch aufrechterhalten, später jedoch wird man sich nur mehr an jenen Darstellungen interessieren, die im Feld der immanenten menschlichen Wirklichkeit erbracht werden können. Gott und alle transzendente Wirklichkeit sind zunächst noch Voraussetzung, weil aber nichts zwischen dem Immanenten und Transzendenten vermittelt, wird man sie schließlich als „quantité négligeable" einstufen. Eine

Erkenntnis und Erfahrung

weitaus gravierendere Folge solcher Entwicklungen ist viel weniger augenfällig: Diejenige Theologie, die Wissen und Erfahrung nicht zu vereinen weiß, wird im strengen Sinn „wahrheitsunfähig" sein.

Was ist damit gemeint? Durch das Bedenken der Gleichheit als der Methode jener Wissenschaften, die Voraussetzungen zum Ausgleich bringen, die nach ökonomischen (und nicht ontologischen) Regeln das Bekannte des Subjekts mit dem Unbekannten der Dinge zur Gleichheit bringen, waren wir veranlasst, die Wahrheit in jenem Bereich zu denken, der die Freiheit ist. Jenseits der wissenschaftlichen Gleichheit bleibt uns jedoch nur das Erfahren des Existierens im Erfahren des Selbst. Wird das Sich-zu-sich-Verhalten, das Erfahren des Selbst, nun aber der wissenschaftlichen Gleichheit geopfert, gibt es für die Wahrheit nicht mehr die notwendige Dimension des Bewusstseins. Die Wahrheit kann in Wissenschaften ohne die Dimension der Erfahrung nur als eine ökonomische oder als eine funktionale Gesamtregel auftreten. Je umfassender und totalitärer eine solche Regel formuliert wird, desto absoluter scheint sie zu sein. Dennoch hat die Wahrheit als ökonomische Gesamtregel nicht die geringste Möglichkeit, Wahrheit für sich zu sein. Somit hat die Wahrheit nicht die geringste Möglichkeit, aus einem Sich-zu-sich-Verhalten zu gelten. Die Wahrheit als ökonomische Regel der Gleichheit hat keinerlei Selbigkeit; sie ist nur eine Funktion der Dinge und der Voraussetzungen. Wissenschaften ohne innere Beziehung zur Erfahrung sind wahrheitsunfähig.

In dieser Perspektive sind es zwei Weisen der Theologie, denen die Wahrheitsunfähigkeit dadurch anhaftet, dass sie Erfahrung nicht einbringen: Die eine Weise der Theologie ist wohlbekannt und viel kritisiert. Es handelt sich um jene abstrakte, spekulative Theologie, die sich in hochfliegende Gedanken aufgelöst hat. Viele Spekulationen in der Theologie wird der Vorwurf treffen, dass wohl

Erkenntnis und Erfahrung

Begriffe in Zusammenhängen und nach einer gewissen Logik der Nichtwidersprüchlichkeit weiterentwickelt werden, dass sich jedoch für den glaubenden Menschen nichts erschließt, dass nichts ihn bewegt, dass nichts ihn verändert, dass nichts ihn tröstet, dass nichts ihm Wirklichkeit jenseits der sichtbaren und alltäglichen Dinge ist. Zumeist sind solche Vorwürfe an die abstrakte Theologie und an die theologische Spekulation sehr diffus und unreflektiert. Dennoch lässt sich in solchen Vorwürfen das Grundgefühl der Kritik darin erkennen, dass alles Theologische auf eine Wissensebene verschoben ist, in der das Selbst des Menschen in keiner Weise in Anspruch genommen ist. Das Selbst des Menschen sieht sich nicht in der Lage, etwas an der Wahrheit mitzuwirken. Sowohl im Wissen als auch im wissenden Menschen fehlt die Bedeutung des Selbst, so dass der Mensch sich nicht auf die Wirklichkeit beziehen kann, so dass der Mensch von nichts ergriffen wird. Und selbst bei größter theologischer Erudition bleibt der Zwang bestehen, außerordentliche sogenannte spirituelle Haltungen und Taten zu entwickeln, mittels derer man die kritisierte Lebens- und Erfahrungsferne dieser Theologie zu korrigieren trachtet. Was als Korrektur gegenüber einer spekulativen und abstrakten Theologie gefordert wird, ist nicht ganz einfach zu versöhnen: Gefordert wird die Einbeziehung des Selbst eines jeden vom Glauben angesprochenen Menschen in die Aussage der Theologie. Theologische Aussage und persönliches Engagement sollen eine unlösbare Einheit miteinander eingehen. Gefordert wird jedoch gleichzeitig, dass die theologische Aussage nicht einfach das Produkt des jeweiligen subjektiven Engagements ist. Die theologische Aussage hat wohl die Dimension der Erfahrung zu wahren, sie darf jedoch nicht vom Engagement und vom Erleben des einzelnen Menschen in ihrer Bedeutung abhängig werden. Die besagte Wahrheitsfähigkeit der Theologie fordert somit eine methodische Fortentwicklung jener Theologie, die im

Erkenntnis und Erfahrung

spekulativen Wissen die Dimension des Selbst noch umschlossen hält.

Aber auch eine andere Weise der Theologie trifft der Vorwurf der Wahrheitsunfähigkeit. Gemeint ist damit jene Theologie, die das eigentlich Transzendente aus ihrer Thematik eliminiert hat: eine Theologie, die mit großem und umfassendem Anspruch vom Menschen und von den Dingen redet, die jedoch die Perspektive des Transzendenten in ihre Themen nicht wesentlich und innerlich einbringen kann. Wohl wendet man sich in dieser Weise der Theologie jenen Fakten und Phänomenen zu, die man als religiös oder als theologisch benennen kann. In der Anwendung der wissenschaftlichen Kategorie jedoch wird das Religiöse und das Theologische auf eine Thematik herabgestuft, die durch die kontinuierliche Anwendung der kausalen Relation, des Ursache-Wirkung-Verhältnisses, darstellbar ist. Soviel auch vom Leben, von den Abhängigkeiten des Menschen, von seinen Problemen und von der Vielfalt der Dinge in solcher Theologie schließlich die Rede sein mag, das theologische Interesse ist zu einem „kausalen Interesse" geschrumpft. In solcher Theologie wird der Wirklichkeit des Religiösen und des Theologischen „an sich", d. h. in seiner inneren Bedeutung und in seinem eigenen Anspruch, nicht Rechnung getragen. Das Religiöse und das Theologische an sich bleibt hier ein unerschlossenes X, über das man nur in psychologischen, soziologischen, religionsgeschichtlichen, ästhetischen, literarischen usw. Darstellungsverhältnissen wissenschaftlich abhandeln kann. Alle solchen Darstellungsverhältnisse bringen im weitesten Sinn die wissenschaftliche Kategorie des „Kausalen" zur Anwendung: die Abhängigkeiten, Gegensätze und Einschließungen der thematisierten Fakten werden als erschöpfende Beschreibung der religiösen und theologischen Wirklichkeit betrachtet. Mit dieser kausalen Weise theologischer Wissenschaft sichert sich der Mensch den Status eines „Beobachters" des Religiösen und Theologischen. Durch diese Ver-

Erkenntnis und Erfahrung

kausalisierung der Theologie entfallen die Betroffenheit und der Anspruch an das Selbst des Menschen.

Diese zweite Weise der Theologie, die ebenfalls der Kritik zu unterwerfen ist, verengt sich vor allem zu einer wissenschaftlichen Beschreibung immanenter Verhältnisse. Sofern sich diese Beschreibung auf der Grundlage wirklicher oder angenommener Kausalität vollführen kann, kann eine solche Theologie als Wissenschaft neben anderen Wissenschaften auftreten und sich ebenfalls als eine angemessene und legitimierte Beschreibung der Dinge einschätzen. Wie auch immer die Grundstruktur einer solchen theologischen Beschreibung genannt werden mag, sei es die Beschreibung im Kausalen oder im Vergleichenden oder im Ästhetischen oder im bloß Nicht-Widersprüchlichen: die Wirklichkeit Gottes wird für die Legitimierung eines solchen Wissenschaftsverständnisses nicht notwendig sein. Zu dieser Abwesenheit Gottes in der Struktur solcher Theologie gibt es hinzu jedoch auch jenes Charakteristikum, dass diese Theologie eine Wissenschaft ohne jede Verwiesenheit an ein Selbst, ohne jede Verwiesenheit an die Notwendigkeit der Erfahrung ist.

Es wäre an dieser Stelle ein zu vorschneller Gedanke, wollte man die Größen von „Erfahrung" und „Gott" einfach miteinander verbinden. Das Ausbleiben des Verwiesenseins an die Erfahrung des Selbst kann zunächst von daher plausibel gemacht werden, dass die Wahl der kausalen Grundstruktur in solcher Theologie das wissenschaftliche Problem auf die Gleichheit im kausalen Darstellungsrahmen beschränkt. Damit entfällt, wie bereits ausgeführt, die Innerlichkeit der Erfahrung im Vollzug solcher theologischer Wissenschaft. Wenn man an dieser Stelle nun vorwegnimmt, dass Gottes Wirklichkeit das absolute Sich-zu-sich-Verhalten des Seins ist, dann sollte es nicht ganz uneinsichtig sein, dass das wahrheitsadäquate Verhalten des menschlichen Geistes gegenüber Gott nur die Erfahrung im

Erkenntnis und Erfahrung

Selbst sein kann. Ein zumindest absehbarer Zusammenhang der Erfahrungs- und Wahrheitsfähigkeit einer Wissenschaft mit der Gottesfrage dürfte bestehen.

Die bislang gemachten Erwägungen zu Theologie und Philosophie waren eine Art Beobachtung und Wertung von Optionen durch das jeweilige Wissenschaftsverständnis, das in Theologien und Philosophien zum Ausdruck kommt. Die letztentscheidende Problematik steht jedoch noch an. Die nunmehr noch offene Frage heißt: Gibt es eine Methode menschlicher Vernünftigkeit, im erkennenden und wissenden Umgang mit der Wirklichkeit dieses Selbst der Erfahrung zu bewahren? Gibt es für die Größe dieses Selbst die Möglichkeit, innerhalb der menschlichen Vernünftigkeit „bedeutsam" zu werden? Bedingt dieses Selbst in der Theologie und in der Metaphysik (Philosophie) ein weiterführendes, andere Maßstäbe forderndes und neue Inhalte erbringendes Verhältnis zur Wirklichkeit? Schließt sich in diesem Selbst die vernünftige Wirklichkeit des Existierens auf oder bleibt alles Erkennen und Wissen immer noch eine Form allgemeinster „Logik", die im „Existieren" nur das undurchdringliche Dunkel eines einzelnen Faktums erblickt? Lässt sich in jenem Selbst jenes besondere und vereinte Verhältnis von Wesen und Existieren denken, das die Wirklichkeit Gottes ausmacht? Oder bleibt Gott bestenfalls jene große Hypothese, die im strengen Sinn in kein wissenschaftliches Verhältnis innerlich einbringbar ist?

In welchem Sinn übersteigt das Selbst jene Gleichheit, die der Austragungsmodus der in Voraussetzungen verfahrenden Wissenschaften ist? Das Selbst widerspricht in seinem Innersten jeder Weise solcher Gleichheit. Ja, ein Selbst, das in Gleichheit darstellbar wäre, würde zugleich in sein Nicht-Selbst versinken. Will man im menschlichen Erkennen und Denken ein Minimum an kritischer Kompetenz, d. h. ein Minimum von kritischem Wahrheitsbewusstsein, sichern, muss in uns ein minimales vernünftiges Wirklichkeitsverhältnis gelten, das eben gerade Nicht-Gleichheit ist. Es ist eine wohl sonderbare Konfiguration des wissenschaftlichen Tuns, die sich uns hier zeigt: Je ökonomischer wir die Wirklichkeit in jener wissenschaftlichen Gleichheit beschreiben, je mehr die Wissenschaften sich in sich fortentwickeln, desto mehr verlieren wir das erfahrende Verhältnis zur Wirklichkeit. Die Ergebnisse und Methoden dieser Wissenschaften sind bereits von einer so großen Eigenständigkeit, dass der erfahrende Mensch als solcher darin keine Rolle spielt. Und vieles legitimiert sich in diesen Wissenschaften als „Sachzwang", so dass ein Anspruch oder ein Vorbehalt von Seiten der Erfahrung des Menschen nur mehr als unsachgemäß abgetan wird.

Diese spekulativen Präambeln wollten zeigen, dass der Mensch im gegenständlichen Wissen und Erkennen sich selbst gegenüber den Anspruch auf Wirklichkeit und Wahrheit noch gar nicht erfüllen kann. Je höher nun der Anspruch auf Wirklichkeit gestellt wird, desto mehr wird bewusst werden, wie groß die Entfremdung zwischen Wissen und Erfahrung ist. Was der Mensch vor sich selbst zur „Gleichheit der Wissenschaft" bringt, das wird niemals sein Selbst sein. Je weniger dem Menschen mit fortschreitendem Wissen eine Erfahrung im Selbst gelingt, um so mehr schließt er sich aus seiner Welt des Wissens aus, um so mehr wird er den beliebigen und irrationalen Wegen von scheinbaren Erfahrungen sich zuwenden.

Diese Präambeln möchten auf einen Weg der Wirklichkeit hinweisen, den eigentlich die Theologie aufschließen könnte. Das Selbst des Menschen als der Grundsinn der Wirklichkeit bleibt ein leeres Hören und Vernehmen, wenn es nur das Selbst des eigenen Selbst als erfahrbar sucht. Die Theologie kann dem Menschen die Wirklichkeit nur dann garantieren, wenn sie ihn unterweist, in seinem

Erkenntnis und Erfahrung

Selbst „Person" zu sein, was ein freies Vernehmen des Geschaffenseins des Menschen verlangt, was dem Menschen die Freiheit des Hörens und das Herz zum Lieben des offenbaren Schöpfergottes gewährt.

Die Wahrheit des Menschen

*Reflexionen zum Menschenbild
der Enzyklika „Redemptor hominis"*[1]

Warum hat Gott die große, weite Welt geschaffen? Warum schuf Gott in dieser Welt den Menschen? Warum schuf Gott den Menschen, nur ein wenig entfernt von seinen Engeln? Warum schuf Gott den Menschen nach seinem göttlichen Bild und Gleichnis? Diese Fragen zielen bereits in die letzten Verstehensgründe des Menschen. Von diesen Fragen verspricht sich der Mensch die Beantwortung über seinen Ursprung, über seinen Standpunkt in der Welt, über sein letztes Ziel und über seinen Sinn. Gestellt werden diese Fragen teils aus dem Bedürfnis der menschlichen Vernunft und teils aus den Gewissheiten des christlichen Glaubens. Was geschieht, wenn sich unsere menschliche Vernunft mit der Frage müht: Warum schuf Gott die Welt und den Menschen? Können wir mit unserer Vernunft dem göttlichen Schöpfer einen inneren Beweggrund entlocken? Oder dürfen wir gar aus den Überlegungen unserer Vernunft dem Schöpfergott einen Beweggrund zur Schöpfung von uns, von den Geschöpfen her, auferlegen?

Des Menschen Vernunft steht in einer besonderen Situation, wenn Gottes wahres Wesen gedacht werden soll. Wenn wir Gott als den

---

[1] Vortrag im „Forum" der Universität Regensburg sowie Vortrag an der Pontificia Facultas Theologica Cracoviensis, 1980.

Die Wahrheit des Menschen

Grund aller Wirklichkeit, als die Ursache aller Dinge, als das höchste Sein, als die Vollkommenheit aller Vollkommenheiten, als den Einen, Einzigen und Einfachen, als den Ewigen und Unveränderlichen, als den durch nichts in seiner Unendlichkeit Begrenzten denken, dann erfüllen wir wohl die Forderungen der Vernunft, Gott als den unbedingt Ersten und Höchsten nach den Maßstäben der Vernunft darzustellen. Aber, je mehr die Vernunft gemäß ihren Forderungen Gott zu denken versucht, desto mehr entzieht sich uns die Aussicht auf eine Beantwortung der Frage „warum?". Warum schuf Gott die Welt und den Menschen? Denn jedes „Darum", das wir durch unsere Vernunft an Gott herantragen würden, würde eine Fremdbestimmung Gottes „von außen" bedeuten, würde Gott Beweggründe unterstellen, die nicht aus der Tiefe des eigenen göttlichen Seins sind, würde Gottes souveräne Unendlichkeit beeinträchtigen.

Für Gottes Handeln kann es keinen Beweggrund aus dem Bereich der Geschöpfe geben, denn damit würde sich der ewige Gott durch sein Handeln verändern und Gott würde dadurch seine eigene göttliche Identität verlieren. Damit wäre Gott gerade angesichts der Maßstäbe der menschlichen Vernunft nicht mehr Gott. Denn die menschliche Vernunft erreicht ihren denkerischen Höhepunkt darin, in der Vielfalt und Vielheit der endlichen Dinge schließlich Gott als die unbedingte und unendliche Identität zu denken.

So stehen wir Menschen schließlich vor der verzweifelten Situation: Je mehr wir Gott gemäß den Forderungen unserer Vernunft, je mehr wir Gott durch unsere Vernunft in seiner unbedingten Identität denken, desto mehr verschließt sich uns der Blick in die Beweggründe des Handelns Gottes. Ja, wir müssen gestehen: Wenn wir Gott mit unserer Vernunft zuende gedacht haben, dann wissen wir, dass überhaupt nichts in der Welt auch nur ein einziges freies Wort Gottes erzwingen kann. Wenn die menschliche Vernunft angesichts des Daseins Gottes ihre denkerischen Rechte ausübt,

Die Wahrheit des Menschen

wenn die Vernunft alle zufälligen Bilder von Gott durchschaut hat, dann hat die Vernunft vollends Gott zu einem schweigenden Gott gemacht, dessen innere Tiefe für uns ein unsagbarer Abgrund bleiben muss.

Aber, indem die Vernunft im höchsten Anspruch sich betätigt und die Vernunft vor sich den unendlichen Gott als schweigenden Gott verschließt, verwandelt sie sich über sich selbst hinaus zur Sehnsucht nach einem Wort dieses unendlichen Gottes. Vielleicht liegt gerade darin jene berühmte theologische Nahtstelle, die ein lebendiges Miteinander von Vernunft und Offenbarung zeigt. Das heißt, die Vernunft bringt durch ihre eigenen Regeln ihren gedachten Gott zum Schweigen und wird gleichzeitig als die Vernunft eines lebenden, hörenden und liebenden Menschen zur Sehnsucht nach dem sprechenden und handelnden Gott. Darin liegt die Bestimmung des Menschen zum Übernatürlichen: Der höchste Selbstvollzug der Vernunft endet im Schweigen, und diese Vernunft übersteigt sich selbst als Sehnsucht zum Hören und zum Empfangen.

Bis zu dieser Stelle haben wir noch nicht einen ausdrücklichen Bezug zu jenem großen theologischen Entwurf genommen, den Papst Johannes Paul II. in seiner ersten Enzyklika „Redemptor hominis" (der Erlöser des Menschen) am 4. März 1979 der katholischen Kirche, der Christenheit und allen Menschen guten Willens vorlegte. Ohne Zweifel hat die erste Enzyklika des ersten Papstes aus Polen viel aufmerksames Interesse gefunden. Die Frage der Menschenrechte und der Menschenwürde, die Religionsfreiheit, die Bewertung des Fortschritts und der Güterverteilung in der Welt, eine umfassende Friedensordnung in der Welt von heute, das Anliegen des Ökumenismus, die Disziplin in der Kirche und anderes mehr waren die dominierenden Gesichtspunkte, unter denen auf diese Enzyklika zunächst reagiert wurde. Solche Fragen sind sicher geeignet, vieles an Diskussion und Veränderung in Gang zu bringen, sowohl im

Die Wahrheit des Menschen

Bereich der Kirche als auch in allen jenen Menschen, die sich auf die großen Probleme unserer Zeit verstehen.

Aber jene Aussagen, die für gewöhnlich die öffentliche Aufmerksamkeit bewegen, sind gewissermaßen wie die Profile von Dingen, die ins Wahrnehmungsfeld der Menschen hineinragen. Es ist meist die gegebene Aktualität, die jene Umwelt bildet, in der uns Worte und Botschaften bedeutsam werden. In der Bedeutungswelt der Aktualität wird zumeist auch eine Enzyklika interpretiert. Eine weiterführende und reflektierende Frage, die über das Profil des Aktuellen hinaus in eine einende Mitte strebt, darf jedoch über all dem nicht vergessen werden. Es ist in der Tat nicht gleichgültig, ob man von Freiheit, von Menschenrechten, von Wirtschaft und Fortschritt ohne Beziehung auf Gott spricht oder ob man von Freiheit, von Menschenrechten, von Fortschritt und vom menschlichen Lebenssinn in Beziehung auf Gott und auf Jesus Christus Aussagen trifft.

Die Enzyklika ist in ihrem innersten Anliegen eine theologische Enzyklika, die grundlegend über Gott, über die Schöpfung, über den Menschen, über die Offenbarung, über Jesus Christus, über die Erlösung und über die Kirche Aussagen macht. Erst in der Konsequenz dieser grundlegenden Aussagen sind jene Themen richtig deutbar, die mit Vorliebe von der öffentlichen Meinung als wichtig aufgegriffen werden. Wir müssen daher nach einer theologischen Mitte dieser Enzyklika fragen. Diese Mitte wäre wie ein Leitbild, das sich hinter den verschiedensten Reflexionen immer wieder als das erhellende Bild erschließt. Diese Mitte wäre wie ein Mittelpunkt, von dem aus jede Wertung und jeder Gedankengang zu einer verstehbaren und konsequenten Bewegung wird. Diese Mitte wäre jenes Tragende, das zur Grundform eines besonderen theologischen Systems wird. Hat die Enzyklika eine solche Mitte? Ich glaube, ja.

Eine Aussage aus der Pastoralkonstitution über die Kirche in der Welt von heute „Gaudium et spes" (GS) des Zweiten Vatikanischen

Die Wahrheit des Menschen

Konzils bildet gleichsam eine meditative Mitte, von der sich uns die Enzyklika aufschließt. Diese Aussage ist in ihrer Art außergewöhnlich und sagt, dass „der Mensch die einzige Kreatur auf Erden ist, die Gott um ihrer selbst willen wollte" („hominem ... in terris solam creaturam esse quam Deus propter seipsam voluerit"; (GS 24, RH 13). Dieser Satz ist fürwahr theologisch außergewöhnlich. Wie dürfen wir behaupten, Gott könne den Menschen um des Menschen willen gewollt haben? Kann es für Gottes Handeln einen Beweggrund geben, der nicht vollends in Gott selbst liegt? Erliegt nicht Gott einer unerträglichen Fremdbestimmung, wenn er den Menschen um des Menschen willen erschafft?

Wir haben in der Einleitung gesagt: Unsere Vernunft in den Regeln ihres Selbstvollzugs erträgt es nicht, dass wir so von Gott und von seinem schaffenden Handeln denken. Diese Aussage der Enzyklika reißt so von Anfang an die Dimension des Übernatürlichen, der Offenbarung und der Gnade, auf. Wenn dieser Satz mit solcher theologischer Gewichtigkeit verwendet wird, ergeben sich weitere Folgerungen, denn dieser Satz interpretiert zurück in das ursprüngliche Schöpfungswerk Gottes. Die theologische Tradition ist es gewohnt, zunächst von den Werken der Schöpfung zu sprechen, von der Schaffung des Menschen, der anderen Lebewesen und der Dinge. Aber zumeist überlässt man in der theologischen Tradition die Schöpfung der Welt zunächst der Betrachtung der Vernunft, die als Vernunft vom Schöpfer, von der ersten Ursache, von der Zielgerichtetheit der Dinge handeln soll. Solange jedoch die Vernunft als solche in der Frage der Schöpfung Aussagen zu treffen hat, muss sich Gott vor seiner Schöpfung in Schweigen und Unveränderlichkeit verschließen.

Die theologische Tradition unterscheidet schließlich die Natur und die Übernatur, die Schöpfung und die Gnade; sie unterscheidet Gott als den zunächst schaffenden und Gott als den in der Folge den

Die Wahrheit des Menschen

Menschen begnadenden (Deus creans – Deus elevans). Nun aber wird in der Enzyklika betont, um des Menschen selbst willen habe Gott den Menschen gewollt. Das heißt: Bereits im ersten Schöpfungswerk Gottes wirkt Gott als der offenbarende, als der begnadende, als der den Menschen liebende. Die Schaffung der Welt und des Menschen ist nicht ein weit entfernter Horizont, der erst später durch das Geschehen der Begnadung und der Erlösung des Menschen aufgehellt wurde. Durch die Einlassung des Willens Gottes auf den Menschen, dadurch, dass Gott den Menschen um des Menschen selbst willen wollte, ist Gott von Anfang an der sprechende, offenbarende, begnadende, den Menschen zu größter Liebe erhebende Gott. Er, der Schöpfer, steht von Anfang an nicht unter dem Verschluss der Vernunft als schweigendes, kosmisches Urprinzip. Gott, der Schöpfer, ist der Offenbarer – im strengen Sinn des theologischen Wortes – von Anfang an. Gott offenbart, spricht, begnadet von Anfang an, weil er den Menschen um des Menschen wegen will.

Dieser Satz des Konzils und der Enzyklika muss noch weiter auf den Menschen und auf die Welt zurückgewendet werden: Die geschaffene Welt ist schon im Grunde Offenbarung; der Mensch ist schon im Grunde Offenbarung und Gnade. Der Mensch als der in sich selbst verweilende Liebesbeschluss Gottes ist im Grunde die einzig mögliche Offenbarung Gottes, das offenbare Maß der Liebe Gottes.

Wem die Gedankengänge der theologischen Tradition vertraut sind, der wird über solche Aussagen beunruhigt oder erstaunt sein. In diesem neuen theologischen Entwurf der Enzyklika stellen wir fest, dass der Mensch es ist, der gar nicht mehr zulässt, dass wir abstrakte Fragen über einen Schöpfer, der noch nicht Offenbarer sein soll, stellen. Ja, wollen wir diesen Satz des Konzils und der Enzyklika in den Anfang des geschöpflichen Daseins zurückinterpretieren, müssen wir einen weiteren theologisch provokanten Satz wagen: Gott hat zum Menschen keine Alternative.

Die Wahrheit des Menschen

Natürlich kann man mit den Mitteln der Vernunft abstrakte Überlegungen zur Allmacht Gottes anstellen. Die Vernunft als solche wird es uns nicht erlauben, den Menschen in einem so unauflöslichen Verhältnis zu Gottes Dasein zu sehen. Die Vernunft wird behaupten, Gott hätte auch ohne den Menschen die Welt schaffen können, Gott hätte auch etwas anderes als den Menschen schaffen können. Aber mit der Hineinnahme des Menschen in die Selbstbestimmung Gottes müssen wir theologisch folgern: Gott hat zum Menschen keine Alternative, nicht aus Mangel an Macht, sondern aufgrund der Hineinnahme des Menschen in die Selbstbestimmung Gottes.

Bisher war es ein einziger Satz des Konzils und der Enzyklika, der diese unsere Überlegungen veranlasst hat. Übrigens spricht auch der Konzilstext im Zusammenhang mit dem Satz über die „Schaffung des Menschen um des Menschen willen" davon, dass Horizonte aufgerissen werden, die der menschlichen Vernunft unerreichbar sind (GS 24). Die Enzyklika vertieft den Sinn dieses Konzilssatzes darin, dass dieser gottgewollte Mensch Bild und Gleichnis Gottes ist, dass der Mensch einmalig und unwiederholbar ist (RH 13). Immer wieder ist an den entscheidenden Stellen der Enzyklika und auch in anderen Aussagen von Johannes Paul II. die Rede von der Einmaligkeit und Unwiederholbarkeit des Menschen. Nicht der Mensch als abstrakte Spezies, vielmehr der wirkliche, einzelne, lebende Mensch ist einmalig und unwiederholbar (RH 13 und 14). Damit wird noch einmal der Schlüsselsatz des Konzils vertieft: Nicht die Menschheit im Gesamten, nicht die Menschheit und ihre Gesamtgeschichte, nicht die Menschheit und ihre Evolution macht diese Selbstbestimmung Gottes aus. Jeder einzelne, konkrete Mensch, empfangen und geboren von einer Mutter, ist es, den Gott so wollte, von Ewigkeit erwählte, rief, zur Gnade und Glorie bestimmte. Jeder einzelne Mensch – du und ich, wir – ist es, zu dem Gott keine Alternative hat, der den verschlossenen Gott der Vernunft als sprechenden und liebenden Gott aufschließt.

Die Wahrheit des Menschen

Johannes Paul II. sagt dies sehr eigenwillig: Der allerkonkreteste, der allerwirklichste, der gewöhnlichste Mensch ist dieser unseren Gott erschließende Mensch: „ipse est omnis homo" (RH 13). Leider weiß die offizielle deutsche Übersetzung mit diesem lateinischen Satz der Enzyklika nichts anzufangen. Wenn der Papst vom einzelnen, von Gott geschaffenen und berufenen Menschen sagt „ipse est omnis homo", so heißt dies: Jeder Mensch ist alles, was Menschsein überhaupt nur in Gott bedeuten kann. Bereits an dieser Stelle sei hingewiesen auf jene interessante Aussage der Enzyklika: „Jenes größte Staunen über den Wert und die Würde des Menschen nennt sich Evangelium, Gute Botschaft" (RH 10).

Auch ein zweiter Satz der Enzyklika findet hier ein erstes Verständnis: „Homo totus in plena veritate exsistentiae suae ... hic ipse homo est prima veluti via, quam Ecclesia in suo munere implendo emetiatur oportet ..." (RH 14): „Der ganze Mensch in der vollen Wahrheit seines Daseins, ... dieser Mensch ist gleichsam der erste Weg, den die Kirche bei der Erfüllung ihres Auftrags ausmessen muss." Man könnte an dieser Stelle natürlich sehr viel Praxisbezogenes für das Handeln der Kirche fordern.

Ein weiterer Gedanke der Enzyklika steht zur Besinnung an: Der Mensch ist in seiner Wirklichkeit einmalig und unwiederholbar. Darin wird in der Tat eine unübertreffbare Würde des Menschen ausgesagt, was wir in der christlichen Wesensaussage zum Menschen auch oft das Personsein des Menschen nennen. Viele Grundsätze christlichen Verhaltens und Bewertens lassen sich daraus formulieren: Kein Mensch ist durch einen anderen Menschen oder durch irgendein Ding ersetzbar. Niemand hat das Recht, den Menschen zu unterdrücken, zu beleidigen, zu entehren oder zu töten. Jeder Mensch hat seinen besonderen und unverwechselbaren Platz in der Geschichte. Kein Mensch darf irgendwelchen unmenschlichen Zwecken unterworfen werden. Kein Mensch wird durch Evolution,

Die Wahrheit des Menschen

durch Geschichte oder durch Gesellschaft aufgewogen oder gar aus seinem Lebensrecht verdrängt. Nicht der Mensch hat sich vor der Geschichte zu rechtfertigen, sondern die Geschichte vor dem Menschen.

Die Einmaligkeit und Unwiederholbarkeit des Menschen bedeutet aber auch, dass jeder Mensch von einer inneren Selbstbestimmung ist, die nur der Mensch durch sich selbst leben und ausdrücken kann. Keine Darstellung durch andere, kein Vergleich mit anderen, kein Test, keine Benotung, keine Akte, keine Beschreibung, keine Beurteilung kann dem gerecht werden, was jeder Mensch in seinem innersten Wesen ist. Im Konkurrenzkampf der Leistungen, der Macht, der Sympathien, der politischen, sozialen und wirtschaftlichen Konstellationen mag der Mensch unterliegen. Selbst den jede Konkurrenz verlierenden Menschen kann und darf nichts aus seiner Einmaligkeit verdrängen, der Mensch ist konkurrenzlos einmalig.

Der Mensch selbst, der sich seiner Einmaligkeit und Unwiederholbarkeit entsinnt, wird sich selbst als ein unverwechselbarer Beschluss Gottes verstehen. Was immer auch der Mensch tun mag, jede seiner Taten fällt in diese Tiefe seiner Einmaligkeit. Wir können aus der Einmaligkeit und Unwiederholbarkeit unseres Daseins nicht auswandern. Daher wird jeder Mensch durch sein Leben und Dasein sich der Frage des Ganzen stellen müssen. Das heißt, jeder Mensch wird durch sein Leben seinen Sinn und sein Ziel entweder finden oder verfehlen; ein Unentschieden gibt es nicht. Für den Menschen besteht der Ernst seiner Einmaligkeit und Unwiederholbarkeit erfahrbar darin, dass seine menschlichen Taten an nichts von außerhalb des Menschen gestundet werden. Der Mensch muss seine Taten und Handlungen an seiner Einmaligkeit und Unwiederholbarkeit bemessen und gerät damit schließlich in die Erfahrung des Guten und des Bösen seiner Taten und Handlungen. Das Gute und das Böse

Die Wahrheit des Menschen

im Menschen sind das Ungestundete des menschlichen Daseins angesichts seiner Einmaligkeit und Unwiederholbarkeit.

Marian Jaworski, ein profunder Kenner der anthropologischen Konzeption des früheren Philosophieprofessors Karol Wojtyla, beschreibt uns diese Konzeption so: „Das personale Ego ist nicht nur ein Ichbewusstsein, sondern auch eine Ichbesitznahme (Selbstbesitznahme) und eine Ichbeherrschung (Selbstbeherrschung), die einem konkreten Menschen ... angehören ... Indem jemand Urheber seiner Tat ist, realisiert er gleichzeitig sich selbst, vollbringt sich selbst und führt seine existentielle Struktur zur Vollendung. Ebenso vollendet er seine Struktur der Ichbesitznahme und der Ichbeherrschung. Die Realität der Vollendung seines Selbst durch die Tat entspricht nur einer Person. Und eben in einer derartigen Realisierung der Struktur der Ichbesitznahme und der Ichbeherrschung konstituiert sich das Ego, Ich als Person ... Im Erleben eigener Tat identifiziert sich nämlich der Mensch mit seiner Ichbesitznahme und mit seiner Ichbeherrschung, die sich uns enthüllen dank der personalen Dynamik des Handelnden. Das aber ist nichts anderes als Selbstbestimmung."

Und zur Freiheit, deren eigentliches Moment wir in der integralen Struktur des Handelns der Person entdecken, bemerkt Jaworski: „In der dynamischen Entfaltung seines Subjekts ist der Mensch als Person abhängig von sich selbst und ist für sich selbst auch Objekt seines Tuns: Freiheit – ihr vor allen Dingen verdankt man die geistige Dynamik der Person. Von ihr hängt es auch ab, inwieweit die Realisierung oder Nicht-Realisierung der Person im ethischen Sinn zustande kommt."[2]

---

[2] Zitiert aus dem Manuskript eines Vortrags, den Prof. Marian Jaworski, Päpstl. Theologische Fakultät Krakau, am 4. Juli 1979 an der Universität Regensburg hielt; erschienen in: Archiv für Religionspsychologie, Band 14, herausgegeben von Wilhelm Keilbach und Kurt Krenn, Göttingen 1980.

Die Wahrheit des Menschen

So verlaufen die im philosophischen Umfeld ausgedrückten Gedanken Karol Wojtylas bezüglich jenes In-sich-Seins des Menschen, das wir gerade vorhin an der Einmaligkeit und Unwiederholbarkeit des Menschen in eher theologischer Reflexion erörtert haben. In diese Welt jedoch, in der der Mensch in sich selbst den Sinn der liebenden göttlichen Selbstbestimmung hält, in diese sichtbare Welt, die des Menschen wegen von Gott geschaffen wurde, ist die „vanitas", die Leere und Nichtigkeit eingebrochen. Mit dem Hinweis auf den Römerbrief spricht Johannes Paul II. von der Schöpfung, die bis zum heutigen Tag seufzt und in Geburtswehen liegt und die sehnsüchtig auf das Offenbarwerden der Söhne Gottes wartet, es ist jene Schöpfung, die der Nichtigkeit und Vergänglichkeit unterworfen ist (Röm 8,20.22). Die Nichtigkeit, die vanitas, bedeutet für Johannes Paul II. mehr als die bloße Vergänglichkeit der Kreatur. Gerade die stolzen Kennzeichen unserer Epoche sind es, die wie Fortschritt aussehen, die jedoch zutiefst nichtig sind: Industrielle Umweltverschmutzung, immer grausamere Kriege, die menschheitszerstörende Macht der verschiedenen Atomwaffen, die fehlende Ehrfurcht vor dem ungeborenen Menschenleben sind die grauenhaften Beispiele dieser vanitas (RH 8). Die vom Menschen gemachten Dinge kehren sich wieder gegen den Menschen. Der bedenkenlose Selbstversuch, der Versuch des Menschen mit sich selbst und mit seinen Möglichkeiten endet in der vanitas.

Wie konnte diese vanitas in die Welt hereinbrechen, in der der Mensch den tiefsten Sinn der liebenden Selbstbestimmung Gottes als Bild und Gleichnis Gottes zum Ausdruck bringt? Durch Adam, den Menschen, trat die Sünde in die Welt ein, dadurch wurde die Welt der vanitas unterworfen; dadurch wurde die Verbindung zwischen Gott und der Welt zerrissen (vgl. RH 8). Man könnte nun gerade vom Schlüsselsatz der Enzyklika her das Eigentliche der einbrechenden Sünde betrachten. Vielleicht könnte man das Wesen der Erbsünde

Die Wahrheit des Menschen

und Sünde des Menschen darin sehen, dass der Mensch aus dieser liebenden Selbstbestimmung Gottes mutwillig heraustritt und dass der Mensch damit seine Erschließungsfähigkeit verliert. Vielleicht entspringt aus dieser Selbstverschließung des Menschen jene vanitas der Welt, vielleicht entspringt daraus jene Unfähigkeit des Menschen, im Du des Anderen ein wirkliches anderes Ich zu enthüllen, so dass sich das fatale Diktum Sartres bewahrheitet, dass der Andere die Hölle ist. Für solche Überlegungen dürfte es in der Enzyklika und in früheren Schriften gewisse Anhaltspunkte geben; deutlich ausgesprochen werden jedoch solche Überlegungen zur Sünde noch nicht.

Ein Satz der Enzyklika jedoch kann uns ausdrücklich zu tieferem Verstehen weiterführen: „Gott trat in die Geschichte des Menschengeschlechts ein, als Mensch wurde Gott das ‚Subjekt' der Geschichte, wohl ein Subjekt aus einer unermesslichen Vielzahl (von Menschen), aber zugleich ein einzigartiges – unum quidem ex immensa multitudine, sed simul Unicum!" (RH 1). „Durch seine Menschwerdung hat Gott dem menschlichen Leben jene Bedeutung (ratio) gegeben, die er dem Menschen von dessen Anfang zugedacht hatte. Er hat diese Bedeutung auf entschiedene und endgültige Weise gegeben, wie es nur Gott nach seiner ewigen Liebe und Barmherzigkeit bei voller Wahrung seiner göttlichen Freiheit möglich ist. Zugleich hat Gott diese Bedeutung des Menschen mit einer solchen Freigebigkeit gestiftet, dass mit Blick auf die Erbschuld, auf die lange Geschichte der Sünden des Menschengeschlechts, auf die Irrtümer der Vernunft, auf die Irrwege des menschlichen Willens und Herzens Gott uns dennoch diese Worte der Heiligen Liturgie mit Verwunderung wiederholen lässt: O glückliche Schuld, die solch einen großen Erlöser zu haben verdiente." (RH 1)

Die Enzyklika sagt nicht leichthin, dass der menschgewordene Gott „Einer von Vielen und gleichzeitig ein Einzigartiger" ist. Der

Die Wahrheit des Menschen

menschgewordene Gott wird vielmehr als das einzigartige Subjekt der menschheitlichen Geschichte betrachtet. Wir würden die Bedeutung dieses Ausdrucks – „der menschgewordene Gott als das einzigartige Subjekt der menschheitlichen Geschichte" – völlig missverstehen, wollten wir diesen Ausdruck im Sinn der Hegelschen Geschichtsphilosophie und Geschichtlichkeit interpretieren. Im theologischen Konzept der Enzyklika geht es sicher nicht darum, die Geschichte als eine dialektische Selbstfindung und Selbstwerdung eines unpersonalen göttlichen Prinzips zu interpretieren. „Subjekt der Geschichte" meint sicher dies: Das Subjekt tritt in der Geschichte auf, das Subjekt verbindet und fügt die zufälligen Ereignisse auf ein bewusstes Subjekt hin und macht diese Ereignisse dadurch zur Geschichte. Das Subjekt, das heißt der Mensch, setzt in der ihn umgebenden Geschichte Akte der Selbstbestimmung. Subjekt der Geschichte heißt schließlich: Der Mensch ist Person, weil er durch seine Taten über sich selbst entscheidet. So ist der Mensch nach der philosophischen Konzeption von Karol Wojtyla ein Personsubjekt, das nicht nur Selbstbewusstsein, sondern zugleich auch Selbstbesitz und Selbstherrschaft (Selbstbestimmung) ist, welche drei Momente sich vor allem durch die menschliche Tat offenbaren.

In einem anderen Zusammenhang erklärt sich die Enzyklika dazu noch genauer: „Wir nennen jeden einen Menschen, insofern wir seine ganze und unwiederholbare Wirklichkeit seines Daseins und Handelns, seiner Vernunft und seines Willens, seines Bewusstseins und seines Herzens in Betracht ziehen. Denn der Mensch hat auf Grund seiner einmaligen Wirklichkeit – er ist ja Person – sein Lebensschicksal und vor allem eine Geschichte seiner Seele." (RH 14) Die Enzyklika sagt aus, dass der Mensch als Geistwesen in den Bedingungen von Raum und Zeit seine eigene Geschichte wirkt, indem der Mensch vom ersten Augenblick seines erdenhaften

Die Wahrheit des Menschen

Daseins sich vielfach mit anderen Menschen auf vielen Ebenen verbindet (vgl. RH 14).

In diesem Sinn also ist der Mensch als das Subjekt der Geschichte zu verstehen: Der Mensch verliert sich nicht an die Geschichte. Der Mensch hat sich vor der Geschichte nicht zu rechtfertigen. Die Geschichte macht nicht den Menschen, im Gegenteil: Der Mensch als Person übt seine Selbstbestimmung in der Geschichte aus. Der Mensch transzendiert die Geschichte. In Selbstbestimmung erfährt der Mensch in der Geschichte seine Einmaligkeit und Unwiederholbarkeit. Wir verschärfen diesen Gedanken noch etwas: Die Geschichte des Menschen erzeugt nicht das Wesen des Menschen, sondern die Geschichte offenbart den Menschen als Person.

Nunmehr können wir wieder zu jenem bedeutsamen Satz der Enzyklika zurückkehren, dass der menschgewordene Gott das einzigartige Subjekt der menschheitlichen Geschichte ist.

An dieser Stelle muss auch die endgültige Frage einsetzen, worin denn der menschgewordene Gott der Erlöser des Menschen und der Menschen ist. In unserer Zeit, in der das Christentum immer mehr zu einem hermeneutischen Modell der Daseins- und Weltbewältigung uminterpretiert wird, wird die Erlösungsbedürftigkeit des Menschen immer mehr als Befreiungsbedürftigkeit des Menschen in sozialen, psychologischen, kulturellen und ökonomischen Belangen gesehen. Man muss heute sehr entschieden fragen, ob die Menschwerdung Gottes und ob die Botschaft Jesu Christi nichts anderes ist als die Ermächtigung zu einem Befreiungsprozess auf allen Ebenen und in allen Verhältnissen des Menschen.

Auch die Enzyklika fragt, worauf denn die der vanitas unterworfene Welt wartet, ob nicht unsere heutige Welt als Kreatur, die seufzt und in Wehen liegt, geradezu mit Ungeduld auf das Offenbarwerden der Söhne Gottes wartet (vgl. RH 8). In der menschheitlichen Geschichte ist der menschgewordene Gott das einzigartige Subjekt

Die Wahrheit des Menschen

der Geschichte. Geschichte aber kann nichts anderes sein als die Offenbarwerdung des Menschen in seiner Einmaligkeit und Unwiederholbarkeit. Die innere Verfassung des erlösungsbedürftigen Menschen ist jedoch das innere Geteiltsein des Menschen. Ausgehend von einem Text des Zweiten Vatikanischen Konzils beschreibt die Enzyklika den Menschen als Geschöpf, das sich als begrenzt erfährt und dennoch in unbegrenzter Sehnsucht sich zu höherem Leben berufen fühlt, als Geschöpf, das aus verschiedenen Möglichkeiten auswählen und damit manchem entsagen muss, als Geschöpf, das schwach und sündig ist und das tut, was es nicht will, und das, was es tun möchte, nicht tut, als Geschöpf, aus dessen innerer Zerrissenheit viele Konflikte in der Gesellschaft stammen (vgl. RH 14; GS 10).

Kann die Geschichte solcher in sich entfremdeter Menschen das Offenbarwerden des Menschen in seiner Einmaligkeit und Unwiederholbarkeit sein? Nein. Dieses Offenbarwerden verlangt nach einem vollkommenen Menschen, uns Menschen in allem gleich, ausgenommen die Sünde (vgl. RH 8). Nur dieser vollkommene Mensch allein ist imstande, jene Geschichte aus dem Grund seiner Person zu entwerfen, die ein Offenbarwerden des Menschen in seiner Einmaligkeit und Unwiederholbarkeit ist. Dieser vollkommene Mensch allein wäre dieses einzigartige Subjekt der menschheitlichen Geschichte, in dessen persönlicher Geschichte die Wahrheit des Menschen vollends zu sich kommt.

Und wir dürfen dieses einzigartige Subjekt der menschheitlichen Geschichte den Erlöser des Menschen nennen. Der Erlöser ist dieser vollkommene Mensch, der aus seiner persönlichen Geschichte eine Offenbarung zu entwerfen imstande ist, die das Menschsein bis dorthin freilegt, wo der Mensch sich nicht mehr durch sich selbst verschließt – hin zur vanitas –, sondern wo die Wahrheit, die Liebe und der Sinn im Ursprung des Menschen sich als die wahre Selbstbestimmung des Menschen zeigen. Wer ist nun dieser Erlöser, der in

Die Wahrheit des Menschen

einer offenbarenden persönlichen Geschichte das Menschsein zum Menschen zurückführt? Die Enzyklika antwortet: Der Erlöser ist der menschgewordene Gott. Er ist der Sohn Gottes, der vollkommen im Bild und Gleichnis Gottes steht, er ist das Bild des unsichtbaren Gottes. Es ist Jesus Christus, der Sohn Gottes, es ist Jesus Christus, der vollkommene Erweis der Vaterschaft Gottes. Er ist geboren von der Jungfrau Maria, er ist der neue Adam, der neue Mensch (vgl. RH 8 und 9).

So erscheint in der Enzyklika die Aussage des Zweiten Vatikanischen Konzils in neuer theologischer Höhe: „In der Tat klärt sich nur im Geheimnis des fleischgewordenen Wortes das Geheimnis des Menschen auf. Denn Adam, der erste Mensch, war das Vorausbild des zukünftigen (Röm 5,14), nämlich Christi des Herrn; Christus, der neue Adam, in eben der Offenbarung des Geheimnisses des Vaters und seiner Liebe, macht dem Menschen selbst voll den Menschen kund und erschließt ihm seine höchste Berufung." (RH 8; GS 22) Immer wieder nimmt die Enzyklika aus dem Konzilstext den Satz auf: „Der Sohn Gottes selbst hat sich durch seine Menschwerdung mit jedem Menschen gewissermaßen vereinigt – cum omni homine quodammodo se univit." (RH 8; GS 22) Der Erlöser eint sich mit jedem Menschen, dringt in das Tiefste des Menschen ein, durchdringt das innerste Geheimnis des Menschen, tritt ins Herz des Menschen ein – so heißen die einleitenden Sätze des Konzils und der Enzyklika zur Aussage: „Christus hominem ipsi homini plene manifestat – Christus tut dem Menschen den Menschen kund."

Dies ist die menschenbezogene Bedeutung und das Eigentliche des Geheimnisses der Erlösung. Man könnte nun meinen, das ganze Erlösungswerk sei nichts anderes als eine Aufklärung über den Menschen, als theologisch eingebrachter purer Humanismus. Man könnte meinen, dass sich der Erlöser mit dem Tiefsten des Menschen eint, indem er den Menschen – etwa ähnlich wie Sokrates oder

Die Wahrheit des Menschen

Konfuzius – über den Menschen aufklärt. Doch dem ist nicht so. Nur der ist zur Offenbarung des vollen Menschseins fähig, der als Person die versöhnende Geschichte als Offenbarung des wahren Menschseins entwerfen kann. Die Wahrheit des Menschen ist es, Bild und Gleichnis Gottes zu sein. Eine volle Selbstbestimmung in Geschichte kann nur jener Person gelingen, die vollkommen Bild und Gleichnis Gottes ist. Das heißt, die Geschichte wird nur dann zur Offenbarung über die Wahrheit des Menschen, wenn der wesensgleiche Sohn Gottes als Person das Subjekt dieser Geschichte ist. Der Erlöser des Menschen „eint" sich mit jedem Menschen, weil allein die persönliche Geschichte des Erlösers die Offenbarung des vollen Menschseins für jeden anderen Menschen ist. Allein dieser Erlöser kann offenbaren, wer eigentlich dieser Mensch ist, indem er enthüllt, wie viel dieser Mensch Gott bedeutet. Für Johannes Paul II. ist diese persönliche Geschichte des Erlösers versiegelt in der ewigen Vaterschaft Gottes, in der Lebensgeschichte des Sohnes Gottes Jesus Christus und im Heiligen Geist der Wahrheit (RH 18).

Johannes Paul II. zeichnet eine weitere theologische Begründung dafür, dass die persönliche Geschichte des Erlösers in Offenbarung über das volle Menschsein und zur Vereinigung mit jedem Menschen umschlagen kann. Der Mensch kann ohne Liebe nicht leben. Der Mensch begreift sich nicht und bleibt vor sich sinnlos, wenn ihm nicht Liebe geschenkt wird. In der Geschichte der Menschen hat der Erweis der Liebe und Barmherzigkeit Gottes diese Form und diesen Namen angenommen: Jesus Christus (vgl. RH 9). Es ist nicht einfach das Belehrende der persönlichen Geschichte des Erlösers Jesus Christus, das dem Menschen den Menschen voll kund tut. Es ist vielmehr die Anwesenheit der Liebe und Treue Gottes in Jesus Christus, die Jesu Christi persönliche Geschichte zur erschließenden Offenbarung des Menschseins macht.

Die Wahrheit des Menschen

Man könnte nun zusammenfassen, was uns in tiefgründiger theologischer Argumentation die Enzyklika vorzeichnet: Gott ist Mensch geworden. Gott steht damit in der Geschichte. Gott steht als einzigartiges Subjekt in der Geschichte. Der menschgewordene Sohn Gottes ist der Erlöser des Menschen, indem er dem Menschen den Menschen voll kund tut. Als vollkommenes Bild und Gleichnis Gottes ist der menschgewordene Sohn Gottes allein imstande, seine persönliche Menschengeschichte als die erlösende Offenbarung des Menschen für den Menschen zu leben.

Haben wir einmal diese theologische Mitte der Enzyklika erfasst, erscheinen uns viele Sätze darin wie reife Früchte am Baum der theologischen Selbstverständlichkeit. Nach dem Sinn der Enzyklika geschieht im Werk der Erlösung nicht einfach ein Werk der „Genugtuung" (satisfactio), für die man theologische Rollen von Unrecht (iniuria) und Gutmachung (reparatio) nach allzu menschlicher Vorstellungsweise entwerfen müsste. Christus leistet als Erlöser der Liebe des Vaters Genugtuung, er leistet jener Vaterschaft Gottes Genugtuung, die sich von Anfang an im Höchsten darin ausspricht, dass der Mensch als Bild und Gleichnis Gottes geschaffen wird (vgl. RH 9). So erschließt sich uns nun jener denkwürdige Satz: „In der Erlösung wiederum entdeckt schließlich der Mensch die Größe seines Menschseins, seine Würde und seinen eigenen Wert." (RH 10) Im Geheimnis der Erlösung wird der Mensch wiederum bestätigt und wiederum erschaffen (RH 10). Die Versöhnung mit Gott ist die Versöhnung mit der Vaterschaft Gottes, die im Menschen als Bild und Gleichnis Gottes ihren höchsten geschöpflichen Sinn erreicht hat.

Jesus Christus, der menschgewordene Sohn Gottes, lebt seine persönliche Geschichte als die Offenbarung des Menschen. Seine persönliche Geschichte ist die Offenbarung und Wiederfindung des Menschen. Und die Geschichte der vielen einzelnen Menschen wird

Die Wahrheit des Menschen

zu einer einzigen Rückfrage an die Person dessen, dessen persönliche Geschichte einzigartig die Offenbarung des Menschen ist. So sagt die Enzyklika: „Der Mensch, der sich im tiefsten Grund zu verstehen sucht ..., der muss sich in all seiner Angst und in allem Zweifel, mit seiner Schwachheit und Sündigkeit, mit seinem Leben und Sterben, an Christus vergleichen (conferre). Der Mensch muss gleichsam mit seinem ganzen Selbst in Christus eintreten. Der Mensch muss die ganze Wahrheit der Menschwerdung und Erlösung annehmen und sich aneignen, um endlich sich selbst wiederzufinden (se reperiat)." (RH 10)

So stehen die beiden großen Sätze der Enzyklika in einem vernehmbaren Zusammenhang: Der Sohn Gottes vereint sich durch seine Menschwerdung mit jedem Menschen, und im Erlöser findet der Mensch endlich wieder zu sich selbst. Christus ist Mensch, uns in allem gleich, einer von vielen Menschen, vereint mit uns allen im Bild und Gleichnis Gottes. Die göttliche Wahrheit des Menschseins, die Offenbarung und Erlösung des Menschen kommt aus jener Person, die das einzigartige Subjekt der menschheitlichen Geschichte ist. Wir dürfen noch weiter folgern: Wenn des Erlösers Jesus Christus persönliche Geschichte die Wahrheit und Offenbarung des Menschseins überhaupt ist, dann muss diese Person die Tiefe der göttlichen Wahrheit und des göttlichen Sinns schlechthin verwirklichen, dann muss diese Person Gott selbst, der Sohn Gottes, sein.

Keineswegs wird durch die Enzyklika ein aufklärerischer Humanismus vertreten, wenn es heißt, dass das Eindringen des Menschen in das Geheimnis Christi nicht nur zur Anbetung Gottes, sondern auch zur großen Bewunderung über den Menschen selbst führt. Es bedeutet auch keine selbstherrliche Rückkehr auf den „bloßen Menschen", wenn das Evangelium als jene größte Bewunderung über Wert und Würde des Menschen vorgestellt wird (vgl. RH 10). Dieser „Umschlag" vom armseligen und sündigen Menschen zur

Die Wahrheit des Menschen

bewundernden Selbstfindung des erlösten Menschen leitet seine Berechtigung nur davon her, dass des Erlösers persönliche Geschichte nicht nur menschliche Geschichte, sondern göttliche Offenbarung des Menschen selbst ist.

Ohne Zweifel liegt in der theologischen Konsequenz dieser Erlösungstheologie auch eine viel stärker betonte Orientierung an der „ersten" Schöpfung Gottes. Die Enzyklika sieht vielfache Veranlassung, auf den Sinn der Schöpfung der Welt und des Menschen zurückzuverweisen. Die Schöpfung steht in einem unbedingten Zusammenhang mit der Erlösung: Wie der Erlöser die Offenbarung des wahren Menschseins ist, so ist auch die Erlösung die Offenbarung des Sinns der Schöpfung und der Welt, in deren Sinnmitte der Mensch als Bild und Gleichnis Gottes steht. Die Schöpfung seufzt und liegt in Wehen und erwartet mit Ungeduld die Offenbarung der Söhne Gottes (vgl. RH 8).

Wer ist nun dieser Erlöser, damit wir auch erfahren, wer und was der Mensch ist? Wir kennen die persönliche Geschichte des Erlösers, von dessen Geburt und Leben, von dessen Lehren und Leiden, von dessen Kreuzestod und Auferstehung. Wie aber werden dieser Erlöser und seine Erlösung für uns Menschen zur erlösenden Gegenwart? Es kann nicht einfach seine Lehre (doctrina) sein, die erlöst, sonst wären vielleicht auch ein Sokrates oder ein Konfuzius so etwas wie Erlöser. Auch das christliche Evangelium kann nicht befreiend erlösen, wollte es nur die intellektuell und wissenschaftlich höchste Lehre über den Menschen sein. Die Erlösung des Menschen ragt auf andere Weise in die Gegenwart des Menschen herein.

An dieser Stelle sei ein persönlicher theologischer Exkurs gestattet, der die Grundgedanken der Enzyklika fortzusetzen versucht: Er möchte zeigen, wie die Welt- und Menschensicht sich umordnet, wenn der menschgewordene Gott mit seiner persönlichen Geschichte

Die Wahrheit des Menschen

nicht durch die Allgewalt eines Begriffs und einer Lehre, sondern durch den unendlichen Ernst einer göttlichen Liebe zur erlösenden Offenbarung des Menschseins wird. Die Formel der Enzyklika heißt, dass der menschgewordene Gott als „Einer von Vielen und als gleichzeitig Einziger (Einzigartiger)" das Subjekt der menschheitlichen Geschichte ist: unus ex immensa multitudine et simul Unicus (vgl. RH 1). Die Formel „unus et simul Unicus" ist ein erklärter Gegensatz zum profanen Denken.

Die Mathematiker und Philosophen Russell und Whitehead (Principia Mathematica I, Kap. II) formulieren eine Grundregel des profanen Denkens nach mathematischer Art so: „Was immer alle Glieder einer Gesamtheit involviert, darf nicht Glied der Gesamtheit sein." Wollten wir diese Formel auf unsere Frage übertragen, hieße dies: Der Erlöser und Offenbarer des Menschseins darf nicht auch ein einzelner und zufälliger Mensch sein. Was das Gesamte interpretiert, darf nicht Glied der Gesamtheit zugleich sein. Das Ganze darf nicht im einzelnen Teil auftreten. Solchen Regeln profanen Denkens widerspricht von Anfang an der Satz: Gott ist Mensch geworden, das Unendliche und Notwendige ist Endlichkeit und Geschichte geworden. Für das Auftreten des Ganzen, des Göttlichen, in der Welt der Dinge und der vielen Menschen gibt es längst ein theologisch tragfähiges Wort: es heißt Sakrament.

Auch im Sakrament steckt die theologische Grundformel: unus et simul Unicus, wenn wir im Sakrament etwas Einzelnes und Konkretes als wirksames Zeichen von Einzigartigkeit, Ganzheit und Gnade für uns Menschen verstehen. Sicherlich muss hier der offenere Sinn des Wortes Sakrament zugrunde gelegt werden. Dieser offenere Wortsinn kommt zum Beispiel zum Ausdruck in der Dogmatischen Konstitution des Zweiten Vatikanischen Konzils über die Kirche. Das Konzil benennt die Kirche ausdrücklich als Sakrament: „Die Kirche ist ja in Christus gleichsam das Sakrament, das heißt, Zeichen und

Die Wahrheit des Menschen

Werkzeug für die innigste Vereinigung mit Gott wie für die Einheit der ganzen Menschheit." (LG 1)

Es liegt jedoch in der Konsequenz des Begriffs, gerade auch von Christus selbst als von dem Sakrament schlechthin zu sprechen. Nicht zuletzt beruft sich auch die Enzyklika bei der Benennung der Kirche als Sakrament darauf, dass diese Kirche der Leib dieses Erlösers ist (vgl. RH 7). Ausdrücklich sei hier festgehalten, dass der von uns verwendete Ausdruck Sakrament wohl dem Wortlaut nach über die Enzyklika hinausgeht. Gemäß dem theologischen Sinn jedoch steht dieser Ausdruck auf dem Boden der Enzyklika. Christus ist das Sakrament der menschheitlichen Gesamtgeschichte: Der eine Jesus von Nazareth aus einer Vielzahl von Menschen ist jener Einzigartige, der die Offenbarung des wahren Menschseins, der der Erlöser des Menschen ist, weil er jeden Menschen mit dem Grundsinn seines geschaffenen Daseins versöhnt, nämlich Bild und Gleichnis des gütigen Gottes zu sein.

Die Kraft zu diesem Sakrament erwirbt Christus jedoch weder aus seiner persönlichen Geschichte noch aus der intellektuellen Größe seiner Lehre und Botschaft. Es ist vielmehr umgekehrt: Christus wird zur einzigartigen Offenbarung und Erlösung aus einer Mitte, die er nicht in der Geschichte erwirbt. Nein, diese Mitte zeigt sich vielmehr in seiner persönlichen Geschichte und erhebt von daher alles Menschliche des Erlösers zur einzigartigen Offenbarung und Erlösung des Menschen. Diese Mitte des Erlösers, von der her sich der Eine von Vielen zum Einzigartigen erhebt, ist das Gottsein, das Personsein, das Gottsohnsein Jesu Christi.

Wer und was aber nun ist der Mensch, dem ein solcher Erlöser gegeben wurde? Hineingestellt unter viele Menschen, abhängig von vielen Dingen und Zwängen, sucht dennoch jeder Mensch in sich selbst den Weg zu einer Mitte. Der Mensch möchte nicht ein Ding, ein Objekt, ein Zufälliges sein, möchte nicht das bloße

Die Wahrheit des Menschen

Material irgendeiner Evolution sein. Der Mensch möchte nicht von irgendwoher beobachtet und betrachtet werden wie ein Ding. Der Mensch möchte das Du zu einem anderen sein, er möchte geliebt sein. Der Mensch möchte Sinn haben.

Unus inter multos et simul unicus, das ist auch die Formel der Sinnsehnsucht eines jeden Menschen. Der Mensch sucht eine Mitte, weil er sich vom bloßen Dasein zum Sinn erheben möchte. In dieser Formel steckt eine Festlegung auf eine Mitte, in der der Mensch sich aus seinem bloßen Dingsein erheben möchte. Alles, was dem Menschen an Freiheit, Menschenrechten, Würde, Gemeinschaftsfähigkeit, an zwischenmenschlichen Beziehungen, an Hinordnung auf das Wahre, Gute und Schöne, an personaler Verantwortung, an Einbindung in Familie und Nation, an Berufung zum Glauben und zur Mitgliedschaft in der Kirche, an Hinwendung zu Gott und zur Welt zugesprochen wird, alles das steht in der Enzyklika im Zusammenhang mit dieser Grundbestimmung des Menschen: Der Mensch ist einmalig und unwiederholbar, unus sed simul unicus.

Jeder Mensch weiß es eigentlich von sich selbst: Ich bin einmalig und unwiederholbar, nur darin kann sich mein Sinn auftun. Jeder von uns weiß um diese seine Mitte. Doch diese Mitte in uns ist durchsetzt von Angst, von Todesangst. Wie angstvoll ist es für den Menschen, an seiner Einmaligkeit unwiederholbar sterben zu müssen. Aus dieser angsterfüllten Einmaligkeit entfremden wir uns in das Böse, in die Sünde. Wir lassen unsere Einmaligkeit zu Egoismus und Verantwortungslosigkeit ausarten, denn morgen sind wir ja tot. Wir kosten das Unmaß der menschlichen Möglichkeiten in Konsum, Wissenschaft, Politik und Machtstreben aus, wir fliehen vor der Angst unserer Einmaligkeit in das Gemächte unserer Möglichkeiten und in eine fatale Ideologisierung der Zukunft.

Wie nennt die Enzyklika die im Spektrum der Angst verkannte Einmaligkeit des Menschen? Vanitas heißt diese angsterfüllte Einmaligkeit – und so seufzt die ganze Schöpfung unter der Nichtigkeit aus der Angst der Menschen. Die Sinnformel des Menschen „unus sed simul unicus" kann also misslingen, wenn der Mensch seine Einmaligkeit bloß in seiner Geschichte auszutragen versucht und er damit seine Einmaligkeit und Unwiederholbarkeit vor sich selbst zur Angst verschließt.

Gibt es eine heilvolle Alternative zu dieser vanitas des Menschen? Nicht in den Worten, aber im Sinn der Enzyklika möchte ich so antworten: Auch der Mensch ist irgendwie ein sacramentum in Ähnlichkeit dazu, dass auch der Erlöser selbst als das Sakrament schlechthin zu verstehen ist. In einer theologischen Anthropologie könnte man dies so deuten: Einmaligkeit und Unwiederholbarkeit des Menschen sind nicht die Radikalisierung der Todesangst des Menschen, sondern das Hinausragen des Menschen aus den bloßen Dingen und Zwängen. Der einmalige und unwiederholbare Mensch hat eine Mitte jenseits der Dinge. In dieser Mitte jenseits der Dinge ist der Mensch Ichbewusstsein, Ichbesitznahme und Ichbeherrschung, personale Selbstbestimmung also.

Sicher erreicht der Mensch nicht die Größe seines Erlösers. Der Erlöser ist der „Eine und der Einzigartige", der Mensch hingegen ist der „Eine und der Einmalige". Dennoch öffnet sich der erlöste Mensch hin zu seiner Einmaligkeit, wenn die Angst in Glauben und Vertrauen umschlägt. Solange der Mensch seine Einmaligkeit nur in der Enge der Todesangst versteht, wird er Besitz, Macht, Gewalt und trotzige Selbstbehauptung suchen. Wenn sich die Einmaligkeit des Menschen jedoch als Vertrauen erschließt, wird der Lebenssinn des Menschen, sein Hinausragen aus den Dingen, seine neue Mitte nicht ein dunkler Urgrund sein, sondern eine lebendige Unendlichkeit. Diese lebendige Unendlichkeit, in die der einmalige, erlöste Mensch sich hineinlebt, ist Gemeinschaft ohne Neid und Abgrenzung von anderen Menschen,

Die Wahrheit des Menschen

ist aber auch lebendige Zwiesprache des erlösten Menschseins in der Wahrheit des geoffenbarten Bildes und Gleichnisses Gottes.

Der Mensch – vanitas oder sacramentum? In dieser alternativen Frage kommt der anthropologische Kern der Enzyklika zum Vorschein. Der Mensch als „sacramentum" heißt im Grunde nichts anderes, als dass jeder Mensch in seiner persönlichsten Selbstbestimmung zur Hinwendung an Gott bestimmt ist, dass er jenem Menschsein tätig vertraut, das ihm sein Erlöser offenbart. „Homo: unus inter multos sed unicus", darin liegt gewissermaßen die „sakramentale Konstitution" des Menschen. Der Mensch, als „Einer von Vielen", ist nicht einfach zur gewalttätigen Auseinandersetzung mit den anderen Menschen und mit seinem eigenen Schicksal verurteilt. Jedem Menschen, so einsam und isoliert er unter vielen Dingen und Menschen sein mag, ist in seinem eigenen Selbst der Zugang zum Ganzen, zur Liebe, zur Gemeinschaft, zu Gott eröffnet, weil des Erlösers und Gottmenschen persönliche Geschichte die wahre Offenbarung jeden Menschseins ist.

In dieses tiefste Selbst aller Wirklichkeit, der Welt und des Menschen, hat sich alles hineinzubeziehen. Das Sakramentale, das Sicherschließen vom Einen zum Ganzen, vom Einen zum Einzigartigen, vom Einen zum Einmaligen, vom Menschlichen zum Göttlichen, vom unum zum unicum, hat der Gang der Dinge zur Erlösung zu sein. Das Sakramentale ist die Erschließung des Daseins des Menschen zu jener unbedingten Liebe, in der sich die Selbstbestimmung Gottes offenbart, denn Gott will den Menschen um des Menschen willen.

Das tiefste Selbst der Wirklichkeit aber, dessen Weg und Ziel das erlöste und erschlossene Menschsein ist, ist der Erlöser, ist Jesus Christus.

In der Enzyklika „Redemptor hominis" erstrahlt das Menschsein in neuem Licht: Der Mensch wird aus seiner Verhärtung in Auto-

Die Wahrheit des Menschen

nomie und Individualismus gelöst; der Mensch erschließt sich als die Selbstbestimmung des gütigen und barmherzigen Gottes. Von Johannes Paul II. wird der Mensch zum „Weg der Kirche" erklärt. Über diesen theologischen Entwurf wird die Theologie noch vielfach nachzusinnen haben. Aber durch die Enzyklika sind wir darüber belehrt, dass der Gang der Kirche als des wandernden Gottesvolkes und der Sinn des Menschen ineinander neigen. Gang der Kirche und Sinn des Menschen neigen ineinander in das Sakramentale; im mühsamen Gang der Erlösung jedoch durchdringt das eine das andere, weil die letzte Mitte unser Gott und Erlöser ist.

III.
Den Glauben leben

Reflexionen zur Herausforderung des Christseins

Der theologische Pluralismus und die Einheit in der Lehre

Zur Situation heutiger Theologie angesichts einer Neuevangelisierung Europas[1]

Die einzelnen theologischen Disziplinen, wie sie in Europa gelehrt werden, verfahren nach jeweils eigenen Methoden und richten sich nach begrenzten, partikulären Gegenständen. Damit sind die einzelnen theologischen Disziplinen oft die Anwendungen von Humanwissenschaften oder von zumindest positivistisch verfahrenden Wissenschaften. Zunehmend jedoch verschwindet die Theologie als solche, die Theologie als eigenständige Wissenschaft mit einem ihr eigenen Gegenstand und mit den ihr eigenen Prinzipien. Das Problem in einer heute nur mehr disziplinhaft gelehrten Theologie ist die Wirklichkeit Gottes, die nicht mehr in das wissenschaftliche Proprium der einzelnen Disziplinen Eingang findet. Als Beispiel für diese Problematik seien die exegetischen Wissenschaften genannt, die nach linguistischen, historischen, literarischen, psychologischen, kulturwissenschaftlichen Maßstäben mit dem Schriftwort verfahren, aber das eine in ihrem gewählten wissenschaftlichen System

---

[1] Vortrag in Aigen; Erstveröffentlichung in: Franz Breid (Hrsg.), Neue Wege zur Wiedergewinnung lebendigen Christentums. Neuevangelisierung. Referate der Theologischen Sommerakademie 1989 des Linzer Priesterkreises, EOS Verlag, St. Ottilien 1990, 239–277.

Der theologische Pluralismus und die Einheit in der Lehre

nicht einbringen, dass das Schriftwort das Wort Gottes ist, dass der offenbarende Gott der Urheber dieses Wortes ist, dass das von Gott geoffenbarte Wort von anderer Wirklichkeit ist als ein profanes literarisches Dokument. Eine Theologie, die alle Einzeldisziplinen über deren Gegenstände und Methoden hinaus in der Ganzheit des Theologischen zusammenbinden soll, muss einen Gegenstand und Prinzipien vorweisen können, die für alle Einzeldisziplinen auch innerlich relevant sind. Dies bedeutet, dass in jeder Einzeldisziplin die Frage nach der Wirklichkeit und nach dem Wirken Gottes ständig mitgedacht und mitbeantwortet werden muss. Will also die Theologie eine eigenständige Wissenschaft und nicht nur die Summe von einzelnen religionswissenschaftlichen Bemühungen sein, muss die Wirklichkeit Gottes also Gegenstand und begriffliches Movens aller theologischen Disziplinen sein. Die Wiederkehr Gottes in die Theologie ist das Gebot der Stunde.

Eine eigenständige Theologie muss sich also der Gottesfrage nicht nur als einer Anfangsfrage, sondern auch als durchgehender Struktur aller Einzelfragen stellen. Zweifellos gibt es dafür die Umsetzung in weiterführende und begrifflich konkretisierende Perspektiven. Als strukturelle Gottesfragen in der theologischen Wissenschaft wird man jene Fragen sehen müssen, die das Unbedingte, Transzendente und Wesentliche im theologischen Wissen und Forschen zum Vorschein bringen. Mit anderen Worten: Es muss das Bedingte, Immanente und Zufällige der betrachteten Einzelgegenstände von einer anderen Dimension als von der systemimmanenten aufgehellt werden. Dafür reicht kein bloßer Begriff, dafür muss eine Wirklichkeit einstehen. Die Theologie als in sich stehende Wissenschaft braucht die Metaphysik, die Wirklichkeit jenseits aller immanenten Verknüpfungen, letztlich Gott. Will also die Theologie jene Glaubenswissenschaft sein, die den Glauben und das Geglaubte nicht einfach humanwissenschaftlich, positivistisch und in der Distanz des Objekts darstellt, muss sie jene

Möglichkeit der Vernunft nützen, in der Gott in seinem Dasein und Wirken und in seiner Transzendenz verstehbar gemacht werden kann. Eine Theologie jedoch, die auf die Metaphysik verzichtet, wird in ihren Einsichten und Aussagen von den Systemen der Einzeldisziplinen abhängig bleiben und selbst in ihrem weitesten Anspruch noch relativistisch sein.

In der heutigen Situation der Theologie geht es nicht nur darum, dass im Studienprogramm der Theologie die Metaphysik wieder ihren legitimen und traditionellen Standort findet, sondern noch mehr darum, dass durch die Metaphysik auch aus der Sicht der Wissenschaftskritik die Theologie ihr Proprium als eigenständige Wissenschaft bewahrt. Bei diesen Erwägungen geht es primär nicht um die Empfehlung einer bestimmten Philosophie und Metaphysik. Es geht vor allem darum, dass die Theologie sich nach dem Instrumentarium für das Unbedingte, Transzendente und Wesentliche umsehen muss. Es sind also die natürlichen Anliegen der menschlichen Vernunft, in die eine Theologie gestellt ist, die Ursprung und Hinordnung aller ihrer Inhalte nicht ohne die Wirklichkeit Gottes wissenschaftlich gelten lassen will.

Wo die Theologie ihren metaphysischen Kern aufgelöst hat, entstehen eine Reihe von immanenten und autonomen Einzelwissenschaften, die sich keiner geltenden theologischen Ganzheit mehr unterordnen und auch zuweilen untereinander widersprüchlich oder beziehungslos sind. So gibt es nicht nur eine autonomistische, relativistische und subjektivistische Morallehre, die ein Unbedingtes nicht mehr kennt, sondern auch eine exegetische Wissenschaft, für die selbst der Ursprung aus einer göttlichen Offenbarung irrelevant ist. Ähnliches lässt sich in der heutigen Theologie dort beobachten, wo Theorie und Praxis nicht mehr eine widerspruchslose und ganzheitliche Einheit miteinander fordern, sondern – gleichsam nebeneinander – getrennte Bereiche von autonomer Wahrheit be-

Der theologische Pluralismus und die Einheit in der Lehre

haupten. Auch die unterschiedslose Vermengung des natürlichen und übernatürlichen Ursprungs der Wahrheit führt schließlich dazu, dass die Glaubenslehre entweder nur mehr in den Maßstäben des Natürlichen, Vernünftigen, Geschichtlichen und Humanen betrachtet wird oder andererseits nur mehr wie ein übernatürlicher Imperativ zum Glaubensgehorsam geltend gemacht wird. Damit würde im Ganzen der Glaubenslehre die Wirklichkeit des Mysteriums entfallen: Es wäre nämlich das Mysterium nur mehr ein aufklärbares humanes Faktum oder eben ein rein übernatürliches Faktum, dem jede Beziehung zur menschlichen Vernunft fehlt, um ein Geheimnis für den Menschen zu sein.

Ohne Zweifel liegen heute viele Probleme bezüglich der Glaubenslehre bereits im Bereich der unmittelbaren und direkten Glaubensverkündigung, die auch unverzüglich eine Klärung – vor allem durch das Lehramt der Kirche – brauchen. Dennoch sollten auch nicht jene Vorbedingungen in der Theologie außer Acht gelassen werden, die das Verstehen und die Darstellung der Glaubensinhalte vorbereiten und ermöglichen oder aber auch behindern oder gar verfälschen. So sei festgestellt, dass eine Theologie ohne die Metaphysik der Vernunft über Wirklichkeit dort nichts mehr sagen kann, wo die partikulären Systeme der theologischen Einzelsysteme überschritten werden müssen und die Theologie ihre Ganzheit als Wissenschaft aufrecht zu erhalten hat. Eine Theologie ohne die Perspektive der Metaphysik könnte jenem ständigen religionskritischen Dauerverdacht nichts entgegenhalten, dass auch alles Religiöse aus immanenten und letztlich humanen Ursachen erklärbar sei und daher alles doch nur vom Menschen und von seiner Geschichte Gemachtes sei. Solche zunächst theoretischen Vorurteile zeitigen auch in der unmittelbaren Glaubensverkündigung die vielfachen Formen von Relativismus und Subjektivismus, so dass auch im Glauben nicht gilt, was nicht praktikabel, plausibel oder akzeptabel scheint.

Der theologische Pluralismus und die Einheit in der Lehre

Die Begründung von theologischer Lehre in rein immanenten Systemen ist heute meist das Grundproblem, wo theologische Aussagen im Dissens mit der Lehre des Glaubens und mit dem Lehramt der Kirche stehen. Einheit im Glauben und in der Lehre gehörten immer zu den Konstitutiva der kirchlichen Gemeinschaft, woraus auch die Einheit in Disziplin und pastoraler Praxis folgten. Neuevangelisierung kann nur in der Unversehrtheit und Einheit der Glaubenslehre gelingen. Heute hingegen existiert jene sonderbare Sprachwelt, in der mit biblischer, hymnischer oder affektiver Sprache eine kirchliche Gemeinsamkeit beteuert wird, die über aller sogenannten pluralistischen Vielfalt steht, jedoch für die einzelnen und verschiedenen theologischen Aussagen nicht mehr normierend und korrigierend sein darf. Nicht zuletzt aufgrund von Leitbildern aus der üblichen Demokratie meint man heute nur mehr einen affektiven Konsens, der sich nicht mehr an der Lehre und an der Wahrheit der Glaubenslehre messen lassen will. Nicht selten ist zu beobachten, dass statt der Einheit in der Lehre eine Art affektiver Überbau konstruiert wird, dem man nur mehr die Bestätigung und Duldung der verschiedenen, auch widersprechenden Einzellehren als Aufgabe zuerkennt. Dieser neuartige Konsens, den man häufig mit dem „Geist" und mit der „Offenheit" des Zweiten Vatikanischen Konzils in Beziehung bringt, ist nicht mehr ein theologisches Prinzip, das auf umfassende Einheit in der Glaubenslehre drängt, sondern ein affektives Prinzip, das kirchliche Gemeinschaft auch ohne die Übereinstimmung in der Lehre behauptet. Das Prinzip der Lehre wird damit zu einem diffusen Prinzip des Zusammenlebens umgewandelt, das immer mehr das formale Gesetz der Praktikabilität und immer weniger das Kriterium der Wahrheit in der Kirche fördert.

Es gibt heute in der Kirche nicht wenige Fälle von einander widersprechenden Lehren, von verkürzter und unvollständiger Lehre, von Lehre, die von der Glaubenslehre der Kirche abweicht oder

Der theologische Pluralismus und die Einheit in der Lehre

in ihren Voraussetzungen und in ihren Konsequenzen der Lehre der Kirche widerspricht, die vorsätzlich das Urteil des Lehramtes ablehnt oder ignoriert. Es bleibt sicher immer die unverzichtbare Aufgabe des Magisteriums des Papstes und der Bischöfe, jede Art von Abweichung von der Glaubenslehre festzustellen und zu korrigieren. Über diese mühsame Aufgabe in Einzelfragen hinaus gilt es jedoch auch, jene neuen Prinzipien aufzugreifen und zu beurteilen, mit denen sich der Irrtum in der Lehre heute als humaner Fortschritt, als Öffnung zur Lebenswirklichkeit, als notwendiger Pluralismus, als kritisches Zeitbewusstsein, als soziales, politisches oder kulturelles Movens zu etablieren sucht. Wie auch immer diese neuen Prinzipien der affektiven Integration in der Kirche genannt und formuliert werden mögen, haftet ihnen allen die Unfähigkeit an, eine immanentistisch sich entfaltende Theologie auf ihren göttlichen und übernatürlichen Grund zurückzuverweisen. Wo aber der göttliche Ursprung und Grund höchstens ein affektives Prinzip ist, dort zieht in die Einzelaussagen der Einzeltheologien das Prinzip der Machbarkeit ein. Damit wird alles Theologische nicht nur durch das Gefüge immanenter Ursachen beschrieben und erklärt, die Machbarkeit wird vielmehr zum grundlegenden Formalprinzip des Theologischen.

Eine solche Art von Grundlegung wird etwa in jener Morallehre sichtbar, die sich auf eine „Normenfindung von unten" beruft und gleichzeitig die Kompetenz des kirchlichen Lehramtes in Fragen der Moral verneint oder bis zur Unwirksamkeit beschränkt. Wo der theologische Immanentismus geübt wird, wird man konsequenterweise dem demoskopisch erforschten Verhalten einer Mehrheit mehr Gewicht zuerkennen als dem lehramtlichen Wort der Kirche. Es geschieht sogar, dass ein abweichendes Verhalten einer angeblichen Mehrheit zur Demonstration eines irrenden Lehramtes oder einer irrenden Kirche missbraucht wird.

Der theologische Pluralismus und die Einheit in der Lehre

Zu einer immer heftiger diskutierten theologischen Frage ist die Frage nach der Autonomie und nach dem recht gebildeten Gewissen geworden. In der Frage des Gewissens wird oft genau jene Diskrepanz zwischen Immanentismus und Transzendenz sichtbar, die auch in anderen Bereichen der Theologie zur völligen Profanierung der theologischen Inhalte führt. Wohl muss die sittliche Selbstbestimmung des Menschen im Gewissen und durch das Gewissen geschehen, damit ein wahrhaft humaner Akt zustande kommt. Zu fragen ist jedoch, ob es zur autonomen Selbstbestimmung des Gewissens gehört, dass für das Gewissen nur ein Gesetz gelten kann, das seinen Ursprung und seinen Inhalt nur im frei entscheidenden Menschen haben kann. Im theologischen Autonomismus des Gewissens wird das Selbst des Menschen auf eine solche Spitze getrieben, dass in dieses Selbst nicht einmal mehr Gott eintreten kann. Gott selbst wird damit als der Zerstörer jenes Selbst denunziert, das man für die Freiheit und Sittlichkeit des Menschen als notwendig ausgibt. Es scheint so, als müsste im Autonomismus des Gewissens genau jener Punkt erreicht werden, in dem der Mensch ganz selbst und damit völlig „gottlos" ist. Das Unbedingte des autonomen Gewissens scheint damit jede Abhängigkeit auszuschließen. Nicht einmal die Abhängigkeit von einer Wahrheit scheint das autonomistisch konzipierte Gewissen noch zu berühren.

Nicht selten spricht eine immanentistische Morallehre nur mehr von der normierenden gesellschaftlichen Situation, von der Universalisierbarkeit von Normen in einem Weltganzen, von den Kriterien der Selbstverwirklichung oder gar von der Strategie des bloßen Überlebens, um relative und situationsabhängige Normen zu formulieren. Aber selbst dann, wenn eine autonomistische Morallehre noch irgendwie Bezug nimmt auf Gott, erscheint Gott häufig als jener, der eben die Autonomie dem Gewissen völlig überlässt und sich damit aus der eigentlichen sittlichen Dimension des Menschen

Der theologische Pluralismus und die Einheit in der Lehre

verabschiedet. In diesem Fall werden Gott, seine Schöpfung und seine Offenbarung gleichsam zu einer dimensionslosen Schale rund um die Welt des Menschen. Damit hätte Gott seine Identität und Wirklichkeit bereitgestellt, um die Welt nur mehr Welt – ohne jede Verwiesenheit auf das Göttliche – sein zu lassen. In einem solchen Fall brauchte das Gewissen nur mehr seine Praxis, aber nicht mehr jene Wahrheit, dass das Gewissen in Übereinstimmung mit Gott stehen muss, der den Menschen schafft und ihm seine personale Würde und sein Gewissen gibt. Wo die Übereinstimmung der Gabe mit dem göttlichen Geber nicht mehr gefordert erscheint, dort erlischt die ursprüngliche Verknüpfung des Gewissens mit der Wahrheit, so dass sich das Gewissen nur mehr als eine umfassende und ökonomische Funktion von Praxis versteht.

Mancher Versuch von theologischer Morallehre bezweckt nur mehr das funktionierende Gewissen, das sich gegenüber seiner Herkunft aus Gott jedoch nicht mehr als irrendes oder als recht gebildetes Gewissen unterscheiden kann. So ist der Fehlschluss, dass die Freiheit des Gewissens auch die Freiheit der Gewissensbildung meint, oft sehr einladend.

Die Probleme und Irrtümer vieler theologischer Morallehren beginnen nicht erst mit einer willkürlichen und zurechtgebogenen Schriftauslegung und nicht erst im Disput über Aussagen des Lehramtes der Kirche. Die Irrtümer heutiger Morallehre liegen oft im Vorfeld der Metaphysik, wenn vor allem die Prinzipien der Aufklärungsphilosophie mit ihrem Autonomismus, Formalismus, Indifferentismus, Agnostizismus und immanenten Humanismus zur Anwendung kommen und schließlich im Gottesbegriff eines unpersonalen Deismus enden. Wenn Gott in seinem Dasein und Wirken sein Wesen nur mehr darin findet, dass er sich von seiner Schöpfung abgrenzt und ausgrenzt, wird Gott weder als Schöpfer noch als Offenbarer noch als Erlöser noch als der in der Kirche wirkende Heilige Geist sein göttliches und übernatürliches Proprium in den Erkenntnissen und Normen solcher Theologien geltend machen. Das im theologischen Denken der Kirche heute immer mehr beachtete Person-Sein des Menschen ist gleichzeitig eine theologische Anleitung zur Überwindung des immanent Autonomen auch im Vorfeld der Metaphysik. Es kann nämlich kein System der Immanenz gefunden werden, welches das Person-Sein des Menschen begründen oder adäquat ausdrücken könnte, denn nichts, was in einem System zueinander gehört, kann das Transzendente der Würde der Person begründen oder ausdrücken. So muss es in der heutigen theologischen Diskussion darum gehen, die Freiheit des menschlichen Gewissens, die sich gegen die Wahrheitsbeziehung des Gewissens oft im Autonomismus und Immanentismus isoliert, als Verwirklichung des Person-Seins aufzuhellen. Wo die Übereinstimmung mit dem Schöpfer, Offenbarer und Erlöser für das Gewissen nicht mehr die unverdrängbare Frage ist, dort wird das Gewissen seine Freiheit in jener Autonomie suchen, die Inbegriff der absoluten Individualität ist und jede Norm und jedes Gesetz (auch wenn göttlichen Ursprungs) als freiheitszerstörende Fremdbestimmung ausschließt.

Anders verläuft die Bestimmung des Gewissens durch jenes Gesetz im Innern des Gewissens, das der Mensch „sich nicht selbst gibt", sondern dem er gehorchen muss und dessen Stimme ihn immer zur Liebe und zum Tun des Guten und zur Unterlassung des Bösen anruft und, wo nötig, in den Ohren des Herzens tönt: Tu dies, meide jenes. Denn der Mensch hat ein Gesetz, das von Gott seinem Herzen eingeschrieben ist, dem zu gehorchen eben seine Würde ist und gemäß dem er gerichtet werden wird (Gaudium et Spes 16). Auch dieser Konzilstext spricht die Freiheit des Menschen an, denn es geht um die Unterscheidung von Gut und Böse, um das Tun des Guten und um das Meiden des Bösen, doch ist die Freiheit nicht der Höhepunkt der Individualität, sondern die Verwirklichung einer

Würde, die im Person-Sein des Menschen grundgelegt ist. Hier wird das Gewissen an eine Wahrheit verwiesen, die den autonomen Punkt des Individualismus sprengt und dennoch als das Innerste und Heiligste im Person-Sein des Menschen sich zeigt. So kann „Gaudium et Spes" sagen: „Durch die Treue zum Gewissen sind die Christen mit den übrigen Menschen verbunden im Suchen nach der Wahrheit und zur wahrheitsgemäßen Lösung all der vielen moralischen Probleme, die im Leben der Einzelnen wie im gesellschaftlichen Zusammenleben entstehen. Je mehr das rechte Gewissen sich durchsetzt, desto mehr lassen die Personen und Gruppen von der blinden Willkür ab und suchen sich nach den objektiven Normen der Sittlichkeit zu richten" (Nr. 16).

Das Person-Sein als das Höchste im Menschen liegt ohne Zweifel in jenem Beschluss des Schöpfers fest, den Menschen als Abbild Gottes zu schaffen. Das Person-Sein des Menschen braucht zu seiner Wirklichkeit die Transzendenz gegenüber den anderen geschaffenen Dingen und gegenüber allen geschlossenen Systemen. Und es ist Liebe, worin die Person authentisch ist: „Nur die Person kann lieben, und nur die Person kann geliebt werden ... Die Liebe ist ein ontologisches und ethisches Bedürfnis der Person. Die Person muss geliebt werden, denn allein die Liebe entspricht dem, was eine Person ist ..." (Johannes Paul II., Mulieris dignitatem 29). Diese Selbstverständlichkeit der Liebe, die mit der Person verbunden ist, lässt die Freiheit des Menschen nicht mehr reine Willkür sein, denn das Person-Sein kennzeichnet sich als Wahrheit, die nicht willkürliche Freiheit gewährt, sondern Übereinstimmung ist und Übereinstimmung fordert. Der Mensch als das Abbild Gottes ist anders und höher als jedes Geschöpf der sichtbaren Welt. Dies ist mit dem Person-Sein gemeint.

Der Mensch als das Abbild Gottes ruht mit seinem Wesen in der Übereinstimmung mit Gott. Wahrheit wiederum ist nichts anderes als Übereinstimmung. So gehört zum Wesen der Gabe, mit dem Geber übereinzustimmen, will die Gabe wahre Gabe sein. Wollen wir dies auf das Gewissen und die sittlichen Handlungen des Menschen anwenden, muss das Geschöpf mit dem Schöpfer, muss der Hörende mit dem Offenbarenden, muss der Erlöste mit dem Erlöser, muss das Volk Gottes mit dem Geist der Wahrheit in der Kirche übereinstimmen. Das Gewissen kann kein rechtes Gewissen sein, wenn es sich nicht als übereinstimmendes Gewissen versteht und gestaltet. Die Freiheit des Gewissens zerstört sich nicht, wenn sie die eines übereinstimmenden Gewissens ist, denn die Übereinstimmung mit dem Schöpfer, mit dem Offenbarer und Erlöser und mit der Lehre der Kirche ist nichts anderes als die wahre Selbstverwirklichung des Gewissens.

Es könnten viele Beispiele von Morallehren aufgezählt werden, die im Dissens mit der Lehre der Kirche vorgetragen werden. Zu diesem Dissens kommt es jedoch fast immer aus den vorausgehenden Optionen bezüglich Transzendenz, Wesen und Unbedingtheit der sittlichen Maßstäbe. Das System des immanenten Autonomismus stellt sowohl das göttliche Gesetz aus Schöpfungsordnung und Offenbarung als auch die Kompetenz und Aussagen des Lehramtes der Kirche in Frage, weil diese gleichsam von außen dem Menschen auferlegt wären und daher nicht von der Rationalität des autonomen Gewissens legitimiert seien. Häufig beruft sich die von der Lehre der Kirche abweichende Morallehre auf eine angebliche Legitimation durch das Zweite Vaticanum, als gäbe es dort den Grundsatz, dass jeder nach seinem eigenen Gewissen entscheiden solle. Damit wird dem abweichenden Gewissen der Standard eines authentischen Gewissens zugesprochen, ohne dass die Pflicht zur Gewissensbildung an der Glaubenslehre geltend gemacht wird. Auch die objektiven Normen der Sittlichkeit werden damit in Konsequenz als objektiv geltend verneint. Es wird folglich dann kein objektiv Böses geben, das zu tun niemals erlaubt ist, auch nicht aus ernsten

Der theologische Pluralismus und die Einheit in der Lehre

Gründen und auch nicht um eines guten Zweckes willen. Der in sich unsittliche Akt, der seiner Natur nach die sittliche Ordnung verletzt, wird relativiert, situationsbedingt oder aus ganzheitlichen Zusammenhängen fallweise legitimiert.

Wenn man heute von einer Krise des Bußsakramentes und der persönlichen Beichte spricht, dann liegt einer der entscheidenden Gründe für die Krise im schwindenden Bewusstsein von Sünde. Eine autonomistische Morallehre wird in einer solchen Krise keine Abhilfe bringen, sondern sie eher verschärfen. Wo die Begründung der Inhalte einer sittlichen Ordnung sich nicht mehr auf einen göttlichen Ursprung beruft, dort wird Sünde zunehmend entpersonalisiert und immer mehr als Verhaltensfehler, Krankheit, Umweltschaden oder gar strukturelle Situation interpretiert. Das personale Bewusstsein von Sünde ist engstens mit dem Bewusstsein Gottes als personaler Wirklichkeit verbunden. Das Apostolische Schreiben „Reconciliatio et Paenitentia" (Nr. 18) zeigt deutlich die Wurzeln und die Zusammenhänge im Verlust des Sündenbewusstseins und stellt fest: „Mit dem Gewissen wird auch das Gottesbewusstsein verdunkelt und mit dem Verlust dieses entscheidenden inneren Bezugspunktes verliert man dann auch das Sündenbewusstsein."

Auf allen möglichen Wegen, vor allem der Humanwissenschaften, versucht man heute das, was Sünde an sich ist und doch nicht mehr als solche bewusst sein soll, zu bewältigen. Der Verlust eines jeden Bezuges zur Transzendenz verleitet zu einer Psychologisierung und Soziologisierung all dessen, was dem Glauben und übernatürlichen Tun der Kirche vorbehalten ist. Was der Erlösung und Gnade vorbehalten ist, wird heute in Therapien, Analysen, Gruppendynamik, Selbsterfahrungsübungen, nihilistischen Meditationen, Konfliktspielen, esoterischen Praktiken aller Art, Okkultismus, sexuellen Experimenten, ökologischen Initiativen mit dem Anspruch von Gleichwertigkeit praktiziert. Auf die Ebene des Gefühls und des

Der theologische Pluralismus und die Einheit in der Lehre

subjektiven Erlebens wird verlagert, was nur in der Gottesbeziehung vom Menschen angenommen, begriffen und gelebt werden kann. Ein Blick in die Bildungsprogramme mancher kirchlichen Institution wird mühelos beweisen, wie sehr die Entfremdung des Glaubens durch Methoden der reinen Immanenz wirksam ist und zum selbstverantworteten Abfall vom Glauben und vom Übernatürlichen innerhalb der Kirche führt. Ohne Zweifel gab es immer wieder die Versuche, den Glauben, das Mysterium und das Übernatürliche auf das rein Humane, Immanente und Relative zu reduzieren. Was den oft primitiven Totalitarismus der Humanwissenschaften im theologischen und kirchlichen Bereich heute so bedenklich erscheinen lässt, ist jene ständig mitgelieferte Präsumtion, jeder Gläubige sei nicht nur etwa der Psychologie oder der Soziologie kundig, sondern besitze auch jenen höheren Standpunkt, von dem aus er Kirche, Glauben, Moral, kirchliche Ereignisse ohne die Einforderung seiner Solidarität im Glauben beurteilen könne. Dem einfachen Gläubigen wird auf diesem Weg gleichsam die kleine Aufklärung nachgeliefert, die nicht mehr die philosophische Anstrengung der einstigen Aufklärungsphilosophie braucht, sondern mit wenigen Kenntnissen sich die Genugtuung von „höherem Wissen" verschafft. Das Besorgniserregende an dieser Tatsache liegt darin, dass im Inneren der Kirche – scheinbar vielerorts ohne größeren Widerstand – humanwissenschaftliche Konkurrenzsysteme zum Glauben und zum Übernatürlichen entwickelt werden, die Glauben und Übernatürliches nicht erhellen und nicht vertiefen, sondern eher als gegen neue Sinnsysteme austauschbar erscheinen lassen.

Es hat in der Kirche Zeiten gegeben, in denen die Diskussion in der Glaubenslehre sich auf Klärung von Begriffen, Aufhellung von Gegensätzen, Vertiefung von Spekulation, Nachweis von Konformität und Rechtgläubigkeit bezog. Dies alles geschah meist innerhalb von unbestrittenen Voraussetzungen, zu denen die Wahrheitsfähigkeit der

Der theologische Pluralismus und die Einheit in der Lehre

menschlichen Vernunft ebenso gehören wie die göttliche Autorität im geschriebenen Wort Gottes und in der Glaubenslehre der Kirche. Heute ist diese Diskussion im theologischen Detail fast gänzlich außer Übung gekommen. Heute spielen sich Konflikt und Krise der Theologie eher in den Präambeln der Theologie ab: Verfehlen die gewählten Präambeln von vornherein die Vermittlung des Transzendenten, der übernatürlichen Wirklichkeit und der göttlichen Wahrheit, so sind die einst ernsthaft diskutierten theologischen Inhalte nur mehr der Anlass für neuartige, humanwissenschaftliche Aufklärung oder für Spott an einem veralteten Denken und Lehren.

Die heutige Theologie operiert häufig mit den Präambeln der Austauschbarkeit. Dies bedeutet, dass Schrift und Glaubenslehre durch psychologische oder religionswissenschaftliche Systeme umfassend interpretiert werden, dass das Mysterium Kirche in soziologische Beschreibungsverhältnisse aufgelöst wird, dass der christliche Lebensvollzug zur Sache sozialkritischen Verhaltens erklärt wird. So geschieht es in der sozialen Frage nicht selten, dass der Glaube von den sozialen Strukturen und Zielsetzungen aus interpretiert und in Geltung gesetzt wird, während es Aufgabe der Christen wäre, die Lösung der sozialen Frage von den Prinzipien des Glaubens her anzugehen. In diesem Zusammenhang lässt sich auch im sozialen, ökonomischen und politischen Profil der verschiedenen Befreiungstheologien jene gefährliche Option von Theologie erkennen, dass es jene Austauschbarkeit gibt, die selbst den personalen Gott, den Erlöser, die übernatürliche Offenbarung und den Heilsauftrag der Kirche zur Disposition einer sozialen und politischen Ideologie stellt.

Nicht von ungefähr bewirkt diese Option der Austauschbarkeit, dass Theologie und Glaubenslehre in die Kompetenz von „Experten" und nicht mehr in jene eines Amtes verlagert werden. Die Bischöfe als die Zeugen der göttlichen und katholischen Wahrheit

Der theologische Pluralismus und die Einheit in der Lehre

und als die authentischen Lehrer der Kirche werden in ihrem Lehramt zurückgedrängt. Mittels des Anspruchs des „Expertentums" hat sich ein „Lehramt der Professoren und Engagierten" etabliert, das sich als solches in keiner Weise in der Verfassung der Kirche begründen lässt. Auch manche Erklärungen verschiedener Theologen gehen vom Anspruch aus, Umfang und Aussagen des bischöflichen und sogar des päpstlichen Lehramtes ihrem eigenen Urteil unterwerfen zu dürfen. Damit wird präsumiert, dass nicht mehr das Sakrament des Ordo und die kollegiale Gemeinschaft mit dem Papst die Grundlegung des authentischen Lehramtes sind, sondern dass irgendeine übernommene oder angemaßte Aufgabe das Amt konstituiert. Art. 25 der Dogmatischen Konstitution über die Kirche „Lumen gentium" müsste vor allem die Bischöfe anhalten, sich nicht aus dem Lehramt zurückzuziehen, um das Urteil in Glaubens- und Sittensachen solchen zu überlassen, die dazu nicht bestellt sind. Auch jener religiöse Gehorsam des Willens und Verstandes gegenüber dem authentischen Lehramt des Papstes ist in jener Weise einzufordern, wie ihn „Lumen gentium" festlegt. Häufig ist heute die Meinung zu hören, dass das, was vom Papst nicht mit feierlich erklärter Unfehlbarkeit gelehrt wird, eben fehlbar sei und daher nicht verpflichtend. Es entspricht keineswegs dem Buchstaben und der Intention von „Lumen gentium", wenn von Theologen einer eventuellen „ex-cathedra-Entscheidung" der entsprechende Glaubensgehorsam in Aussicht gestellt wird, jedoch dem ordentlichen und authentischen Lehramt des Papstes und der Bischöfe nicht einmal die Wahrheitsvermutung, sondern eher der Irrtumsverdacht entgegengebracht wird.

Als wichtig sollte in diesem Zusammenhang die Klärung des theologischen und juridischen Status der Bischofskonferenzen angesehen werden. Da die Bischofskonferenzen vom Zweiten Vaticanum als Institutionen genannt werden, die vielfältige und fruchtbare

Hilfe leisten können, um die kollegiale Gesinnung zu konkreter Verwirklichung zu führen, musste auch die Frage einer eventuellen lehramtlichen Autorität solcher Bischofskonferenzen gestellt werden. Es geht sicher nicht um die Frage, ob die Bischöfe kraft ihrer Weihe und ihrer Eingliederung in das Bischofskollegium auch gemeinschaftlich lehren dürfen. Die entscheidende theologische Frage ist, ob die gemeinschaftliche Lehre einer Bischofskonferenz in ihrer Autorität theologisch von einer neuen und höheren Autorität ist als die Autorität eines jeden einzelnen Bischofs, der sich an der gemeinschaftlichen Lehre in einer Bischofskonferenz beteiligt. Es scheint kein stichhaltiges Argument dafür zu geben, dass die eher nach zufälligen, regionalen, nationalen und politischen Gegebenheiten zusammengesetzte Bischofskonferenz in ihren Lehraussagen eine andere Autorität als die des einzelnen Bischofs geltend machen kann oder dass gar dafür irgendeine Grundlegung im ius divinum aufgezeigt werden könnte. Eine Bestimmung des Status und der Aufgaben der Bischofskonferenzen würde die Gefahr mindern, dass die personale Verantwortung und Autorität des einzelnen Bischofs unter kollektiven Entscheidungen verdeckt wird und die Autorität an Kommissionen und anonyme Expertengremien delegiert wird.

Eine Klarstellung bezüglich der lehramtlichen Autorität der Bischofskonferenzen könnte auch der Anlass sein, jene Fälle von Dissens zu korrigieren, in die sich manche Bischofskonferenz durch vom Lehramt des Papstes abweichende Erklärungen im Fall der Enzyklika „Humanae vitae" begeben hat. Bedauerlicherweise wurden auch die Bischofssynode 1980 und das nachfolgende Apostolische Schreiben „Familiaris consortio" nicht in genügender Weise genützt, um den scheinbaren oder wirklichen Dissens bezüglich „Humanae vitae" aufzuklären und gemäß den Aussagen des Zweiten Vaticanums bezüglich des authentischen Lehramtes des Papstes (vgl. LG 25) allenfalls zu korrigieren. Ein fortgesetzter Dissens mit dem Lehramt des Papstes würde dem Wesen der Kirche widersprechen und die Bedingungen auch für das authentische Lehramt der Bischöfe außer Kraft setzen.

Nicht selten wird heute die Kompetenz des kirchlichen Lehramtes in Fragen der Moral und der subjektiven Gewissensbildung bestritten. Die verschiedensten Argumente werden für eine solche Begrenzung des Lehramtes erfunden. In jenem Fall, in dem man ein Lehramt für Glaubensfragen (nicht aber für Moralfragen) akzeptiert, wird oft von einer „Seinslehre" der Dogmen im Gegensatz zum moralischen „Handeln" gesprochen. Diese beiden Bereiche werden oft wie verschiedene, getrennte Bereiche angesehen, die, jeder für sich und möglicherweise zuweilen auch einander widersprechend, ihre Geltung haben. Das alte philosophische und theologische Problem von einer „doppelten Wahrheit" kehrt auch heute immer wieder in die Theologie und Verkündigung zurück.

In vielen Fällen und in vielen Einzelbereichen der Theologie gibt es neue Fragen und neue Irrtümer, die auch jene Bereiche des Glaubens betreffen, für die es längst verbindliche Lehraussagen der Kirche gibt. Heute auftauchende Bemühungen um die Orthodoxie halten sich jedoch oft eher an Besonderheiten in Lehre und Disziplin auf, seien dies die Auseinandersetzungen um die Engelverehrung oder um die Handkommunion. Ein weites Feld noch eher unausgesprochener theologischer Fragen bereitet sich in den vielen neuen spirituellen Bewegungen vor. Es wird die Aufgabe der Bischöfe sein, den theologischen Grundlagen und den spirituell vollzogenen theologischen Inhalten im Leben dieser Bewegungen große Aufmerksamkeit zu widmen. Man wird dabei aber nicht von der Vermutung ausgehen können, dass Frömmigkeit und Spiritualität immer auch schon Rechtgläubigkeit bedeuten. Im Bereich der spirituellen Bewegungen, die oft von großem Ernst und christlichem Eifer getragen sind, dürfte es auch fließende

Der theologische Pluralismus und die Einheit in der Lehre

Übergänge in jene Harmonisierungs- und Selbstverwirklichungsideologien geben, die Formen der diffusen New-Age-Bewegung sind und in einer Form von sanftem Atheismus enden. Esoterik, Parapsychologie und unzählige Formen von Aberglauben besetzen heute oft jene Bereiche des Menschen, in denen der Gottesglaube und der Sinn für das wahre Übernatürliche infolge Profanierung, Agnostizismus, Indifferentismus und praktiziertem Materialismus verloren gegangen sind.

Gerade angesichts solcher Probleme, die durch den Zulauf zu Sekten und Jugendreligionen obendrein als sehr gravierend beurteilt werden, wird die Kirche zu korrigierendem Handeln immer wieder aufgerufen. Solchen Rufen nach Hilfe wird die Kirche nur nachkommen können, wenn sie in der Identität und Ganzheit ihrer Glaubenslehre steht. Wenn jedoch die Theologie fast reaktionslos die gravierendsten Irrtümer bezüglich der zentralen und längst verbindlichen Glaubensaussagen, wie etwa die Verneinung der Gottessohnschaft Jesu Christi oder der göttlichen Stiftung der Kirche, hinnimmt, wird es kaum gelingen, die Menschen aus ihren heutigen Verirrungen zurückzuholen.

Es gehört zu den gefährlichen Grundoptionen mancher heutigen Theologie, dass nicht mehr um das „An-sich" einer Glaubenswahrheit gerungen wird, dass kaum Einsicht und identische Entfaltung der Glaubenslehre gesucht werden, dass das Mysterium der Glaubenswahrheit und die Autorität der göttlichen Offenbarung nicht in ihrem Inneren aufgehellt, sondern durch andere Prinzipien menschlicher Rationalität geradezu gegenstandslos gemacht werden. Damit erstirbt der korrekte theologische Disput, und die einst ernsten Gegenstände theologischer Diskussion sind höchstens das Anschauungsmaterial gewisser geistesgeschichtlicher Prozesse, zu deren Erklärung und Beurteilung jene neuen und selbstgemachten Prinzipien menschlicher Rationalität eingesetzt werden. Dann sind jene vielen Verneinungen, Uminterpretierungen, Auslassungen, Beschränkungen, Konditionierungen, hermeneutischen Kunstgriffe und Anpassungen in Theologie und Glaubenslehre nicht mehr Fragen, die zwischen Wahrheit und Irrtum entschieden werden müssen, sondern Momente eines geschichtlichen Prozesses ohne unbedingte Wahrheit und ohne innere Bedeutung.

Sehr wohl wäre es notwendig, sich auf das zu besinnen, was das Erste Vaticanum gegenüber dem eigenmächtigen Zugriff der bloß menschlichen Rationalität festhält: „Die Glaubenslehre, die Gott geoffenbart hat, wurde nicht dem menschlichen Geist wie eine philosophische Erfindung zur Weiterführung vorgelegt, sondern als göttliches Gut der Braut Christi übergeben, damit sie es treu bewahre und irrtumslos erkläre. Deshalb muss auch jener Sinn der Glaubenswahrheiten beibehalten werden, der einmal von der heiligen Mutter Kirche dargelegt worden ist; von diesem Sinn ist niemals unter dem Schein und Namen höherer Erkenntnis abzugehen" (DS 3020).

Die Theologie ist eine andere Wissenschaft als alle anderen Wissenschaften. Wenngleich die Theologie mit der Vernunft und mit den Mitteln der Wissenschaften den Glauben auslegt, entfaltet, anwendet und verteidigt, unterliegt sie dennoch dem Glauben und seinen Mysterien. Die allenfalls „höhere Erkenntnis" gegenüber den Glaubenswahrheiten sein zu wollen, bedeutet die Selbstzerstörung der Theologie. Die Theologie braucht in sich selbst eine innere Bindung an den Glauben, wenn sie sich nicht selbst als „höhere Erkenntnis" über den Glauben erheben will, um den Glauben zum bloß wissenschaftlichen Gegenstand herabzustufen. Diese innere Bindung der Theologie an den Glauben ist nichts anderes als eine vorausgehende Bejahung des Glaubens.

Im Zeitalter der unzähligen Mittel der Massenkommunikation ist die Situation der Theologie eine andere geworden. Abgesehen davon, dass die wichtigste Frage nicht mehr jene nach theologischer Einsicht und Zusammenschau, sondern jene nach öffentlicher Akzep-

Der theologische Pluralismus und die Einheit in der Lehre

tanz zu sein scheint, wirken die Massenmedien auch anderweitig auf das theologische Bewusstsein von heute: Während es früher vergleichsweise einfach war, die theologische Diskussion auf die wesentlichen Fragen und Prinzipien zu konzentrieren, wird heute von den Massenmedien das Angepasste, Aktuelle, Skurrile, Provozierende, Modische und Konfliktträchtige als „theologisches" Bewusstsein in den Vordergrund gespielt. Die gewisse Allgegenwart der Massenmedien bewirkt, dass das theologische Bewusstsein ständig mit oberflächlichen, beliebigen, in ihrer Verbindlichkeit völlig verschiedenen und in ihren Voraussetzungen meist unbedachten, theologischen Meldungen besetzt wird. Die Folge solcher Besetzung ist, dass wesentliche und prinzipielle Fragen der Theologie nicht mehr thematisiert werden, dass die Ganzheit und Vollständigkeit der Glaubenslehre in den vielen verstreuten theologischen Wortmeldungen kaum mehr wirksam werden kann, dass die Theologie ihre Systematik verliert und in neuen und beliebigen literarischen Gattungen zur Darstellung kommt. Der Einfluss solcher Massenmedien auf das theologische Bewusstsein sollte beileibe nicht unterschätzt werden, denn es wird nach sachfremden Gesichtspunkten ausgewählt, akzentuiert, Konsens oder Dissens behauptet. Sachgerechte Rede und Gegenrede sind meist nicht mehr möglich. Es entsteht der Eindruck eines gewandelten theologischen Bewusstseins und einer veränderten Lehre, auch wenn dies in den Prinzipien und im Inneren des theologischen Denkens gar nicht vollzogen wäre.

Diese neue Situation mag auch dafür mitverantwortlich sein, dass immer weniger das Unveränderliche vom Veränderlichen und Zeitbedingten, das Verbindliche vom weniger Verbindlichen, das Natürliche vom Übernatürlichen, das Substantielle vom Akzidentellen unterschieden werden kann. So kehrt heute in das Bewusstsein der Gläubigen eine Zahl irritierender und verwirrender Themen zurück, die nicht mehr ihre richtige theologische Einordnung finden und

Der theologische Pluralismus und die Einheit in der Lehre

vor allem das Substantielle der Kirche bedrohen. Einige Beispiele dieser Art seien genannt: Die Kirche und der Konflikt mit Galilei, die Hexenverfolgungen, die Inquisition, die Missionierungsmethoden, die soziale Frage, die Zinsfrage, die Reisen des Papstes, die Finanzen des Vatikans. Schlussfolgerung solcher Vorwürfe an die Kirche ist diese: Die Kirche irrte, also sei sie nicht unfehlbar und für die rechte Bildung des Gewissens nicht kompetent; die Kirche verfehlte sich immer wieder, also ist sie nicht die heilige Kirche. Solche Schlussfolgerungen finden sich nicht bloß bei unorientierten Gläubigen; sie werden auch von Theologen und Bischöfen vorgetragen. Es wäre heute von großem Nutzen, diese naiven Argumente zu sammeln, sie historisch und theologisch zu bewerten und zu widerlegen. In der heutigen Situation braucht die Kirche eine überzeugende Apologie zugunsten ihres Auftrags und ihres Wesens.

Während im Unwesentlichen mit größter Akribie solche Fragen gestellt werden, werden andererseits Prinzipien zur Anwendung gebracht, die wesentliche und verbindliche Glaubenslehren ignorieren oder leugnen oder zu einer quantité négligeable deklarieren. Theoretische Hilfsmittel für solche Unterschlagungen sind oft Worte und Begriffe wie Strukturen, Modelle, Option, Gesamthaltung, Offenheit, Geist gegen Buchstaben, Klima, Zeitgemäßheit, Hinterfragung, Infragestellung, kritische Distanz, loyale Kritik, Angebot.

Das Zweite Vaticanum spricht im Dekret über den Ökumenismus (vgl. Nr. 11) von einer Rangordnung oder Hierarchie der Wahrheiten innerhalb der katholischen Lehre „je nach der verschiedenen Art ihres Zusammenhangs mit dem Fundament des christlichen Glaubens". Das Konzil formuliert damit eine Art ökumenischer Dialogregel, die katholische Theologen keineswegs von der „Treue zur Lehre der Kirche" entbindet. Das Missverständnis von der „Hierarchie der Wahrheiten" ist jedoch im ökumenischen und theologischen Bereich nicht ausgeblieben: Immer häufiger wird diese Aussage zum Vorwand für ein gemeinsames „ökumenisches Minimum" oder für die Qualifikation einer „peripheren" katholischen Lehre, der gegenüber man sich Dissens erlaubt. Auch wenn die ökumenische Verständigung mühsam ist oder wenn die Aneignung der Glaubens- und Sittenlehre der Kirche mit religiös gegründetem Gehorsam zu vollziehen ist, bleibt dennoch das vollständige Ganze der Glaubenslehre die verpflichtende Norm, die in ihrer Mühsamkeit wie eine „lex gradualitatis" immer wieder aufzunehmen ist. Solche Beispiele von Rezeption der Konzilstexte zeigen, dass es Aufgabe der Theologie ist, auch jene Prinzipien, womöglich aus den Konzilstexten, zu entwickeln, die die allgemeine Berufung auf das Zweite Vaticanum als theologische Legitimation sichern, aber auch das Konzil vor subjektivistischer Vereinnahmung schützen.

Naturgemäß stehen heute Katechese und Religionsunterricht wie exemplarische Spiegelbilder in engem Zusammenhang mit den erwähnten Problemen in Theologie und Glaubenslehre. Dies hat nicht selten zu jenen Fehlentwicklungen geführt, die die Glaubenslehre und das Glaubenswissen auf den begrenzten Bereich der Lebenswelt des Menschen als sagbar und anwendbar beschränken. So überdauert der Religionsunterricht oft nur mehr als eine Art Lebenshilfe oder Ethikunterweisung, die Glaubensinhalte kaum lehrt und diese den Maßstäben von Didaktik und Pädagogik unterordnet. Eine der wichtigsten Aufgaben der Kirche für die Neuevangelisierung Europas werden eine Katechese und ein Religionsunterricht sein, die wiederum die Glaubensinhalte dem Denken und Entscheiden der Menschen zugrunde legen.

Eine gewisse Problematik bezüglich der Inhalte der Glaubenswahrheiten ergibt sich aus einem neuartigen Formalismus, der im Leben der Kirche um sich gegriffen hat. Nicht mehr der Inhalt und die Sache, sondern mehr der Modus und die Form werden zu Kriterien des Christlichen: Wenn z. B. etwas „mit Liebe" geschieht oder „personal" gehandelt wird oder „demokratisch" entschieden wird, gilt dies mehr als eine Legitimation als die Wahrheit oder Sittlichkeit der Sache an sich. Ähnlich geht es mit Wahrhaftigkeit oder Glaubwürdigkeit zu, so dass zuweilen Wahrhaftigkeit mehr als die Wahrheit und Glaubwürdigkeit mehr als der Glaube zu gelten scheinen. Es wird also fallweise ein spiritueller Formalismus gegen das Materiale und Inhaltliche der Glaubenslehre aufgeboten.

Es ist kaum möglich, die heute vorhandenen Gefährdungen und Irrtümer bezüglich der theologischen Lehren in Kürze darzulegen: Sie betreffen vermutlich alle Bereiche der Glaubenslehre, von der Ekklesiologie bis zur Christologie, von den Sakramenten bis zur Schriftauslegung, von der durch positive Gesetzgebung geordneten Disziplin bis zur Ordnung des Schöpfers in der Schöpfung, von einer Studienordnung in der Theologie bis zur Morallehre. Es müsste gleichzeitig vieles in seiner Wichtigkeit betont werden: vom sakramentalen Weihepriestertum bis zur Unauflöslichkeit der Ehe mit allen sittlichen und pastoralen Konsequenzen, von der Autorität des Lehramtes in der Kirche bis zu den konkreten Akten in der Ausübung des Primates des Papstes, von der Menschwerdung des Gottessohnes aus einer jungfräulichen Mutter bis zur Eschatologie und zur Unsterblichkeit der Seele des Menschen.

Man wird sagen müssen, dass es wahrscheinlich keinen Glaubensartikel gibt, der heute nicht irgendwo von irgendwem in Frage gestellt oder in seiner Aussage verfälscht wird. Dies erweckt heute bei vielen Gläubigen den Eindruck, dass in der Kirche nichts mehr gilt. Daher wird es entscheidend sein, dass die Bischöfe kraft ihrer Weihe und ihres authentischen Lehramtes dem ihnen anvertrauten Volk die Botschaft zum Glauben und zur Anwendung auf das sittliche Leben verkündigen, diese im Licht des Heiligen Geistes erklären und wachsam drohende Irrtümer fernhalten (vgl. LG 25). Dies bedeutet, dass

Der theologische Pluralismus und die Einheit in der Lehre

durch den Bischof die Irrtümer notfalls festzustellen und wirksam zu korrigieren sind.

Über die unmittelbare und direkte Korrektur hinaus sollten jedoch auch jene Bedingungen und Prinzipien erforscht werden, durch die wieder jeder Artikel der Glaubenslehre in Frage gestellt zu werden droht. Wenn man von den Fragen der Sexual- und Ehemoral absieht, existiert in den übrigen Diskussionen keine ausgesprochene thematische Stoßrichtung, wie sie in früheren Auseinandersetzungen der Kirchengeschichte bezüglich der Wahrheit der Lehre oft üblich war. Heute ist es eher eine Art agnostisches Lebensgefühl und nicht ein tragender philosophischer oder theologischer Gedanke, was die Irrtümer und Beliebigkeiten steuert. Die Irrtümer haben wohl manche gleiche Wurzel, die noch im Vorfeld zur unmittelbaren Aussage liegt. Die heutigen Irrtümer gehören jedoch kaum zu einem theologischen System. Sie sind daher unzählbar und unüberschaubar und in ihrer Gewichtigkeit schwer einschätzbar. Darüber hinaus ist erschwerend, dass eigentlich theologische Aussagen immer mehr in Fremdsystemen von Humanwissenschaften, wie Psychologie oder Soziologie, dargestellt werden. In solchen Fremdsystemen stellen sich wohl die Fragen von Funktionieren, Erfolg und Nutzen, es geht dabei jedoch immer mehr die Möglichkeit verloren, nach dem sittlich Guten und Bösen und nach der Wahrheit im eigentlichen Sinn der Glaubenslehre sich zu orientieren.

In weiten Bereichen ist heute die theologische Lehre vom Fehlen tragender Prinzipien beeinträchtigt und von oft glaubensindifferenten Optionen bestimmt. Das Gebot der Stunde in der Sorge für die wahre und überzeugende Lehre des Glaubens müsste die Wiederherstellung der Theologie als einer und als einer eigenen Wissenschaft sein. Dies bedeutet die Pflicht zur (Wieder-) Gewinnung von theologischen Prinzipien, die jenen Bereich der Theologie ordnen, in dem heute die profanen Prinzipien eines Agnostizismus,

Der theologische Pluralismus und die Einheit in der Lehre

Relativismus, Subjektivismus, Historismus und Immanentismus den Umgang mit den einzelnen Lehrinhalten des Glaubens bereits entscheidend bestimmen. Von daher könnte eine Auseinandersetzung des Lehramtes mit den vielen Verwirrungen und beliebigen Meinungen zu einer Läuterung führen, die wieder von der Wahrheit in der Glaubenslehre bestimmt ist. Der Theologie in Lehre, Forschung und Studium würde dafür eine wesentliche und unverzichtbare Aufgabe zufallen, die die Verantwortung des Lehramtes für die Wahrheit in der Glaubenslehre den denkenden und glaubenden Menschen begreifbar macht.

Soll damit der vielbeschworene Pluralismus in der Theologie zunichte gemacht werden? Der Pluralismus ist in der Theologie dann nicht mehr legitim, wenn die einzelnen Theologien der Ganzheit der Glaubenslehre sich entziehen oder diese geradezu verneinen. Der theologische Pluralismus kann sich dadurch rechtfertigen, dass er seine conditio kennt, denn jede Theologie kann sich nur darin rechtfertigen, dass sie immer wieder Maß an der Wahrheit der Glaubenslehre nimmt, deren Unversehrtheit und Einheit der Kirche und dem Lehramt in der Kirche aufgetragen ist. Auch die Theologie braucht jene Neuevangelisierung an sich und in sich, die Erinnerung und Einforderung des Ganzen der Glaubenslehre ist. Viel Platz ist in der Kirche für viele. Wohlwollen und Offenheit sind die wahren Früchte der Einheit in der Lehre unseres Glaubens.

Die Wesens- und Identitätsfrage der Kirche

Die Gemeinschaft im Handeln
bedarf der Einheit in der Glaubenslehre[1]

Was in diesem Referat gesagt werden muss, ist oft Vorausschau auf ein Mögliches und Denkbares, Ahnung des Besseren oder Anstoß für eine eher akademische und theoretische Diskussion. Vieles Gesagte will kein generelles Urteil, sondern die Feststellung oft nur teilweise gegebener Zustände sein. Das Referat soll jenen dienen, die über die Anliegen der Kirche in Europa sehr praktisch, organisatorisch und realistisch beraten wollen.

Die jüngste Vergangenheit hat Entwicklungen mit sich gebracht, die sich heute noch unserem kausalen Verstehen entziehen. Warum geschahen Ereignisse, die wir nicht einmal zu erträumen wagten? Welches Geflecht von Ursachen war hier am Werk? Oder waren es im einzelnen oft gar keine der bekannten politischen und ökonomischen Ursachen, was fast über Nacht eine neue politische Ganzheit erstehen ließ? Zeigt sich heute vielleicht eine Ganzheit, die viel mehr mit dem Geist des Menschen als mit den bloßen Dingen zu tun hat, so dass in einer Epoche der scheinbar größten Berechenbarkeit wir auf ganz andere Parameter achten müssen als es bisher unsere Gewohnheit war? Wir sprachen bisher schon gern von Europa, vor allem wenn wir festlich gestimmt waren und wir ein wenig utopisch von der

---

[1] Vortrag in Nizza, 1990.

Die Wesens- und Identitätsfrage der Kirche

Zukunft reden wollten. Nun ist auf einmal eine Wirklichkeit Europa da, die wir immer schon beschworen haben, für die wir nun jedoch gänzlich unvorbereitet erscheinen.

Wenn wir von gewissen Verträgen und von den Menschenrechten, deren Verwirklichung sehr verschieden in den souveränen Staaten vor sich geht, absehen, gilt in unserer Epoche fast immer nur der souveräne Staat als die Quelle von Recht, Gerechtigkeit und Gesetz. Nunmehr jedoch wollen Staaten in verschiedenstem ökonomischen und politischen Zustand in das gemeinsame Haus Europa einziehen. Der wohlverstandene Egoismus des souveränen Staates war bisher die Grundlage für das Spiel der Kräfte. Wird das neue Europa statt des souveränen Egoismus eine neue Solidarität des Handelns und eine neue Vorrangigkeit in der Ordnung Europas erzwingen?

Mit großer Wahrscheinlichkeit wird ein neues und geeintes Europa im Bereich von Recht und Gesetz zahlreiche Neuheiten mit sich bringen: Es werden von der Sache her neue Gegebenheiten auftreten, die rechtlich und gesetzlich geordnet werden müssen. Es werden jedoch nicht nur solche Materien zu ordnen sein, es werden dabei auch neue Prinzipien in Kraft treten, die sich gerade nicht mehr im souveränen Einzelstaat begründen lassen, sondern nach neuen Subjekten verlangen, die Recht, Gesetz und Ordnung im gesamten tragen. Von solchen Veränderungen wird auch die Kirche nicht unberührt bleiben. Vieles ist in der Kirche gleichsam parallel zu den Rahmenbedingungen des souveränen Staats geordnet, ob dies die öffentlich-rechtliche Stellung, der schulische Religionsunterricht, die von einem Konkordat geregelten Materien, der Zugang zu den Massenmedien, der Kirchenbeitrag, die Religions- und Gewissensfreiheit oder die Eigenständigkeit in der Selbstgestaltung sind, was mit einem Zurücktreten der staatlichen Souveränität auch für die Kirche in eine neue Ordnung gestellt werden muss.

Die Wesens- und Identitätsfrage der Kirche

Die Kirche hat jedoch auch immer schon Wesensstrukturen, die die Enge der Staatssouveränität übersteigen. Es liegt im Wesen der Kirche, zuerst die universale Kirche auf der ganzen Welt für alle Menschen zu sein. Längst bevor den Menschen die Idee von einem geeinten Europa oder von einer funktionierenden Völkergemeinschaft kam, hatte die katholische Kirche immer schon Europa-Fähigkeit und Weltfähigkeit in ihrem Wesen.

Auch wenn mit dem Zweiten Vatikanischen Konzil eine gewisse Stärkung der örtlichen Gegebenheiten sowie der kulturellen und regionalen Besonderheiten erfolgte, war der Vorrang der Gesamtkirche vor jedweder Teilkirche niemals in Frage gestellt. Denn die Gesamtkirche bemisst die Teilkirche in ihrem Wesentlichen, denn nur die Gemeinschaft in der Lehre des Glaubens und die hierarchische Gemeinschaft legitimieren eine Teilkirche, nämlich als eine Verwirklichung der Gesamtkirche. Von daher sollte auch mancher üblich gewordene Wortgebrauch heute vermieden werden: Es ist nicht ganz korrekt, die „Kirche von Österreich" oder die „Kirche von Wien" oder gar die Kirche von irgendeiner Pfarre als Denominationen zu verwenden. Zutreffender wäre es, von der „Kirche in Österreich" und „in Wien" zu sprechen, um bewusst zu halten, dass die Kirche eine Kirche ist, in dieser Welt als Gesellschaft verfasst und geordnet, verwirklicht in der katholischen Kirche, die vom Nachfolger Petri und von den Bischöfen in Gemeinschaft mit ihm geleitet wird (vgl. Lumen gentium 8). Wenngleich das Wort von der Ortskirche oft üblich geworden ist, bringt das Wort von der Teilkirche besser zum Ausdruck, dass nur Kirche ist, was Verwirklichung dieser einen Gesamtkirche ist.

Ohne Zweifel ist mancherorts die Mentalität festzustellen, die Kirche werde in ihrem Wesen nun von der örtlichen Sonderkirche bestimmt und sei nichts anderes als die Summe ihrer besonderen örtlichen Verwirklichungen. Dass die örtliche Teilkirche nur in der

Die Wesens- und Identitätsfrage der Kirche

ganzheitlichen Identität der Gesamtkirche die Kirche sein kann, gerät zuweilen in Vergessenheit. Die Existenzfrage der örtlichen Teilkirche stellt sich daher richtigerweise als die Frage, wie die Gesamtkirche wesentlich, unverkürzt und in Einheit in den örtlichen Teilkirchen verwirklicht werden kann. Der heute oft geäußerte theologische Regionalismus würde eine Zerstörung der Kirche bedeuten, wenn nicht mehr von der einen Gesamtkirche her das Leben und die Ordnung der örtlichen Teilkirche beurteilt und verwirklicht werden.

Diese Anmerkungen zum Verhältnis Teilkirchen-Gesamtkirche haben nicht nur ihren theologischen, sondern auch ihren zeitpolitischen Ernst: Während man in Europa mühsam daran geht, jene Grundlegung für eine politische und ökonomische Ordnung zu finden, die effiziente Autorität jenseits der Staatensouveränität auszuüben vermag, könnte die Kirche gerade jetzt in Gefahr geraten, die wirksame Eigenständigkeit und Gegenwart des Ganzen und Gesamten gegenüber den Teilkirchen aufs Spiel zu setzen. Gerade jedoch die heutige politische Situation Europas verlangt nach dem Paradigma von Ganzem und Teil, das längst in der Kirche wie eine Art Hausrecht praktiziert wird.

Wie man auch den politischen Gebrauchswert der Kirche angesichts der Frage Europa beurteilen mag, steht dieses eine fest: Die Kirche ist eine wirkliche Einheit, die von Anfang an ihre Geltung nicht in jenen nationalen und souveränen Subjekten begründete, die ein neues Europa nun wird überdenken müssen. Es kann eigentlich nur im Interesse der Zukunft Europas liegen, wenn die Kirche ihre innere Einheit und Gesamtheit bewahrt und vertieft. Die Kirche hat in jedem Volk Europas ihr besonderes Erscheinungsbild, dennoch ist sie die eine und dieselbe in ihrem Wesentlichen. Dies bedeutet vor allem Einheit in der Lehre des Glaubens und in der Gemeinschaft des hierarchischen Amtes. Den heute zur totalen Autonomie neigenden Menschen fällt es schwer, das Wesentliche und Bleibende der Kirche

Die Wesens- und Identitätsfrage der Kirche

von den freien, legitimen, ortsbedingten und wandelbaren Gestaltungsmöglichkeiten sachkundig zu unterscheiden. Wenn aber das bleibende Wesentliche in Lehre und Disziplin berührt wird, dann ist es gegen die Zeichen der Zeit und gegen die Einheit der Kirche, etwa in der Frage von Ehe und Familie einen „diözesanen Weg" gegen den „römischen Weg" zu stellen. Phänomene solcher Art sind heute nicht selten: Die Lehre der katholischen Moral wird regionalisiert in dem Sinn, dass in Europa anderes als in Afrika gelten könnte. Die Lehre von der Kirche hat in Mitteleuropa gewisse neuartige Präferenzen in einer besonderen Vorstellung von Demokratie. In manchen Bereichen der Kirche ist der gemeinsame Glaube wenig gefragt, umso mehr jedoch zählen die besonderen Gesinnungsprüfungen, welche Basisgruppen, Räte oder spirituelle Bewegungen als für die Zugehörigkeit zur Kirche unerlässlich erklären. Einen besonderen Totalitarismus üben auch jene Pastoraltheologien aus, die ihre Geltung von Machbarkeit und totaler Praxis ableiten und die Glaubenslehre der Kirche wie einen pastoral unvermittelbaren Restbestand betrachten.

Der bisher herrschende Marxismus-Leninismus im Osten Europas mag sich in seiner Politik und Ökonomie selbst zerstört haben. Er hinterlässt jedoch viele Millionen Menschen, die nie etwas von Gott, Glauben, Kirche und Erlösung gehört haben, in einem Atheismus, der nicht durch Marktwirtschaft oder demokratische Reformen überwunden wird. Auch der Wohlstand und die Freiheit des westlichen Europa haben ihren eigenen Atheismus, den wir oft als die Säkularisierung der Welt und des Menschenlebens bezeichnen. Hier leistet die bewusste Abstinenz von der Frage nach der Wahrheit, der Agnostizismus, jene theoretische Vorarbeit, die den Atheismus als einen unbedingten Fortschritt in der autonomen Humanität erscheinen lässt. Dem harten Atheismus als ausdrücklicher Gottesverneinung, wie auch dem Atheismus der Massen ob des Nicht-Wissens von Gott,

Die Wesens- und Identitätsfrage der Kirche

wie auch dem sanften Atheismus der agnostischen Weltanschauung steht heute die Kirche gegenüber. Kann die Kirche als das Volk Gottes jenes „Zeichen und Werkzeug für die innigste Vereinigung mit Gott wie für die Einheit der ganzen Menschheit" (LG 1) sein? Schon allein diese Selbstbeschreibung der Kirche in der Dogmatischen Konstitution über die Kirche des Zweiten Vaticanums zeigt, dass im Lehren, Entscheiden, Handeln und Sein der Kirche nichts an der Gottesfrage vorbei führt. Die Gottesfrage ist die Wesens- und Identitätsfrage der Kirche als Kirche.

Angesichts der schier unendlichen Mühe, gegenüber einer weithin irgendwie atheistischen Welt immer wieder den „Standpunkt Gottes" lehren und vertreten zu müssen, könnte die Kirche, in dieser Welt als Gesellschaft verfasst und geordnet (vgl. LG 8), versucht sein, gleichsam neben der Gottesfrage als Organisation, als soziale Bewegung oder als kultureller oder politischer Partner aufzutreten. In solcher Rolle wäre die Kirche identitätslos, wenngleich sie nach außen wie ein Ordnungsfaktor oder wie ein soziales, kulturelles, politisches Element auftritt. Wenngleich es zunächst so aussehen mag, als sei die Kirche ohne den „Standpunkt Gottes" im Gefüge der Welt eine gleichrangige und kooperative Größe, so wäre gerade das Ausklammern des Göttlichen für die Kirche schließlich der Zwang, sich weltlich als soziale, politische, ökonomische, kulturelle Macht zu etablieren und zu behaupten. Die Kirche hätte in diesem Fall nicht mehr die selbstverständliche Bereitschaft, inmitten einer Welt der vielfachen Interessen und Interessengleichgewichte die immer wieder innovative Kraft der Liebe, der reinen Wahrheit, der selbstlosen Moralität, der unberechenbaren Hoffnung und des Vertrauen stiftenden Glaubens zu entfalten. Auch wenn die Gottes- und Nächstenliebe in der christlichen Lehre nebeneinander gestellt werden, so ist dennoch die Gottesliebe immer die innerste vorrangige Bedingung für das Gelingen der Nächstenliebe. Der

Die Wesens- und Identitätsfrage der Kirche

„Standpunkt Gottes" ist es, der die Welt im Sinne Christi verändert.

Wie immer auch die konkrete Situation des Atheismus in Europa sein mag, der Atheismus ist in jeder seiner Formen ein Gegensatz zum Wesen der Kirche, dem sich die Kirche stellen muss. Kirche und Atheismus haben sehr oft zwar ein faktisches Nebeneinander, was jedoch die Kirche nie dazu verhalten darf, ihren missionarischen Auftrag der Verkündigung und Erlösung hintanzustellen oder auf die von Gott gewollte Ordnung in der Welt und im Menschen Verzicht zu leisten.

Kirche und Atheismus stehen bezüglich des Menschen im Gegensatz des Entweder-Oder, nicht in jenem des Sowohl-als auch. Für diese Auseinandersetzung braucht die Kirche die Entschiedenheit des Augenblicks, aber auch die langzeitliche Geduld, um „zwischen den Verfolgungen der Welt und den Tröstungen Gottes auf ihrem Pilgerweg" dahin zu schreiten (vgl. Augustinus, Civ. Dei XVIII, 51, 2; LG 8).

Waren die vergangenen Jahrzehnte von innerem Wachstum, auch von innerem Verfall und Abfall, von inneren Auseinandersetzungen und von inneren Veränderungen geprägt, so wird die Qualität dieses inneren Wachstums nun auch von außen geprüft. Ohne Zweifel waren diese vergangenen Jahrzehnte von der Wahl zwischen Integration und Identität geprägt. Es hat den Anschein, als hätte man sich in Österreich zunächst eher für die Integration entschieden. Man hat in der Kirche die Einheit der Kirche eher im sozialen Verbund, eher in der affektiven Gemeinschaft, eher in der konfliktfreien Nachbarschaft und eher mit integrativ wirkenden Persönlichkeiten versucht. Der konfliktfreie Zusammenhalt wurde zu einem Hauptmerkmal der Kirche in Österreich. Niemand wird negativ beurteilen dürfen, dass Konflikte überwunden oder ausgeräumt werden. Man muss jedoch auch beachten, was in den zeitlichen

Die Wesens- und Identitätsfrage der Kirche

Phasen der Integration in den Hintergrund getreten ist und nun sein Defizit spürbar macht.

Das Verharren in der „Lehre der Apostel" wird bereits in der Gemeinde der ersten Christen in Jerusalem an erster Stelle als Bedingung der Glaubensgemeinschaft genannt (Apg 2,42). Auch heute muss die Kirche die unerlässlichen Voraussetzungen ihrer Einheit und Gemeinschaft prüfen. Ohne Zweifel ist in den vergangenen Jahrzehnten das Bewusstsein dafür geschwunden, dass es ohne die Einheit in der Lehre des Glaubens keine dauerhafte kirchliche Gemeinschaft geben kann. Wenngleich die Integration nach innen und auch nach außen (Verhältnis zum Staat und zur Politik) fortschritt, trat die notwendige Identität der Kirche durch die Einheit ihrer Glaubenslehre und durch die hierarchische Gemeinschaft eher in den Hintergrund.

So wurde vielerorts der schulische Religionsunterricht zu einer bloßen Lebenshilfe und Lebensberatung umgebaut. Manche Religionsbücher wirken eher wie neutrale Bücher für Religionswissenschaft und immanente Anthropologie. Manches Wesentliche und Unverzichtbare der katholischen Glaubenslehre wird nur unvollständig gelehrt oder gar verschwiegen oder verdrängt. Auch das Studium der Theologie geriet mancherorts so in Abhängigkeit von einzelnen Human- und Geisteswissenschaften, dass der Standpunkt Gottes in an sich theologischen Dingen unbedacht blieb und die Theologie als Wissenschaft eine Mixtur von Einzelwissenschaften ohne innere Einheit wurde. Möglicherweise wurde bei manchem Lehrer der Theologie der Verbeamtung durch den Staat mehr Aufmerksamkeit geschenkt als der kirchlichen „missio canonica", so dass es für die „Kongregation für die Glaubenslehre" nun auch hier eine Notwendigkeit war, durch eine Instruktion dem Theologen den Standort seiner kirchlichen Berufung und seiner Verpflichtung gegenüber dem Lehramt der Kirche darzulegen.

Die Wesens- und Identitätsfrage der Kirche

Von besonderer Problematik in der Lehr- und Identitätsfrage der Kirche sind die kirchlichen und öffentlichen Massenmedien. Zunächst gibt es heute eine Reihe kirchlicher Medien, die in manchen Fragen anderes als die Lehre und Ordnung der Kirche vertreten. Sie bedienen sich wohl des unzweifelhaften Vorteils, von der Kirche getragen und unterstützt zu sein, sprechen jedoch nicht aus, was die Kirche sagen möchte oder sollte. Es gibt kaum einen anderen Träger von Massenmedien, dem es so schwer fällt, seine Verantwortung und Linie durchzusetzen, wie die Kirche in manchen ihrer Medien. Zu all dem kommt noch die Tatsache, dass in den öffentlichen Massenmedien Meldungen, Meinungen und Urteile abgegeben werden, die nicht selten den Anschein erwecken, als spräche die Kirche selbst oder ein befugter Sprecher. In Wirklichkeit ist es jedoch das Produkt von solchen, die theologisch oft inkompetent, kirchlich ohne Auftrag und in ihrem „Medien-Lehramt" ohne Verantwortung sind. Was in den Massenmedien über Kirche und Glauben dargeboten wird, überdeckt heute oft völlig das Lehramt des Papstes und der Bischöfe. Vom Widerspruch, vom Dissens, vom Vorurteil oder von Einseitigkeit und Unvollständigkeit ist in den Massenmedien die katholische Lehre des Glaubens und der Sitten oft schon längst verdunkelt, ehe die Kirche mit ihren heutigen Möglichkeiten etwas gegen die Verkürzung dessen stellen kann, was ihre ureigenste Lehre ist. Man verstehe diese kritischen Bemerkungen nicht falsch: Nichts soll gegen die Freiheit jener Massenmedien gesagt sein, die über Kirche und Glauben berichten, die vielleicht etwas kritisieren oder ablehnen. Solange dies von außerhalb der Kirche geschieht, wird man entgegnen und richtigstellen und auf breiter Ebene argumentieren können. Auch in der harten Auseinandersetzung wird niemand die notwendige Freiheit in den Massenmedien in Frage stellen.

Freiheit kann jedoch dort nicht gewährt werden, wo das Potential der Massenmedien dazu missbraucht wird, gleichsam im Namen

Die Wesens- und Identitätsfrage der Kirche

der Kirche eine andere Kirche zu propagieren oder im Namen des Glaubens jene zu unterdrücken oder zu behindern, die als Papst und Bischöfe den Glauben lehramtlich zu verkünden haben. Jedermann hält sich heute für kompetent, Kirche und Religion nach Belieben zu thematisieren. Selbst die Unkundigsten stellen ihre Meinungen gleichrangig neben die offiziellen Aussagen der Kirche, so dass ein bunter Markt besteht, in dem alles als Meinung und nichts mehr als die Lehre der Wahrheit gilt. Schließlich gewinnt auf diesem Markt jener die Oberhand, der seine Meinung am öftesten und am öffentlichsten verbreiten kann. Die Qualität und Ernsthaftigkeit der Selbstdarstellung der Kirche in den Massenmedien also wird eine der schwierigsten Aufgaben sein, denen sich die Kirche unausweichlich zuwenden muss.

In manchem Land Europas, auch in Österreich, besteht die Gefahr einer „anderen" Kirche, die vielleicht noch jahrelang sich im integrativen Verbund der Kirche hält, jedoch immer mehr aus der Lehridentität der katholischen Kirche emigriert. Spaltungsgefahren gab es zu allen Zeiten der Kirche, völlig neu ist jedoch die Situation, dass der Bruch mit der Lehridentität der Kirche jahrzehntelang vor allem in den Strukturen der Massenmedien vorausgeübt werden kann, ohne dass es innerhalb der Kirche zu Entscheidungen und Unterscheidungen kommt. Die Handlungsfähigkeit der Kirche und die Einheit in der Glaubenslehre stehen in unlösbarem Zusammenhang miteinander.

Angesichts der vielen Veränderungen und der neuen Chancen in Europa wird es für die Teilkirchen viel zu beraten, zu planen und praktisch zu organisieren geben. Diese praktischen Aufgaben könnten den Blick von der viel dringlicheren Frage nach der Einheit in der Glaubenslehre mit dem Papst und mit der hierarchischen Gemeinschaft der Bischöfe ablenken. Die Kirche in den osteuropäischen Ländern hat Jahrzehnte der Verfolgung und Unfreiheit nicht zuletzt

Die Wesens- und Identitätsfrage der Kirche

wegen ihrer Einheit in der Glaubenslehre in bewundernswerter Art überstanden. Nunmehr wird die Kirche auch dort von jenen Fragen angefochten werden, die zur Krise der Kirche in westeuropäischen Ländern geführt haben, vor allem auch zur Säkularisierung und zum Agnostizismus innerhalb der Kirche. Die Versuchung wird bestehen, nun überall die Praxisfrage vorrangig vor der Wahrheitsfrage zu stellen.

Europa ist immer noch der Boden, in dem das theologische Denken besonders gedeiht und zum Wohl und zur Auferbauung der Weltkirche hinauswirkt. Wenn in der Auseinandersetzung mit den geistigen Grundströmungen des europäischen Denkens die Einheit in der Lehre neu belebt wird, wird dies der Weltkirche neuen Mut und Auftrieb geben und auch die Kirche in Europa heilen und zur Konfrontation mit dem Atheismus befähigen. In Europa könnte man vorbereiten, was später der Gesamtkirche zur Entscheidung durch den Heiligen Vater vorgelegt werden könnte.

Die Kirche wird manchmal das Schiff Petri genannt, das auf den Wogen der Zeit treibt. Die Besatzung des Schiffes hat viel zu tun. Würde jedoch die Einheit in der Lehre fehlen, könnte alles Mühen und Plagen auf dem Schiff auch dazu führen, dass das Schiff im Kreis ohne ein Ziel herumirrt.

Die Kirche ist nicht einfach mit dem politischen Staat vergleichbar, der Territorium und Staatsvolk sein eigen nennt. Die Kirche ist eine Gemeinschaft des Glaubens in der Hierarchie des Amtes, die an Alter längst alle vergleichbaren staatlichen Gebilde übertroffen hat, obwohl sie nicht ex definitione über beharrende Größen wie Territorium und Staatsvolk verfügt. Die Kirche scheint viel zerbrechlicher zu sein. Dennoch ist es ständiges Prüfen der Gemeinschaft angesichts der Einheit in der Lehre, was eine geheimnisvolle Gegenwart von Leben bringt, ohne Grenzen, ohne Ende, überall auf der Welt, zu allen Zeiten.

Wem die praktische, organisatorische und administrative Ordnung der Kirche anvertraut ist, der bedenke mit Wertschätzung, dass die geoffenbarte, geglaubte und gelehrte Wahrheit Gottes es ist, die die Kirche in der Zeit nicht zerbrechen, sondern bestehen und wachsen lässt. Der Geist der Wahrheit in der Kirche ist der von Christus gesandte Heilige Geist. Wer dieser Kirche dienen will, der muss auch den Heiligen Geist in ihr vernehmen können.

Der Zwist in der Kirche hat mancherorts geradezu biblische Ausmaße: Er entzweit Eltern und Kinder, Freunde und Nachbarn, Priester und Laien, Fromme und Aufgeklärte. Der Zwist in der Kirche wird vor allem dann zum Zwist um die Kirche, wenn die Kirche nicht mehr als Werk und Geheimnis Gottes gesehen wird. Diese Zeichen der Zeit fordern für die Zukunft nicht Festspiele eines agnostischen Pluralismus ohne Ende mit ungewissem Ausgang. Es ist die hohe Pflicht der Gesamtkirche, aber auch jeder Teilkirche, die Bedingungen von Einheit und Gemeinschaft zu sichern und tatkräftig zu beleben. Alle haben sich der Einheit in der Lehre des Glaubens zuzuwenden, damit die Kirche die eine Kirche sei; eins im Handeln, im Verkünden des Glaubens, in der hierarchischen Gemeinschaft, eins als Volk Gottes und Ursakrament des Heils für alle, eins im Zeugnis der Wahrheit und in der Verbindung mit Gott. Konzilien und Synoden und das Geistpotential der Theologie sollten dafür bald und wirksam eingesetzt werden.

Gewissen und Wissenschaft

Der Mensch in der Auseinandersetzung
mit Wissenschaft und Technik[1]

Es wird nicht einfach sein, eine Sprache und ein Denken zu finden, das zwischen so verschieden auftretenden Wirklichkeiten wie Wissenschaft und Forschung auf der einen Seite und Religion auf der anderen Seite etwas mitteilt und vermittelt. Dabei darf man mit Genugtuung feststellen, dass sich längst schon ein Gespräch zwischen den modernen Naturwissenschaften bzw. den technischen Wissenschaften und der Kirche angebahnt hat. Längst hat man sich darüber ausgesprochen, dass etwaige Fehler in der Vergangenheit nicht mehr das Verhältnis zwischen Religion und den Wissenschaften belasten sollen. Längst hat man einander des gegenseitigen Respekts und der Aufmerksamkeit versichert. Längst hat man sich darin verständigt, der Zukunft und dem allgemeinen Wohl der Menschheit dienen zu müssen. Längst hat man wahrgenommen, dass die Euphorie im Erleben von Fortschritt und Wachstum abgelöst wurde von verdrossener Ernüchterung und misstrauischer Alternativromantik der Menschen. Längst lassen sich Religion und Wissenschaften alle möglichen kritischen und sozialen Imperative von einem Stimmungs- und Meinungspotential auferlegen, das sich heute meist recht einfach und unbescheiden die Gesellschaft nennt.

---

[1] Vortrag bei der World Tech Vienna (Internationale Wissenschaftsmesse), 1989.

Gewissen und Wissenschaft

Feststellen müssen wir jedoch auch, dass die in früheren Jahrhunderten gemeinsame Bedeutungswelt von Theologie und Wissenschaften, von Glaube und Vernunft im Welt- und Wissensbild unserer Zeit längst zerbrochen ist. Die Kirche hat daraus die Konsequenzen gezogen und unterscheidet heute deutlicher als zuvor, dass Glaube und Vernunft des Menschen unterschiedliche Erkenntnisordnungen sind, dass eine Autonomie und Freiheit der Wissenschaften anzuerkennen ist, dass die Freiheit der Forschung zu gewährleisten ist. Die Kirche tut dies ohne Furcht, denn sie hält es für ausgeschlossen, dass eine Wissenschaft, die sich auf Vernunftgründe stützt und methodisch gesichert fortschreitet, zu Erkenntnissen kommt, die in Konflikt mit der Glaubenswahrheit stehen (vgl. Johannes Paul II., Rede an die Wissenschaftler und Studenten am 15. November 1980 im Kölner Dom).

Wir stehen heute inmitten einer Welt des Wissens, der unzähligen technischen Möglichkeiten und der schier unbegrenzten Machbarkeit. Was für uns noch oft Anlass zur Bewunderung und zur Dankbarkeit ist, wenn wir die Fortschritte in Wissen und Technik betrachten, das wird für den Menschen immer mehr zur Frage nach den Grenzen des Unbegrenzten. Das Wissen der Wissenschaften entspringt einem erkenntnishaften Umgang mit einem Gegenstand. Von einem ersten satzhaften Wissen über den Gegenstand hat das Wissen in den Wissenschaften einen langen Weg begonnen, der niemals zu enden scheint, weil kein Wissensgegenstand sich ganz ausschöpfen lässt. Schon die Theologie des Mittelalters sagte, dass es dem Menschen niemals gelingen wird, auch nur eine Fliege erschöpfend zu erkennen und zu begreifen. So treffen in den Wissenschaften allem Anschein nach zwei Unbegrenztheiten aufeinander: die Unbegrenztheit der menschlichen Forschungs- und Wissensfähigkeit und die Unbegrenztheit in der wissenschaftlichen Unerschöpflichkeit der gegenständlichen Dinge selbst.

Gewissen und Wissenschaft

Inmitten der staunenswerten Vorgänge in den fortschreitenden Wissenschaften hat der denkende Mensch dadurch ein Wissen vom Wissen, das wohl den Gang des Wissens betrachtet, das aber selbst nicht von der Art des betrachteten Wissens ist: Der denkende Mensch hat ein „Gewissen" vom Wissen. Was weiß ein solches Gewissen am Wissen? Das Wissen selbst muss sich in seinen Aussagen ständig überprüfen, es muss sich mitteilen und es muss sich ständig von seinem Gegenstand her rechtfertigen, um Geltung zu haben. Das Gewissen jedoch muss sich mit der Grenzenlosigkeit des Wissens auseinandersetzen, die nie erreicht ist, die allem Anschein nach auch nie erreichbar ist. Das Gewissen also fällt Urteile, die selbst die evidentesten Resultate des Wissens für vorläufig und überholbar erklären, wenngleich es für dieses Urteil des Gewissens kein Wissen der ersteren Art gibt. So sind die Aussagen von der wissenschaftlichen Redlichkeit, von der Selbstkritik und von der Kritikfähigkeit in den Wissenschaften wie auch von der Überholbarkeit des erreichten Wissens Urteile, die in einem anderen Grund ruhen und Urteile des Gewissens sind.

Heute wird vielfach nach einer Ethik gerufen: nach einer Ethik der Wissenschaft, der Forschung, der Medizin, der Arbeit, nach einer Umweltethik, nach der Ethik in der Politik. Es sind heute viele Bereiche menschlicher Wirklichkeit, die man bisher für sich selbst regulierende Systeme hielt, die aber nun ohne Ethik nicht mehr zu funktionieren scheinen. Wie aber kann man in solchen Bereichen den ethischen Standpunkt geltend machen? Wie kann man in Bereichen, wo man bisher nur die Frage stellte „Kann man das?" oder „Funktioniert das?", die Frage einbringen „Darf man das?". Der Notruf nach Ethik in vielen Bereichen ist durchaus verständlich. Wer aber kann sagen, was man darf und nicht darf? Wie kann man in Entscheidungen einen Vorrang geltend machen, der sich nicht aus der Logik der Vorgänge innerhalb eines Systems zu ergeben scheint? Wie kann man etwas hindern oder verbieten, was ganz in der Linie einer Technik, eines Fortschritts oder einer Forschung liegt? Wem steht es zu, ein Wissen oder Forschen zu verbieten? Solche und ähnliche Schwierigkeiten sind unvermeidbar, auch wenn heute die starke Sehnsucht nach dem Ethischen erwacht ist. Wo können wir die Kriterien, die Maßstäbe und die Regeln des ethischen Verhaltens vernehmen? Wer kann Regeln des ethischen Verhaltens formulieren und erlassen, die allgemein anerkannt werden und befolgt werden?

Die Bereiche von Religion und Ethik auf der einen und Wissenschaft, Forschung und Technik auf der anderen Seite haben sich durch lange Zeit in einer Parallelität entwickelt, die von der jeweiligen Autonomie der Bereiche bestimmt war, aber auch eine fortschreitende Beziehungslosigkeit miteinander zur Folge hatte. Heute scheint die Zeit gekommen zu sein, in der beide Bereiche in ein neues und einander herausforderndes Verhältnis zueinander kommen sollten. Gar manches im Denken, Argumentieren, Bewerten und Sprechen wird nun nachzuholen sein, was in der Epoche der Beziehungslosigkeit zwischen Wissenschaften, Technik, Forschung und der Religion unentwickelt geblieben ist.

Wenn heute nach der Ethik gerufen wird, können der Grund und die Begründung für das Ethische nicht allein von der Religion gewährleistet werden. Das Gewissen und das daraus kommende ethische Urteil müssen auch etwas mit der Verfassung des Wissens, Forschens und Könnens selbst wesentlich zu tun haben. Ludwig Wittgenstein gibt uns in seinem „Tractatus logico-philosophicus" dafür vielleicht eine Spur. 6.4 im Tractatus stellt zunächst fest: „Alle Sätze sind gleichwertig." Dann folgt: „Der Sinn der Welt muss außerhalb ihrer liegen. In der Welt ist alles, wie es ist und geschieht alles, wie es geschieht; es gibt in ihr keinen Wert – und wenn es ihn gäbe, so hätte er keinen Wert." (6.41) „Darum kann es auch keine Sätze der Ethik geben. Sätze können nichts Höheres ausdrücken."

(6.42) „Es ist klar, dass sich die Ethik nicht aussprechen lässt." (6.421). „Der erste Gedanke bei der Aufstellung eines ethischen Gesetzes von der Form ‚du sollst ...' ist: Und was dann, wenn ich es nicht tue? Es ist aber klar, dass die Ethik nichts mit Strafe und Lohn im gewöhnlichen Sinne zu tun hat. Also muss diese Frage nach den Folgen einer Handlung belanglos sein. – Zum Mindesten dürfen diese Folgen nicht Ereignisse sein. Denn etwas muss doch an dieser Fragestellung richtig sein. Es muss zwar eine Art von ethischem Lohn und ethischer Strafe geben, aber diese müssen in der Handlung selbst liegen. (Und das ist auch klar, dass der Lohn etwas Angenehmes, die Strafe etwas Unangenehmes sein muss.)" (6.422).

Ein allgemeiner Grundsatz der Ethik lautet: Das Gute ist zu tun, das Böse ist zu meiden. Was dann geschieht, wenn wir das Gute nicht tun und das Böse nicht meiden, beschreiben wir dadurch, dass das Gute letztendlich irgendwie und irgendwann belohnt wird und dass das Böse ebenso letztendlich und entsprechend bestraft wird. Was an Lohn und Strafe die Religion einem Letzten Gericht und einer göttlichen Gerechtigkeit vorbehält, wird die Welt der Wissenschaft, die für Gut und Böse, für das Erlaubte und Nichterlaubte sensibel geworden ist, auf eine andere Weise aufspüren wollen. Die Welt der Wissenschaft und Technik wird vielleicht erst dann religiös ausgesprochenen Geboten und Verboten, religiös begründetem Lohn und religiös begründeter Strafe ihre Aufmerksamkeit schenken, wenn sie dafür in sich selbst die Grundspuren findet. Für Wittgenstein müssen ethischer Lohn und ethische Strafe in der Handlung selbst liegen. Damit ist vielleicht ausgesprochen, worin Wissenschaft und Forschung ihr erstes Verständnis für Ethik finden könnten. Es bedarf einer inneren Sanktion in der Wissenschaft, in der Forschung und in der Technik. Viele werden meinen, eine solche innere Sanktion seien der Schaden oder der Nutzen, der sich ergibt. Wir werden jedoch schnell feststellen, dass Nutzen und Schaden keine wahrhaftigen inneren Sanktionen

Gewissen und Wissenschaft

sind. Denn je mehr die Systeme an Wirklichkeit umgreifen, desto deutlicher wird es, dass in großen Systemen Nutzen und Schaden einander aufheben. Schon der menschliche Hausverstand weiß es, dass der Schaden des einen der Nutzen des anderen ist. Nicht zuletzt ist es der in den Systemen mitkonstruierte Darwinismus, der den Untergang und Schaden des Schwächeren im Fortschritt und Gewinn des Stärkeren aufhebt. Schaden und Nutzen werden also nur kurzfristig als Sanktionen anerkannt werden, weil es darüber längst das Wissen und die Methoden des Ausgleichs gibt.

Eine innere Sanktion wird die heutige Welt erst dann erkennen, wenn es kein System des Ausgleichs mehr gibt, so dass der Lohn der Lohn und die Strafe die Strafe bleiben, vor allem wenn es Fälle gibt, in denen es nur den Verlierer gibt und alle Verlierer sind. Was sich heute in der Angst der Menschheit ankündigt, hat für die Wissenschaften den Charakter der inneren Sanktion. Es ist vor allem die Gefahr der totalen Selbstzerstörung des Menschen und seiner Welt, das Schwinden nicht vermehrbarer und nicht ersetzbarer Reserven und die drohende Irreversibilität von eingeleiteten Prozessen. Es gibt heute schon einen „Kanon des Horrors", den selbst unkundige Menschen kennen, der heute auch schon weithin das politische und weltanschauliche Urteil der Bürger prägt: Ein drohender Atomkrieg, eine atomare Verseuchung, weltweite klimatische Veränderungen mit drohenden Überschwemmungen und Missernten, unkontrollierbare Epidemien, Eingriffe in die menschliche Zeugung und Erbsubstanz, Vergiftung des Bodens, der Pflanzen, der Tiere und der Luft, der körperliche und seelische Stress als Dauersituation, die totale Überwachung und Kontrolle, die Überbevölkerung und totale Verstädterung der Welt, das unaufhörliche Schwinden der Bodenschätze, das Verschwinden der tierischen und pflanzlichen Arten, die ständige Überreizung des Menschen durch Propaganda und Informationen, die seelenlose Verbürokratisierung des Lebens, die Mathematisierung aller Wirklichkeit, die Beschränkung der Freiheit auf Konsumfreiheit, die Verachtung und Unterdrückung der Würde des Menschen – alle diese Visionen bedeuten die Gefahr einer solchen Selbstzerstörung des Menschen, bei der es nicht einmal mehr wenige Gewinner und viele Verlierer, sondern nur mehr Verlierer gibt. Alle diese Visionen sind für die Welt der Wissenschaft und Technik innere Sanktionen, die in keinem erfindbaren „Übersystem" mehr als ausgleichbar erscheinen. Es sind irreversible innere Sanktionen, für deren Wahrnehmung es mehr als das Wissen, nämlich das Gewissen geben muss. Es bedarf des Gewissens im Wissen. Ein allererster Schritt läge im Selbstverständnis des menschlichen Wissens, dass zum Wissen selbst das Gewissen zählt, dass das Wissen das Gewissen in seiner Verborgenheit aufspürt. Dann wird auch die notwendige Verweigerung gegen die Selbstzerstörung im Fortschritt eine innere Notwendigkeit der Wissenschaften, die sich schließlich auch in den Urteilen des religiös geformten Gewissens wiedererkennt und am Menschen- und Gottesbild der Religion weiterbildet.

Es gibt heute die quasireligiösen Illusionen der Harmonie, etwa die New-Age-Bewegung. Bloße Harmoniegesinnung ohne Opfergesinnung, Verzicht und Selbstlosigkeit wird über den Problemen schweben, aber nicht in den Problemen stehen. Wir brauchen heute die konkreten Taten der Verweigerung, des Verzichts und der Korrektur, die im täglichen Leben und auch in den Wissenschaften als innere Notwendigkeiten angesehen werden. Ein Gedanke der Religion wird heute zunehmend verstanden und zur Leitlinie eines erneuerten Handelns. Es ist dies der Gedanke der Schöpfung. Die Schöpfung widerspricht zunächst der totalen Machbarkeit. Der Gedanke der Schöpfung besteht auch darin, dass alles eigentlich schon vorhanden und gegeben ist. Zu dem, was aus der Schöpfung vorhanden ist, kann der Mensch nichts hinzufügen, er kann auch nichts wegnehmen. Der Mensch kann das Vorhandene nur verändern und umordnen.

In dieser Grundsituation der Schöpfung hat der Mensch dann mit seinen Fähigkeiten begonnen, die Dinge der Schöpfung zu zerteilen, zu analysieren, zu beobachten, zu gebrauchen, neu zu verbinden, neu zu ordnen, neu zu gestalten. Viel Bewundernswertes ist ihm durch Wissenschaft, Forschung und Technik gelungen. Einstmals verstanden sich die Naturwissenschaften als ein Lesen im Buch der Schöpfung, im Buch der Natur. Geschwunden ist heute allerdings das Bewusstsein, dass die Schöpfung schon in sich weit mehr an Reichtum, Wissen, Weisheit, Ordnung, Sinn und Leben birgt als der Mensch je zu ergründen und zu konstruieren vermag.

Nicht mehr die „Tat des Anfangs" in der Schöpfung zählt heute, es ist die Projektion und versuchte Rekonstruktion der Schöpfung, die den Menschen nun fasziniert. Über diesem Eifern nach der Machbarkeit, Rekonstruktion und Korrektur der Schöpfung hat der Mensch das einfache „Bewahren" vergessen. Das Bewahren als Umgang mit der Schöpfung wäre eben jenes notwendige wissenschaftliche Eingeständnis, dass die Schöpfung mehr Schönheit, Reichtümer und Geheimnisse des Lebens birgt als der Mensch je zu begreifen und nachzuahmen vermag. Das Bewahren wird heute oft als romantische Nostalgie und als Beharren in der Rückständigkeit denunziert. Sicher wäre es verfehlt, mit dem Bedenken der Schöpfung ein naives Naturdenken einzuführen. Wenn die Menschen sich heute in Sorgfalt, Interesse und Verantwortung zum Wasser, zu Blumen und zu Lebewesen hinneigen, die schon vergessen und aufgegeben waren, so ehren sie die Schöpfung, wenn sie die Natur bewahren. Die Verantwortung für die Ökosysteme ist ein Bewahren, die eine der notwendigen Grundhaltungen gegenüber der Schöpfung ist und und zum Wesentlichen des menschlichen Wissens gehört. Die Schöpfung ist aber auch noch mehr als die Natur. Wer nur bewahrt, indem er sich der Gesetzmäßigkeit und der Entwicklung der Natur anpasst, der unterlässt den letzten Schritt zur Bewahrung der Schöpfung.

Gewissen und Wissenschaft

Auch die Natur ist zuweilen fehlerhaft und grausam. Wer der Natur blind folgt, kann das noch nicht begreifen, was das größte und tiefste Geheimnis der Schöpfung ist: der Mensch als das ganz andere, der Mensch als der Sinn der Schöpfung, der Mensch als Bild und Gleichnis des Schöpfers selbst. Der Mensch hat Vorrang vor allen Dingen, auch vor dem, was wir die Natur nennen. Wer die Schöpfung und nicht bloß die Natur bewahren will, der muss sich schließlich dem Menschen und seiner einzigartigen Würde zuwenden.

Es ist ein Gutes, wenn der Mensch heute wieder das Bewahren lernt. Das Bewahren, gerade an der Natur neuentdeckt, bricht die Einbahnigkeit des heutigen wissenschaftlichen Denkens auf und gibt diesem größeren Anteil am Ganzen der Wahrheit. Über das Bewahren der Natur könnte der Mensch die Einsicht gewinnen, dass auch etwas gilt und wahr ist, auch wenn es nur vorhanden, nicht vom Menschen gemacht und einfach nur geschenkt ist. Zur Tragik des heutigen Menschen gehört es, dass er sich nichts schenken lassen will, dass er alles Geschenkte testet und zerstört, dass er alles Geschenkte nicht annehmen, sondern nur gebrauchen will, dass er alles Geschenkte für menschenunwürdig und geltungslos hält, weil er es nicht selbst gemacht hat. Das Bewahren jedoch, heute gelernt an der Natur und in der Schöpfung, ist ein Wahrheitsdienst, durch den Wissenschaft, Technik und Forschung mehr von sich selbst begreifen als durch die ausschließende Fixierung auf ihr eigenes Tun und dessen Resultate. Auch das Gewissen des Menschen lebt nicht nur von Erfahrung und Bewährung, es lebt auch von der Bewahrung und vom Gegebensein. Das Zweite Vatikanische Konzil sagt: „Im Innern seines Gewissens entdeckt der Mensch ein Gesetz, das er sich nicht selbst gibt, sondern dem er gehorchen muss." Denn Gott hat dem Herzen des Menschen ein Gesetz eingeschrieben, dem zu gehorchen die Würde des Menschen ist (GS 16). Wir müssen die Freiheit lernen, auch die Beschenkten sein zu wollen.

Geschichtsphilosophien und Utopien

Alte und neue Formen religiöser Verführung[1]

Wenn man die Begriffe Geschichtsphilosophie und Utopie in den Titel einer zeitlich begrenzten Vorlesung einführt, gerät man unter den Druck der Quantität. Denn zu vielfältig, zu widersprechend, zu weitgreifend sind die Inhalte, die sich unter den Namen Geschichtsphilosophie und Utopie verbergen. Eine umfassende inhaltliche Information über das, was der menschliche Geist an Geschichtsphilosophie und das menschliche Sehen an Utopien ausgeheckt haben, ist aus dem Anlass unserer Überlegungen nicht möglich. Die Auswahl in die weite Thematik wird hier von uns von einem konkreten Fragepunkt her gesteuert: Vom Religiösen und vom Eindringen des Geschichtsphilosophischen und des Utopischen in die Weltanschauung, in die Erklärungs-Schematismen, in die Motivationen und in das Selbstverständnis des Religiösen.

Was aber heißt Religion und religiös? Vermutlich wird sich fast jeder für religiös halten. Worin besteht jedoch Religiosität? Jeder von uns meint es aus Eigenerfahrung und aus Beobachtung zu wissen. Wer jedoch kann es einigermaßen umfassend beschreiben oder gar definieren? Auch ist es nicht allein das Christliche und auch nicht allein das Glauben und Halten höherer Inhalte und Normen, was

---

[1] Erstveröffentlichung in: Johann Reikerstorfer (Hrsg.), Befreiter Mensch. Von der heilsgeschichtlichen Erfahrung, Wiener Dom-Verlag, Wien 1976, 35–51.

Religion und Religiosität ausmacht. Auch die Zugehörigkeit zur Kirche, zu einer in überirdischen Zielen verbundenen Gemeinschaft, macht noch nicht das Religiöse schlechthin aus. Auch bestimmte Handlungen, wie Gebete, Opfer, Kulte, Riten gestalten nicht unbedingt das Eigentliche und Wesentliche der Religion. Gefragt werden muss, ob Religion der Ausdruck einer notwendigen und vernünftigen Selbstauslegung der menschlichen Natur ist, so dass der religiöse Mensch als der eigentlich zu seiner wesentlichen Entfaltung gekommene Typus Mensch angesehen werden muss. Gehört Religion zur Grundausstattung der Mehrheit aller Menschen? Ist der sozialbewusste, der zukunftsorientierte, der fortschrittsfördernde, der wirklichkeitsverändernde Mensch auch der religiöse Mensch? Gibt es eine eindeutige Zuordnung bestimmter Eigenschaften und Verhaltensweisen im profanen Bereich zum Religiösen des Menschen? Oder versteht sich der Mensch gar in den widersprüchlichsten Gestalten seines Weltverhaltens dennoch als religiös?

Vor allem in jenen Gemeinschaften, wo Religion in ihren spezifischen Äußerungen zur Privatsache des einzelnen Menschen erklärt wurde, gerät die Religiosität in äußerst seltsame Verflechtungen: Beachtliche Mengen auch der Spezies „moderner Mensch" haben den Sinn für das Numinose, für Verehrung usw. noch nicht verloren. Doch wie ungereimt erscheint das religiöse Verhalten nicht geringer Anteile davon: In einer Umfrage bei amerikanischen Studenten brachten 80 Prozent der Antworten „ein Bedürfnis nach religiösem Glauben" zum Ausdruck, während nur 48 Prozent Glauben an Gott im traditionellen jüdisch-christlichen Sinn zugaben. Noch aufregender sind die Ergebnisse einer durchgeführten Befragung in Deutschland, wo nur 68 Prozent erklärten, dass sie an Gott glaubten, jedoch 86 Prozent zugaben, dass sie beteten.

Immer ungewisser wird bei solchem Überlegen die Antwort auf die Frage: Wann ist das Religiöse des Menschen betroffen? Lässt sich

Geschichtsphilosophien und Utopien

das Religiöse in jeder Situation – sogar in offenem logischen Gegensatz zu jedem religiösen Inhalt – aufrechterhalten? Lässt sich das Religiöse ersetzen? Oder ist das Religiöse im Menschen jener unveräußerliche Kern, der auch hinter jeder Totalität und hinter jeder Heilslehre liegt, die sich mit rein innerweltlichen Verhältnissen thematisiert? Demgemäß wird es auch schwierig sein, über jene Art von Verführung zu sprechen, die von Utopien und Geschichtsphilosophen ausgeht, das religiöse Engagement des Menschen anspricht und doch die religiöse Neigung der Menschen betrügt.

Zur Nutzbarmachung unserer Überlegungen wird es geboten sein, Religion und Religiöses so zum Maß zu nehmen, wie der christliche Glaube die Religion und das Religiöse gebietet. Religion in diesem christlichen Sinn schließt einen personalen Gott ein, dem der Mensch im Vollzug seiner ganzen, seiner besten und seiner innersten Möglichkeiten sich zuzuwenden hat. Aus solcher Zuwendung gewinnt der Mensch an Selbstverständnis und Wert, wobei sich dieser Zugewinn letztlich nicht aus dem Menschen selbst und nicht aus seiner nichtgöttlichen Umwelt ableiten lässt.

Etwas vereinfacht, könnte man in der christlichen Religion folgenden Grundzug feststellen: Der religiöse Mensch versteht sich in etwas, was nicht aus ihm selbst kommt. Er hat ein Lebensziel, das weit jenseits der alltäglichen Bedürfnisse und weit jenseits seines irdischen Lebens liegt. Er hat Entscheidungsmotive, die von einer Größenordnung sind, wie sie das welt- und überlebensbezogene Dasein nicht bietet. Dem religiösen Menschen bedeutet alles mehr als es im vordergründigen ersten Erlebnis zu sein scheint. Der religiöse Mensch ist von einer Wirklichkeit überzeugt, die gerade nicht zum Feld seiner gewöhnlichen Erfahrung gehört. Der religiöse Christ hält gerade das für die ungleich höhere Wahrheit, was jenseits aller Berechenbarkeit und Ausdenkbarkeit liegt. Damit ist immer Gott als die transzendente, sinngebende, über alles motivierende, tiefer bedeutende, besser begründende, überhaupt bessere Wirklichkeit gemeint. Der religiöse Christ versteht sich selbst, sein Leben, sein Dasein, seinen Sinn und seinen inneren Wert in etwas, was er selbst nicht ist und was aus ihm selbst nicht kommt. Dieser religiöse Mensch nimmt dauernd Maß an etwas, was er selbst nicht ist und was er dennoch für sein Bestes, Innerstes und Wirklichstes hält.

So kann es uns nicht verwundern, wenn dieses eigenartige Ausgespanntsein des religiösen Menschen, vom Selbst zum Nicht-Selbst, auch ein eigenes Ausdrucksfeld besitzt. Nicht zuletzt bedeutet diese Religiosität auch Verpflichtung zur Mitteilung an andere und Sendungsauftrag zur Veränderung aller Menschen zum religiösen und christlichen Menschen. Wenn also dieses Ausgespanntsein eine Wirklichkeit in gewissen Entgegensetzungen bedeutet, muss der Mensch für sich selbst und für andere die Religiosität in besonderen Ausdrucksfeldern zur Bedeutung bringen.

Sehr häufig taucht in der Beschreibung von Religion das Wort „Hingabe" und „Hinwendung" auf. Damit soll jenes Verhalten festgeschrieben werden, das im Religiösen die Nicht-Abhängigkeit von einer menschlichen oder weltlichen Funktionalität, von einem System kennzeichnet. Freilich braucht ein solches religiöses, systemfreies und funktionsfreies Verhalten dafür seine eigene Semantik. Nicht nur die innere Haltung, die sich in spezifischen Entscheidungen und Werthierarchien als religiös ausweist und damit von nichtreligiösen Verhaltensweisen differiert, verlangt ihre eigene Semantik und Verständlichkeit. Der religiöse Mensch wird auch immer ein Minimum von äußerlichen Zeichen setzen, wie Gebete, Opfer, Riten, Kult, die ihren Sinn und ihre Bedeutung nur in jenem eigenartigen Ausgespanntsein zwischen Selbst und Nicht-Selbst haben. Religion und Religiöses sind in ihrem Wesen etwas anderes als eine Philosophie, Lebenskunst oder Weltanschauung mit gewissen rituellen und kultischen Eigenarten.

Geschichtsphilosophien und Utopien

Hingabe, Hinwendung, innere Haltungen und äußerliche Zeichen des religiösen Menschen bedeuten nichts anderes als die Unverfügbarkeit jener Dimension, die als das Nicht-Selbst des religiösen Menschen erfasst wird. Sie bedeuten jedoch auch für das Selbst des religiösen Menschen einen Zuwachs an neuer und besserer Wirklichkeit. Der religiöse Mensch begreift, dass die Ausmittlung zwischen dem Selbst und dem Nicht-Selbst ein ständiges Ereignis ist, zu dem der Mensch nur jene Grundformen der Freiheit beisteuern kann, die wohl Beziehungen zwischen dem Selbst und dem Nicht-Selbst schaffen, die jedoch im Grunde keine funktionelle oder systematische Gegenverrechenbarkeit zwischen dem Selbst und dem Nicht-Selbst ermöglichen. Diese religiösen Grundformen der unverrechenbaren Freiheit haben ihre religiöse Bedeutung als Dankbarkeit, Liebe, Gottesfurcht, Gnade, Erlösung, Abhängigkeitsbewusstsein, Glaube, Vertrauen, Hoffnung, Freude, Schuld. Mit wenigen Worten kann dies so formuliert werden: Der religiöse Mensch weiß um die unlösbare und unverrechenbare Zusammenbindung seines Selbst und seines Nicht-Selbst zu einer einzigen Wirklichkeit. Je größer jedoch die Gewissheit seiner religiösen Wirklichkeit ist, desto mehr begreift er die „Unverrechenbarkeit" als seine Lebensweise zur besten Wirklichkeitserfassung. Religion wird damit für den Menschen jener Freiraum von Wirklichkeitserfahrung, den kein Diktat irgendeiner Funktion, irgendeines Systems oder irgendeiner natürlichen Evolution zu ermessen in der Lage ist.

Die „Unverrechenbarkeit", wie sie den Zusammenhalt der religiösen Wirklichkeit markiert, widerspricht jedoch auf breiter Front den Denkweisen unserer heutigen Wissenschaften, Ökonomien, gesellschaftlichen und politischen Systemkonstruktionen. Es sind geradezu das Verhalten des einen zum anderen, die Abhängigkeit voneinander, die Förderlichkeit zueinander, die in unserer gängigen Meinung das unentbehrliche Repertoire für eine Wirklichkeitserfassung heutzutage darstellen. Können wir demnach in Denkweisen der gegenseitigen Verrechenbarkeit die Momente unserer Wirklichkeit nicht darstellen, halten wir folglich unsere Anschauungen und Entscheidungen für wirklichkeitsfremd.

Was bedeuten nun Geschichtsphilosophien und Utopien für jenes religiöse Grundaufkommen des Menschen, das der bewussten Erfassung der gesamten Wirklichkeit zugeordnet wird?

Ursprung und Ziel aller Dinge und des Menschen gehören zu den Grundfragen jedes religiös motivierten Interesses. Die Fragekoordinaten des „Woher" und „Wohin" gehören jedoch auch zur thematischen Grundausstattung jeder Geschichtsphilosophie und mancher Utopie. Die geschichtsphilosophische Besinnung ist auch nicht erst mit Hegel zu einem dominierenden Thema der Philosophie geworden. Wohl kommt mit Hegel die Geschichtsphilosophie zu einem kaum überbietbaren Bewusstseinsstand, denn nach Hegel ist die Geschichte „der Prozess des Geistes selbst ..., aus seinem ersten ungründlichen, eingehüllten Bewusstsein sich zu enthüllen und zu diesem Standpunkt seines freien Selbstbewusstseins zu gelangen, dass das absolute Gebot des Geistes, ‚Erkenne dich selbst', erfüllt werde."[2] Dies bedeutet, dass Hegel sowohl den Lauf der Geschichte als auch die Wissenschaft von der Geschichte einer „denkenden Betrachtung" unterwirft, dass Geschichte nicht einfach die Abfolge von unergründbaren Zufälligkeiten oder von begrenzten Zweckeinheiten oder von begrenztem Ursache-Wirkung-Rahmen ist. Geschichte lebt für Hegel in ihrem Interesse aus dem Maß des absoluten Geistes, der über die notwendige Abfolge geschichtlicher Ereignisse zu seiner völlig ausgetragenen Selbsterkenntnis kommt. Damit eröffnet sich auch dem denkenden Menschen, sofern er sich

---

[2] G. W. F. *Hegel*, Jubiläumsausgabe 19, 103.

das Maß der dialektisch voranschreitenden Wirklichkeit aneignet, das innere Wesen der Geschichte.

In dieser von Hegel aufgewiesenen, nach der Notwendigkeit des absoluten Geistes ablaufenden Geschichte, tut sich der denkenden Betrachtung der Geschichte ein Sinn der Geschichte dar. Dieser Sinn der Geschichte wird immer innerlicher, je mehr die bloße Zufälligkeit des geschichtlichen Ereignisses abgestreift werden kann und im dialektischen Werden des Geistes als umfassende Notwendigkeit des absoluten Geistes selbst erkannt wird. In dieser Hegelschen Sicht der Geschichte muss jedes freie und souveräne Bestimmen der Geschichte durch einen transzendenten Gott schließlich als Sinn der Geschichte entfallen. Denn Undurchschaubares, Souveränes und Gnadenhaftes muss nach Hegel auf Einsichtiges, Entwerfbares und Notwendiges als innerlichere Wahrheit der Geschichte durch das dialektische Denken zurückgenommen werden.

Somit ist Religion in ihrer Vollendung für Hegel nur eine bestimmte und gewissermaßen vorläufige Gestalt eines Wissens des absoluten Geistes von sich selbst. Hegel wörtlich: „Der Inhalt der Religion spricht ... früher in der Zeit, als die Wissenschaft, es aus, was der Geist ist, aber diese ist allein sein wahres Wissen von ihm selbst."[3]

Was jedoch veranlasst den Menschen, jenseits und unabhängig vom Diktat Hegelscher Geschichtsphilosophie, zur geschichtsphilosophischen Besinnung? Es ist die Erfahrung des Menschen bezüglich der Zufälligkeit seines Daseins: Warum bin ich überhaupt? Gibt es in der Welt überhaupt nur das, was einfach der Fall ist? Gibt es eine Verbindung des bloßen Daseins über bloße Zweckkonstellationen und über überschaubare Ursächlichkeitsgefüge hinaus? Steht mein

---

[3] A. a. O., 2, 614.

Geschichtsphilosophien und Utopien

Dasein in Beziehung, in sinnvoller Beziehung zu meiner gegenwärtigen Umwelt oder gar in Beziehung zu einer unverfügbaren Zukunft? Ist das Gute oder ist das Böse das Grundverhältnis aller Wirklichkeit? Ist mein Dasein nur der unwiderruflich ablaufende Gang zum Tod? Gibt es etwas Größeres als mich und die Welt, was allem Sinn gibt? Liebt mich dieses Größere? Kann mich dieses Größere erlösen, mir eine neue, bessere, wenn auch unverdienbare Wirklichkeit geben? Mit einem Satz: Was nimmt meinem Dasein das Trostlose des bloßen „Zufällig-Daseins"? Das erste rebellierende Sich-Ausstrecken des Menschen gegen seine bloße Zufälligkeit ist das Zerlegen seines Daseins in eine Vergangenheit und in eine Zukunft, in eine gewisse Frageform des Woher und des Wohin.

An dieser Stelle sei eine bewusst vereinfachende Unterscheidung von Geschichtsphilosophie und Utopie geltend gemacht: Es ist der Kern, aus dem heraus die Wirklichkeitsdeutung und Wirklichkeitsbesinnung versucht wird. Dieser Kern wird in der Geschichtsphilosophie mehr gegen das „Woher" verschoben, in der Utopie hingegen informiert sich die Wirklichkeitsdeutung mehr aus dem „Wohin". Sicherlich wird jede wohlverstandene Geschichtsphilosophie gegen die Unterstellung protestieren, aus den Verhältnissen des Vergangenen zu denken und zu messen. Dennoch kann die Feststellung aufrecht erhalten werden, dass die Geschichtsphilosophie ihren thematischen Grundzug aus bedachten Verhältnissen der Geschichte, also des Geschehens, entnimmt. Es sind festgeschriebene Verhältnisse, die eine bedachte Geschichte freigibt, aus denen die Geschichtsphilosophie Gegenwart und auch Zukunft interpretiert. Selbst die Kulturmythen der Urzeit, die Niedergangs-, Aufstiegs-, Konstanz-, Kreislauftheorien der Griechen und die Geschichtstheologie des Augustinus im „Gottesstaat" formulieren sich in dieser Perspektive. Die Bewusstwerdung einer Zukunft, selbst einer in ganz bestimmten Verhältnissen zu gestaltenden, erfolgt sogar im

Geschichtsphilosophien und Utopien

Historischen Materialismus aus einer Geschichte mit dem Ablauf von „ehernen Gesetzen", aus denen die „allgemeinsten Bewegungs- und Entwicklungsgesetze der menschlichen Gesellschaft" thematisiert werden. Und auch die Geschichtsphilosophie Nietzsches von der ewigen Wiederkunft aller Dinge ergreift ihre Argumentation aus folgendem: Man will immer nur, was man schon ist. Unser Ich ist unser Schicksal, unsere Freiheit ist Notwendigkeit, unser Wille ist der Wille einer Welt, die in ewigen Zyklen der Zeit und des Seins immer wiederkehrt in einer ungeheuren Summe von Kraft, die sich nicht vermehrt und die nichts verliert, sich selbst schafft und selbst zerstört, wieder schafft und wieder zerstört im ewigen Zurück und Vorwärts des Kreises ... [4].

Haben wir vereinfachend die wesentlichen Momente von Geschichtsphilosophie und Utopie auf die verschiedene Grundlage der Fragen des „Woher" und des „Wohin" festgelegt, muss auch eingestanden werden, dass die Grenzen zwischen Utopie und Geschichtsphilosophie zuweilen fließend sind. Zumeist bedeutet es die bewusste Abwertung einer Geschichtsphilosophie, wenn sie als Utopie charakterisiert wird. Eine solche Abwertung trifft zum Beispiel die Sozial-Utopien, die vor allem seit der Französischen Revolution entwickelt worden waren und die Friedrich Engels so charakterisiert: „Die Utopisten ... waren Utopisten, weil sie nichts anderes sein konnten zu einer Zeit, wo die kapitalistische Produktion noch so wenig entwickelt war. Sie waren genötigt, sich die Elemente einer neuen Gesellschaft selbst aus dem Kopf zu konstruieren, weil diese Elemente in der alten Gesellschaft selbst noch nicht allgemein sichtbar hervortraten; sie waren beschränkt für die Grundzüge ihres

---

[4] Vgl. J. *Hirschberger*, Geschichte der Philosophie. Neuzeit und Gegenwart, Herder, Freiburg–Basel–Wien 1969^8, 512.

Geschichtsphilosophien und Utopien

Neubaus auf den Appell an die Vernunft, weil sie eben noch nicht an die gleichzeitige Geschichte appellieren könnten."[5] Es kann also eine gewisse Verborgenheit in manchen geschichtlichen Räumen sein, die das tragende Thema der Geschichtsbesinnung und der Zukunftsbewältigung noch nicht freigibt, so dass nicht das Bedachte sondern das Ausgedachte zur Gestalt der Zukunft wird.

Vergleichen wir jedoch Geschichtsphilosophie und Utopie in ihrer Faszination, in ihrer Verstehbarkeit, in ihrer politischen Brauchbarkeit, in ihrer literarischen Verwertbarkeit, in ihrer Darstellbarkeit und in ihrer unmittelbaren Motivationskraft auf die Massen, wird sich die Utopie zumindest unmittelbar als die wirksamere Form der Daseinsinterpretation des Menschen zeigen.

Die Erklärung der Bedeutung von Utopie beginnt immer beim Wort. Das Wort „Utopia" findet sich zuerst in einem Werk des Thomas Morus (1478–1535), der seinen 1516 erschienenen Staatsroman folgendermaßen betitelt: „De optimo rei publicae statu, deque nova insula Utopia". Das Wort „Utopia" selbst setzt sich aus zwei griechischen Vokabeln zusammen und bedeutet so viel wie Nirgendsland, Nirgendwo. Bei diesem Roman von Thomas Morus handelt es sich um eine Kritik der englischen Gesellschaftsordnung und um die Beschreibung eines idealen Gemeinwesens. Morus verlegt diesen Idealstaat auf die Insel Utopia, um zum Ausdruck zu bringen, dass es ihn bisher auf der Welt noch nicht gibt. Sein Ziel ist es aber, zur Verwirklichung dieses Idealstaates beizutragen. Morus dazu wörtlich: „Doch gestehe ich ohne weiteres, dass ich sehr vieles von der Verfassung der Utopier in unseren Staaten eingeführt sehen

---

[5] F. *Engels*, Anti-Dühring, in: Karl Marx Friedrich Engels Werke 20, 247, Dietz-Verlag, Berlin.

Geschichtsphilosophien und Utopien

möchte. Allerdings muss ich das wohl mehr wünschen, als dass ich es hoffen dürfte."[6]

Der besondere Fragepunkt des Religiösen in der Struktur des Utopischen gebietet uns in diesem Beitrag, nur einige Grundzüge der verschiedenen utopischen Konstruktionen bewusst aufzunehmen. Dies verlangt wiederum eine enge Auswahl der konkreten Stoffe von Utopie und eine Ausklammerung rein historischer Würdigungen. Ernst Bloch interpretiert die Utopia des Morus als eine Utopie der sozialen Freiheit schlechthin, in der folgende Absicht die Konstruktion der Utopie bestimmt: „ein Minimum an Arbeit und Staat, ein Maximum an Freude". Morus bietet dafür eine Reihe von Konstruktionen, die korrektiv einer Welt korrumpierenden Privateigentums gegenüberstehen. An anderer Stelle wieder stellt Morus die Idealzone gewisser politischer Programmansätze dar, wenn er etwa von der fingierten Finanz- bzw. Außenpolitik der „Macarienser" und „Achorier" oder vom Strafvollzug der „Polyeriten" handelt.

Jenseits des Wortes Utopie gibt es sowohl vor Morus als auch nach ihm eine Unzahl von utopischer Literatur, von utopischen Konstruktionen und Programmen. In der Belegung dieser Tatsache können nur wenige Namen, Titel und Schlagworte als Repräsentation einer schier unerschöpflichen Gabe des Menschen, Utopisches zu ersinnen, aufgeführt werden. Bereits im Altertum begegnet uns das Utopische, auf das Morus zurückverweist. Von hervorragender Stellung ist hier Platos „Politeia". Der dort entworfene Drei-Stände-Staat (der besitzlosen Philosophen und Krieger, sowie der Erwerbstätigen mit Privateigentum) wird so beurteilt: Auf Erden existiert dieser Staat

---

[6] Vgl. Marxistisch-Leninistisches Wörterbuch der Philosophie, Bd. 3, 1111, hrsg. von Georg *Klaus* und Manfred *Buhr*, Rowohlt-Taschenbuchverlag, Reinbek bei Hamburg.

Geschichtsphilosophien und Utopien

zwar nirgends als „in Worten", aber „im Himmel ist er doch wohl als Vorbild hingestellt für den, der ihn schauen und sich selbst dieser Schau gemäß auferbauen will". Die schließlich in den „Gesetzen" von Plato vorgezeichnete „Utopie zweiter Wahl" wurde in späterer Zeit durch Kaiser Gallienus (260–268) sogar zur praktischen Erprobung als „Platonopolis" durch den Philosophen Plotin in Aussicht genommen.

Auch die Idee eines Weltstaates findet sich bereits in der Stoa, in Zenons „Politeia". Glücksländer verschiedenster Prägung und Geregeltheit bilden bereits in der Literatur des Altertums ein unübersehbares Thema. Utopisches klingt auch im biblischen Schrifttum an, wenn Jesaja (2,3) sagt: Und sie schmieden ihr Schwert um zur Pflugschar, ihre Speere zu Winzermessern. Auch die Beschreibung des neuen Tempels bei Ezechiel (40–48) ist von utopischer Perspektive. Nicht zuletzt entspricht dieser Perspektive auch die Apokalypse des Johannes (21,9ff.) mit der Beschreibung des vom Himmel zur Erde herniedersteigenden neuen und ewigen Jerusalem. Auch negative Utopien durchziehen das biblische Schrifttum in den apokalyptischen Kennzeichnungen Babylons von der Genesis bis zur Johannes-Apokalypse mit der Herrschaft des „Tieres aus dem Meer", des „Pseudopropheten", mit dem Gericht über Babylon usw. (Kap. 17 und 18).

Auch nach Thomas Morus wären viele Versuche von utopischer Grundstruktur zu nennen. Der Dominikaner Thomas Campanella entwirft 1602 den „Sonnenstaat", ein geistlich und weltlich streng hierarchisch organisiertes, durchwegs astrologisch determiniertes Gebilde einer civitas Dei. Die zeitgenössische protestantische Variante von 1619 dazu ist die „Rei publicae Christianopolitanae descriptio" des Johann Valentin Andreae. Als Nonplusultra der Anarchie hingegen entwirft Rabelais 1532 den „Bund der Thelemiten" bzw. den „Orden vom freien Willen" in seinem „Gargantua". Spuren

Geschichtsphilosophien und Utopien

dieser Entwürfe verfolgt die Literaturwissenschaft bis zu Goethe (Pädagogische Provinz in „Wilhelm Meisters Wanderjahre", 1829) oder bis zu Hesses „Kastalien" im Glasperlenspiel (1943). Zu erwähnen sind die „Nova Atlantis" Bacons (um 1625), die Utopieskizzen im „Simplicissimus" Grimmelshausens (1668), Defoes „Robinson Crusoe" (1719) oder Rousseaus „Emile" (1762).

Utopische Konstruktionen, die von kleinen gesellschaftlichen Einheiten ausgehen, versucht Pestalozzi mit der Umstrukturierung einer verkommenen zu einer „musterhaften" Dorfgemeinschaft in „Lienhard und Gertrud" (1781). Johann Gottlieb Fichte deduzierte (1800) in „Der geschlossene Handelsstaat" aus Prinzipien gegenseitig zu respektierender Freiheit einen „vorkapitalistischen", dank Außenhandelsmonopol seiner Regierung autarken Sozialstaat. In der neuentstehenden Industrie tauchen sozialistische Utopien auf, wie bei Saint-Simon, der in „Systeme industriel" (1821) und „Nouveau Christianisme" (1825) eine streng hierarchisch aufgebaute „Kirche der Intelligenz" mit scharf antifeudaler und antiliberaler Spitze postulierte. Ähnliches schwebte Comte vor. Eine gleichgeartete Ordnungsdiktatur entwirft Etienne Cabet in „Voyage en Icarie" (1839); er spricht erstmals von communiste und communisme.

Mehr föderativ aufgebaute utopische Systeme beschreiben in dieser Zeit Fourier und Owen: Produktionseinheiten und genossenschaftliches Zusammenwirken werden zur Grundlage der utopischen Versuche gewählt. Marx und Engels wollen bewusst diese Modelle als Versuche dilettantischer Vorläufer in ihrem „Anti-Dühring" (1878) abtun und proklamieren dabei die „Entwicklung des Sozialismus, von der Utopie zur Wissenschaft". Bereits im Jahr 1888 gibt es das utopische Buch „Rückblick aus dem Jahre 2000" von Edward Bellamy mit literarischem Erfolg. Theodor Herzl fasziniert in seinen Schriften „Altneuland" (1900) und „Der Judenstaat" (1896) mit der Parole: „Wenn ihr wollt, ist es kein Märchen". Immer mehr setzt sich die

Überzeugung durch, in der Utopie stelle sich die „Wahrheit von morgen" dar.

Gegen den Optimismus der Utopien alter Prägung entwickeln sich in neuester Zeit zunehmend Utopien negativer Folgen. Gerade die negative utopische Literatur dürfte in jüngster Zeit überwiegen, wobei das begründete und unbegründete Einfließen der Probleme des Umweltschutzes, des ungehemmten selbstzerstörerischen Fortschritts, der Bevölkerungsexplosion usw. in die utopischen Strukturen festzustellen ist. Eingeleitet wird diese Art von Negativ-Utopien bereits zu Beginn unseres Jahrhunderts. 1932 jedoch ist es Aldous Huxley mit seiner „Brave New World", der eine verzweifelte Satire auf eine künstlich gezüchtete künftige „Normalmenschheit" schreibt. Friedrich Heer (Pseudonym Gohde) mit „Der achte Tag" (1950) oder Ernst Jünger mit „Die gläsernen Bienen" (1956) stehen in dieser Reihe. Von vielleicht größter provokativer Wirkung dürfte die Negativ-Utopie von Georges Orwell mit „1984" (1950) als der Darstellung des vollendeten „Stalinismus" gewesen sein.[7]

Nach solchen konkreten Nachweisen utopischer Konstruktionen in allen möglichen Bereichen der Ökonomie, Politologie, Soziologie, Pädagogik, der phantastischen Literatur und auch der Religion muss jedoch nun wieder unsere grundsätzliche Besinnung einsetzen. Für gewöhnlich argumentiert die Geschichtsphilosophie aus der geschehenen Geschichte, die Utopie hingegen bezieht sich eher auf eine Zukunft. Was aber das utopische Denken von der Geschichtsphilosophie entscheidend abhebt, ist die Geschichtslosigkeit der Utopie. Obwohl die Anwendungsbereiche und die Durchführungsarten des Utopischen sehr vielfältig sind, lassen sich dennoch gewisse Grund-

---

[7] Vgl. Staatslexikon: „Utopie", Bd. 7, 1188–1196, hrsg. von der Görres- Gesellschaft, Verlag Herder, Freiburg.

züge des Utopischen, eine Art Logik der Utopie, aufdecken. Solche Grundzüge werden uns schließlich auch die Verhältnisbestimmung des Religiösen zum Utopischen erleichtern.

Jede utopische Konstruktion ist in ihrem tiefsten Grund immer geschichtslos.[8] Wohl muss zugestanden werden, dass manche utopische Konstruktion motivierend in die geschichtliche Entwicklung einfließt und dass in mancher sozialen, politischen und wirtschaftlichen Bewusstseinsbildung utopische Horizonte ausgesprochen oder verschwommen mitwirken. Doch jenseits einer solchen möglichen Motivation bleibt die Existenz von Utopia etwas Unwirkliches, Isoliertes und Unerreichbares. Dieser Tatbestand liegt am inneren Wesen der Utopie: Für gewöhnlich stellt sich Utopie dar als eine geschlossene, in sich stimmige, lebensfähige Welt, deren Ordnung auf einer totalen Gleichgewichtigkeit aller in der Gesellschaft wirkenden Kräfte beruht. Diese Gleichgewichtigkeit meint, dass nach Aufstellung eines totalen Kalküls aller in der Utopie wirkenden Kräfte die verschiedenen Bedingungen konstant bleiben müssen. Wie jedoch sichert die utopische Konstruktion diese Ordnung, die innere Konfliktlosigkeit im Zusammenleben, die Vernünftigkeit aller Verhältnisse, das gleichsam ewige und unveränderbare Fortbestehen von Utopia?

Utopie bedeutet immer ein geschlossenes System, in das keine unberechenbare Kraft von außen einfließt und von dem auch keine Kraft nach außen abfließt. Diese Beziehungslosigkeit zu einer nichtutopischen Außenwelt soll das Verhältnis der Kräfte innerhalb des Utopischen überschaubar, kalkulierbar und in ihrer Ordnung

---

[8] Vgl. zum Folgenden: H. *Freyer*, Die Gesetze des utopischen Denkens. In: Utopie. Begriff und Phänomen des Utopischen. Hrsg. und eingeleitet von A. *Neusüss*, Luchterhand, Soziologische Texte, Bd. 44, Neuwied und Berlin 1968, 299–312.

konstant erhalten. Diese unbedingte Geschlossenheit spricht sich sehr deutlich darin aus, dass utopische Länder und Gesellschaften abgeschlossen von anderen, auf einer Insel, in einer besonderen Landschaft oder als „geschlossene Handelsstaaten" zu existieren haben. Außenpolitik eines utopischen Staates oder Ausdehnung sind nahezu undenkbar. Alles, was solche utopische Systeme nach außen beziehen oder nach außen vergleichbar machen könnte, gilt als verdächtig: etwa Handel, Reiseverkehr, Geld. Utopia ist ein politisches Perpetuum mobile, wobei alle Teilkräfte sich gegenseitig binden und tragen und damit das Glück in Utopia konstant erhalten. Die Funktionsfähigkeit utopischer Systeme begründet sich darin, dass jeder einzelne Teil notwendig als Glied des Ganzen aufgeht, sich darin völlig versteht und demgemäß im Leben, Entscheiden und Handeln sich danach verhält. Dies bedeutet wieder, dass es im Utopischen nur die totale Verwirklichung geben kann, das Alles oder Nichts. Demgemäß gibt es keine langsame Entwicklung zu Utopia, keine schrittweisen Reformen hin zu einer Utopie. Denn Utopie ist eben nur Utopie, wenn das Ganze durch und durch sein Recht über die Teile und deren Verhalten gewonnen hat. Die Utopie verträgt kein langsames Herauswachsen aus der konkreten Geschichte, sie verlangt den totalen Sprung in die Geschichtslosigkeit, den totalen Bruch zwischen Vergangenheit und Zukunft.

Wohl liegt das Utopische für den träumenden Menschen in der Zukunft, doch führt auf Grund des inneren Wesens der Utopie kein konkreter Weg aus der menschlichen Geschichte in sie hinein. Damit entlarvt sich Utopie auf Grund ihrer inneren Gesetze als eine Zukunft ohne Vergangenheit, als unwirkliche Zukunft, die wohl Hoffnungen weckt und zuweilen tröstet, doch solche innere Maße hat, die keine konkrete Geschichte bewältigen können. Wirft man dann noch einen genaueren Blick in diese utopische Zukunft selbst hinein, erweist sich die uns als Zukunft erscheinende Utopie als Zukunft, die selbst keine Zukunft hat, weil im utopischen System alles Entscheidende bereits Gegenwart, alles bereits unveränderliche Festsetzung von Verhältnissen zur Ganzheit sein muss. Damit entfällt im Inneren der totalen Utopie alles, was Entschluss, innovierende Einsicht oder einfach Sache des Herzens ist; in Utopia gibt es, streng genommen, nur „Durchführung", niemals aber „Tat". Denn Werte, Regungen, Motive, Gesetze, Sanktionen und Erziehung stehen bereits unter dem eisernen Kalkül des gesamten utopischen Systems.

Die Utopie ist auch deswegen geschichtslos, weil sie vorgibt, die entscheidenden Fehler als die Ursache aller Konflikte, des Unglücks und der Ungerechtigkeit erkannt und durch die utopische Konstruktion aufgehoben zu haben. Besondere Beachtung bei solchen Utopien erfahren dabei das Privateigentum, das arbeitslose Einkommen, die Überzahl an Geburten, die Monogamie, als Fehlerquellen besonderer Art. Nicht zuletzt hat das menschliche Mitglied solcher utopischer Verbände die freie Selbstgestaltung weithin in Formen utopischer Übungen, Riten und Äußerungen aufzugeben. So gibt es im „Sonnenstaat" Campanellas nur ein Buch, „die Weisheit", in Cabets „Ikarien" nur eine, die offizielle Zeitung. In allen Utopien herrschen ein selbstverständlicher Patriotismus, eine unbedingte Aufopferungsfreudigkeit und ein wahrhaft fanatischer Wille zur Mitarbeit. Die Utopien nehmen von ihren Menschen unbedingten Besitz. Sie überzeugen ihren Verstand, dass es das wohlverstandene Interesse eines jeden ist, den Gesetzen zu gehorchen, und ihr Gefühl, dass es gegenüber der Erhabenheit des utopistischen Staats nur Verehrung und Liebe geben kann. Von der Geburt des Menschen an, hindurch durch Erziehung und Bildung, erzeugt das utopische System selbst jene Bürger, die es braucht. Der Mensch erhält seine gesamte Struktur und alle seine Antriebe von der Gesellschaft, deshalb wird er nie aus ihr herausbegehren. Er lebt bis zu Ende ganz in Utopia, weil er von Anfang an ganz in Utopia lebte. Neuerungssucht

Geschichtsphilosophien und Utopien

ist in Utopia schlechthin verpönt, Sturm und Drang, wenn es nicht der vorgesehene ist, ein Staatsverbrechen. Hans Freyer behauptet in seinem Artikel „Die Gesetze des utopistischen Denkens" folgende Schlusspointe: „Eine Sorte Menschen würde in Utopien ganz gewiss zum Tode verurteilt – nämlich die Utopisten."[9]

Wo, wie und warum jedoch dringt gerade das Utopische immer wieder in den Bereich des Religiösen ein und etabliert sich zuweilen als eine Art religiöses Motiv oder religiöses Argument? Ohne Zweifel bietet die Utopie in der Darstellung ihrer Lebensbereiche und in der Lösung bekannter menschlicher Daseinsfragen den Anschein, sie sei der konkreten Wirklichkeit des Menschen qualitativ voraus: Der Glanz des Besseren, Harmonischen, Friedlichen, die zwingende Logik des Guten und der rechten Entfaltbarkeit des Menschlichen und Sozialen, die Unverlierbarkeit des einmal gewonnenen Utopischen und die Selbstdarstellung eines gewissen Auserwähltseins durch das Utopische, sprechen in vieler Hinsicht religiös geschichtete Motive und Interessen des Menschen an. Die Utopien geben auch häufig vor, die von ihnen gestalteten Bereiche zu optimieren. Der von irdischen Enttäuschungen geprägte Mensch sieht damit in jeder Optimierung seiner fundamentalen Lebensbereiche geradezu ein Zeichen einer unverdienten, gnädigen und transzendenten Wirklichkeit, einer religiösen Wirklichkeit.

Schuld, Sünde, Fehler, Versagen und Störungen sensibilisieren den Menschen sehr nachhaltig auf eine religiöse Wirklichkeit hin. Vor allem das Erlösungs- und Heilsbedürfnis des Menschen hält Ausschau nach einer besseren Wirklichkeit. Manches utopische System gibt vor, jene Regeln gefunden zu haben, nach denen Böses unmöglich gemacht wird oder wenigstens schnell zum Guten

---

[9] A. a. O., 312.

korrigierbar wird. Wenn Feuerbach etwas Charakteristisches der Religion darin erblickt, dass durch die Religion der Mensch nur in einen phantastischen Himmel projiziert wird, ist vieles von dieser projektiven Grundbewegung auch in den utopischen Konstruktionen festzustellen. Viele Utopien sind nämlich nichts anderes als ein mit Grenzenlosigkeit und Perfektion ausgestattetes Menschenbild, das sich als Ideal dem strebenden und suchenden Menschen anbietet.

Ist eine utopische Konstruktion in ihrem Anspruch radikal und in ihrer Durchführungsweite total, müsste immer auch zu beobachten sein, dass ein Gott oder ein transzendentes Wesen entweder etwas Unbedeutendes darstellt oder dass es diesen Gott in einer Utopie überhaupt nicht gibt. Ein solcher Schluss ist aus dem Wesen der Utopie durchaus einleuchtend. Denn wer behauptet, mit seinem utopischen System das Instrumentarium für jede notwendige Ordnung der Wirklichkeit gefunden zu haben, mit den utopischen Strukturmitteln die ganze Wirklichkeit beschreiben und sinnvoll erklären zu können, wer seine Utopie so konstruiert, dass sie ein abgeschlossenes geschichtsloses Perpetuum mobile menschlichen Glücks und menschlicher Ordnung ohne die reale Frage von Anfang und ohne das bange Problem vom Ende ist, der entzieht seiner Utopie eigentlich die Fragemöglichkeit nach Gott und eliminiert Gott aus den Dimensionen der Utopie. Auf das Grundgefüge des radikal Utopischen bezogen, lässt sich behaupten: Das Utopische ist nicht nur geschichtslos, das Utopische ist auch gottlos.

Freilich wird manches religiöse Bedürfnis des Menschen das Utopische gern mit dem Göttlichen in eine feste Beziehung bringen. Denn was in seiner Konstruktion dauerhaftes Glück, Frieden, Ordnung, Gerechtigkeit verheißt, wird gern mit dem Göttlichen gleichgesetzt. Dabei zeigt sich gerade an diesem Beispiel der radikalen Utopien, dass manche von uns für absolut göttlich gehaltene

Geschichtsphilosophien und Utopien

Eigenschaften einer erhofften Wirklichkeit mit menschlichen, sozialen, legistischen, ökonomischen Mitteln konstruierbar sind, und deshalb nicht göttlich sind. Das religiöse Bedürfnis des Menschen ist vor allem dann zu täuschen, wenn Gott in seiner Transzendenz immer nur als das Unerreichbare schlechthin dargeboten wird. Auf solche Erfahrung hin identifiziert der Mensch vorschnell alles Unerreichbare mit dem Göttlichen. Wie schnell jedoch lässt sich der hehre Gottesbegriff des Unerreichbaren zerstören, wenn utopistische Weltkonstrukteure politischer, pädagogischer, ökonomischer, technischer, soziologischer Provenienz auftauchen und zumindest den rationalen Schein erwecken, das Unerreichbare sei machbar, konstruierbar, denkbar und schützbar. Dabei kommt auch zum Vorschein, dass man in einer unreflektierten Religiosität Transzendenz vorschnell bloß mit Undurchführbarkeit gewisser Zielvorstellungen verwechselt hat. Gerade die heute immer mehr hervortretende Überzeugung, dass viel mehr denkbar und machbar sei als man bislang gemeint hatte, sollte uns warnen, mit Gott immer nur leichtfertig aus dem Bereich des Undurchführbaren her zu argumentieren. Es mag zuweilen sehr religiös klingen, Gott von der zeitweiligen Ohnmacht der Menschen her zu verkündigen. Wir werden durch die Entwicklung der Technik und der modernen zwischenmenschlichen Beziehungen jedoch immer mehr erfahren, dass die bloße Ohnmacht des Menschen noch keine Einsicht in das Wesen Gottes ist. Denn die radikale Utopie, gegenüber der der heutige Mensch wegen der Fortschritte in allen Bereichen durchaus Faszination und Sympathie zeigt, ist zumindest der gedankliche Vorgriff auf die totale Machbarkeit jeder gewünschten Wirklichkeit. Ist jedoch das Göttliche nur in der Vorläufigkeit des Unerreichbaren abgesichert, wird das Verschwinden Gottes aus der Wirklichkeit immer mehr zum interpretierenden Grundgefühl unserer menschlichen und weltlichen Entwicklung.

Geschichtsphilosophien und Utopien

Mit dem Schwinden des Gefühls für das Unerreichbare erkennt der Mensch in den Utopien auch immer mehr sich selbst wieder: Der Mensch bezieht das phantastische Unerreichbare der Utopie immer mehr auf seine eigenen Maßstäbe. Die Utopie wird damit immer mehr zu einem Modell, das mit immanenten Maßen erbaut ist und das an die Stelle des scheinbar ersatzlos zu streichenden Transzendenten tritt. Denn nun lassen sich alle Ziele, Konflikte, Nöte, Fragen, Motive des Menschen im utopischen System auffangen, beschneiden, korrigieren und umdeuten. Die Totalität, ehedem die große Triebkraft des Menschen zur Religion und zur Metaphysik, lässt sich auf dem Grund von Fortschrittsglauben und von utopischem Eifer mit den Maßstäben und Verhältnissen des bloß Menschlichen und bloß Weltlichen simulieren. Ungesagt bleibt allerdings bei solchen utopisch simulierten Totalitäten, dass dabei für den Menschen eine Grunddimension verloren geht: von der Tat bleibt nur die Durchführung übrig, das ehemals Gute wird zum rein Nützlichen, Böses ist nicht mehr Böses, sondern nur mehr Abweichung von einem festgelegten Regelkreis, Leben ist nicht mehr Entscheidung, sondern nur mehr Zusammenleben, Liebe ist nur mehr vernünftiger Zweck, Freiheit nur mehr systemfremde Willkür, die unterdrückt oder umerzogen werden muss, Gott ist keine Person mehr, sondern höchstens der Gesamtname für die funktionierende Diktatur der utopistischen Totalität.

Wir haben zu Beginn unserer Ausführungen die Konstitution der (christlichen zumindest) Religiosität darin festgehalten, dass der religiöse Mensch eine Wirklichkeit des Selbst und des Nicht-Selbst lebt, die in diesen beiden Momenten eine notwendige, unlösbare und gleichzeitig auch unverrechenbare Beziehung zueinander besitzt. Radikale Utopie hingegen bedeutet die Verrechenbarkeit des Menschen in seiner Noch-Begrenztheit mit der Unbegrenztheit und Totalität des utopischen Modells, das letztlich ganz seine eigene menschliche

Geschichtsphilosophien und Utopien

Schöpfung ist. So sehr Utopie zunächst das religiöse Empfinden des Menschen zu aktivieren vermag, so sehr wird die Utopie mit dem zunehmenden Hervortreten ihrer eigenen Gesetze die Religion zu einer Angelegenheit auf Widerruf machen. In der Utopie kann Religion nur solange eine Rolle spielen, solange ungeklärte Verhältnisse vorliegen. Die Unverrechenbarkeit des Religiösen ist spätestens dann verschwunden, wenn der Mensch in der utopischen Konstruktion und Ideologie die Maßlosigkeit, Vollkommenheit und Größe seines eigenen menschlichen Selbst völlig wiedererkennt.

Ein optimistischer und zweifellos utopischer Grundzug ist in unseren heutigen Weltanschauungen und Lebensauffassungen durchaus gegeben. Nicht zuletzt trägt jedes regierende und jedes machthungrige politische System dazu bei, durch gezielte Beeinflussung die Menschenmassen auf Utopia in Marsch zu setzen und sich damit an der Macht zu halten. Wird die Religion schließlich immer mehr schwinden, haben andere Weisen der Selbstbesinnung innerhalb unserer gelenkten Euphorien überhaupt noch eine Chance?

Es gibt heutzutage sehr wohl noch einen Besinnungsstoff, der eine Tendenzwende herbeiführen könnte: Hinter der euphorischen Ansicht, dass für uns eigentlich alles Ausdenkbare auch schon machbar geworden sei, macht sich eine neuartige Einsicht immer mehr bemerkbar. War es bislang das Faszinierende, dass alles vom Menschen Konstruierte in seinen Möglichkeiten grenzenlos sei, so macht sich heute immer mehr die Einsicht geltend, dass die Grenzenlosigkeit des Menschen nichts anderes als Maßlosigkeit sei. Man sieht heute bereits wieder die Maßlosigkeit, die dem Menschen Welt und Umwelt zu zerstören droht. Was vor kurzem noch als grenzenloser Fortschritt gepriesen wurde, gilt heute oft schon als verantwortungslose Zerstörung. Man ist sogar schon soweit gekommen, die großen Systeme von Fortschritt, Konsum, Wachstum als so konstruiert zu sehen, dass

Geschichtsphilosophien und Utopien

ihr grenzenloses, utopisches Zusammenspiel sicher den Untergang und die Selbstzerstörung der Menschheit bedeutet.

Es kann nicht das Ziel unserer abschließenden Überlegungen sein, nun genüsslich das Zusammenbrechen der großen utopischen Fortschrittssysteme zu kalkulieren. Die entsprechenden systemtheoretischen Überlegungen werden dies noch zur Genüge tun. Uns sollte an dieser Stelle, an der wir unversehens mit Untergang und Selbstzerstörung konfrontiert sind, eine durch und durch metaphysische und theologische Wahrheit aufgehen. Diese Wahrheit muss für uns heißen: Durch eigenmächtige Grenzenlosigkeit – wie immer man auch dazu das System entwerfen mag – wird das Endliche nicht ein Unendliches, wird das Menschliche nie zum Ewigen und Göttlichen und Konfliktfreien und Lebendigen. Man kann Weltliches und Menschliches nicht grenzenlos gegeneinander führen, miteinander verbinden, zu einer ewigen Konstante verknüpfen. Über jedem Versuch zur Konstruktion einer autarken utopischen Welt in Grenzenlosigkeit droht das Unheil der Maßlosigkeit. Welt und Mensch sind nicht beliebig oft lebbare Verbindungen, aus denen durch Vernunft und Kalkül der Konflikt und die Zerstörung gebannt werden könnten. Welt und Menschen sind nicht die Momente eines durch und durch vernünftigen und unbegrenzt lebbaren Ganzen. Die utopische Grenzenlosigkeit lässt sich nicht konstruieren, die utopische Grenzenlosigkeit muss korrigiert, gelebt werden durch verantwortungsvolles Maß.

Natürlich betreffen diese Feststellungen über die Maßlosigkeit vorrangig die radikale und totale Utopie und nicht so sehr utopisch ersonnene Teilbereiche und beschränkte Glückskonstruktionen. Dennoch betrifft sowohl die totale als auch die partielle Utopie die Feststellung, dass das Gefüge des Menschen und seiner Welt keine totale Optimierung erlaubt. Optimierung solcher Art endet als zerstörerische Maßlosigkeit. Es ist bezeichnend, dass Utopien

Geschichtsphilosophien und Utopien

nur funktionieren, wenn alle wesentlichen Grundverhältnisse bereits voll vorhanden sind. Es gibt keine geschichtliche Entwicklung dorthin. Utopie bedeutet immer entweder ein Alles oder ein Nichts. Geschichte hingegen bedeutet gegenüber jeder Konstruktion einen unaufhebbaren Vorbehalt, einen Vorbehalt gegen das Totalitäre des Gedankens, der Konstruktion und der entwurzelten Rationalität. Würde Geschichte selbst gegenüber Geschichtsphilosophie nicht auch jenen Vorbehalt ausüben, wäre Philosophie schließlich auch nichts anderes als eine totalitäre Utopie.

Auch für unsere besondere Fragestellung bezüglich des Religiösen ergibt sich noch eine Einsicht: Geschichte ist durchaus nicht mit Gott oder dem Göttlichen gleichzusetzen. Dennoch lässt sich am kritischen Bedenken der Utopie folgender Satz aufstellen: Geschichtslos heißt auch immer gottlos. Denn ein Gott, der nicht mit der Schwere menschlicher Geschichte belastet wird, verflüchtigt sich schnell zu einer utopischen Totalkonstruktion, der vielleicht jede Funktionsfähigkeit und Macht in Grenzenlosigkeit nachgesagt werden kann. Aber ein solcher geschichtslos konstruierter Gott könnte nicht lieben, nicht offenbaren, nicht heilen. Ein geschichtsloser Gott wäre wahrhaftig das Produkt unserer menschlichen Konstruktion. Ein geschichtsloser Gott wäre die geniale Alibi-Konstruktion des aus seiner Geschichte und aus seiner Verantwortung emigrierenden Menschengeistes.

Ohne Zweifel versucht der religiöse Mensch in der Religion immer das Erfassen des Ganzen, das ihm anstelle der quälenden Unverrechenbarkeit des Religiösen die Sicherheit des Ganzen geben soll. Wird jedoch dieses Ganze in einer Utopie geschichtslos extrapoliert, wird dieses Ganze gottlos und selbstzerstörerisch, weil das Schwere, Kontingente und Faktische der Geschichte nicht mehr als Maß eingemahnt wird. Die den religiösen Menschen total vereinnahmende Unverrechenbarkeit des Religiösen verweist den Menschen konstitutionell auf das Ganze. Doch dieses Ganze flieht nicht aus der Schwere der Geschichte, weil sonst Freiheit, Liebe, Glaube und Hoffnung nicht mehr Wirklichkeit, sondern nur mehr Durchführung wären. Das Ganze begegnet dem Menschen vielmehr in seiner Geschichte als der „Fall des Ganzen", in dem es heißt: sittlich handeln, glauben, verantwortet leben. Dass in der Geschichte für den religiösen Menschen der Fall des Ganzen auftritt, dafür wurde uns Menschen ein dauerndes Sinn- und Kennzeichen gesetzt: Wir haben Gott zu begegnen im menschgewordenen Gott und in der Gemeinschaft der Menschen, die an diesen Gott glauben.

Biographische Daten

Geboren wurde Kurt Krenn am 28. Juni 1936 im oberösterreichischen Rannariedl. Er war das zweite Kind des Lehrerehepaars Leopoldine und Karl Krenn. Als Kurt acht Jahre alt war, fiel sein Vater als Soldat in Frankreich; er ist dort auf dem Soldatenfriedhof in Marigny begraben. Leopoldine Krenn übersiedelte 1945 mit den fünf Kindern Berta, Kurt, Hilmar, Herwig und Ingrid – die jüngste Tochter Gudrun war als Säugling verstorben – nach Oberkappel, wo sie wieder in den Schuldienst trat.

Nach der Volksschule in Oberkappel war Kurt Krenn 1947–54 Schüler des Stiftsgymnasiums Schlierbach. Er trat nach der Matura in das Priesterseminar in Linz ein und kam 1955 als Alumne an das Collegium Germanicum-Hungaricum nach Rom. Er studierte Philosophie und Theologie an der Pontificia Universitas Gregoriana und Kirchenrecht an der Pontificia Universitas Lateranensis. Am 21. März 1962 wurde er an der Gregoriana zum Doktor der Philosophie promoviert, und am 7. Oktober 1962 weihte ihn Kardinal Traglia in der Kirche Sant'Ignazio in Rom zum Priester.

Die Primiz feierte Kurt Krenn am 8. Oktober in der Basilika Santa Maria Maggiore. 1965/66 war er als Seelsorger in der Pfarre Capena bei Rom Helfer des schon betagten Pfarrers.

Aufgrund eines Forschungsstipendiums der Alexander von Humboldt-Stiftung (1965–67) studierte er an den Universitäten in Tübingen und München. Von 1967–70 war er Wissenschaftlicher Assistent bei Prof. Wilhelm Keilbach an der Universität München. 1970 kehrte Krenn in seine Heimatdiözese zurück; als Professor für Philosophie

Biographische Daten

wurde er an die Philosophisch-Theologische Hochschule nach Linz berufen.

Während seiner Zeit in Linz hielt er auch an der Linzer Kepler-Universität Vorlesungen über Umweltethik und theologisch-naturwissenschaftliche Grenzfragen. Drei Semester nahm er einen Lehrauftrag an der Philosophisch-Theologischen Hochschule St. Pölten wahr. Der Linzer Diözesanbischof Zauner ernannte ihn zum Geistlichen Rat und zum Mitglied des Richterkollegiums am Diözesangericht Linz. Seit 1967 war Kurt Krenn als Seelsorger regelmäßig im oberen Mühlviertel tätig; er war Bezirksfeuerwehrkurat und bis 1987 Bereichsseelsorger des Malteser-Hospitaldienstes für Oberösterreich.

1975 erfolgte der Ruf als Ordinarius für Systematische Theologie an der Katholisch-Theologischen Fakultät der Universität Regensburg. Während der Zeit in Regensburg wurde er als Gastprofessor an die Universitäten Eichstätt und Parma eingeladen und war ständiger Mitarbeiter in der Priesterfortbildung der Diözese Regensburg.

1977 wurde Kurt Krenn zum Geschäftsführer und 1984 zum Vorsitzenden der Internationalen Gesellschaft für Religionspsychologie in Uppsala gewählt. In dieser Funktion war er Herausgeber der Zeitschrift „Archiv für Religionspsychologie". Seit 1985 war er Mitherausgeber der Zeitschrift „Forum Katholische Theologie" und Mitarbeiter der Wissenschaftsredaktion der Zeitschrift „Anthropos", herausgegeben vom „Istituto Giovanni Paolo II per studi su matrimonio e famiglia" in Rom. Ab 1987 war Krenn Mitglied der „Pontifica Accademia Teologica Romana".

1987 erfolgte durch Papst Johannes Paul II. die Ernennung zum Weihbischof von Wien (Titulus: Aulona). Als bischöflichen Wahlspruch wählte er „Misericordia Christi pax nostra". Kurt Krenn wurde Bischofsvikar für Wissenschaft, Kunst und Kultur in der Erzdiözese Wien. Er war Präsident der Wiener Katholischen Akademie, Vorsitzender der Glaubenskommission und des Rates für

Biographische Daten

Kunst und Kultur der Erzdiözese Wien. In der Österreichischen Bischofskonferenz wurden ihm die Referate „Sport" und „Ständige Diakone" zugewiesen.

Am 11. Juli 1991 erfolgte die Ernennung zum Bischof von St. Pölten. Am 7. Oktober 2004 nahm Papst Johannes Paul II. den Rücktritt von Kurt Krenn als Diözesanbischof an. Aufgrund seines schlechten Gesundheitszustandes lebt er seit Jahren völlig zurückgezogen.

Personenverzeichnis

Adler, Alfred 115
Andreae, Johann Valentin 274
Archimedes 119, 129, 131, 132, 163, 164, 165, 171
Aristoteles 18, 122
Augustinus 247, 270
Bacon, Francis 275
Bayle, Pierre 101
Bellamy, Edward 275
Bertalanffy, Ludwig von 79
Bloch, Ernst 273
Cabet, Etienne 275, 279
Calvin, Johannes 100
Campanella, Thomas 274, 279
Castello, Valerio 100
Comte, Auguste 275
De Pater, Wilhelmus Antonius 56
Defoe, Daniel 275
Descartes, René 27, 28, 46, 51
Diderot, Denis 101
Einstein, Albert 118
Engels, Friedrich 271, 275
Erasmus von Rotterdam 100
Feuerbach, Ludwig 112, 113, 114, 115, 281
Fichte, Gottlieb 46, 275
Fourier, Jean-Baptist-Joseph 275
Freud, Sigmund 81, 82, 115
Freyer, Hans 277, 280
Friedrich II. 101
Galilei, Galileo 28
Gallienus 274
Grimmelshausen, H. J. C. von 275
Heer, Friedrich 276

Hegel, Georg Wilhelm Friedrich 37, 46, 146, 199, 268, 269
Heidegger, Martin 80
Herzl, Theodor 275
Hesse, Hermann 275
Hirschberger, Johannes 271
Hume, David 75
Huxley, Aldous 276
Jaworski, Marian 196
Johannes Paul II. 19, 151, 189, 193, 194, 196, 197, 199, 203, 212, 224, 254
Joseph II. 101
Jünger, Ernst 276
Jung, C. G. 81, 82, 115
Küng, Hans 109
Kant, Immanuel 25, 26, 36, 46, 75, 140, 157
Konfuzius 203, 206
Kopernikus, Nikolaus 25, 26
Kröner, Edmund Georg 30
Lefebvre, Marcel 103
Leibniz, Gottfried Wilhelm 101
Lessing, Gotthold Ephraim 99, 100, 101
Locke, John 75
Luther, Martin 100
Marx, Karl 114, 275
Maxwell, James Clerk 118
Morus, Thomas 272, 273, 274
Newton, Isaac 117, 118, 169
Nietzsche, Friedrich 29, 30, 271
Orwell, Georges 276
Owen, Robert 275

Personenverzeichnis

Pestalozzi, Johann Heinrich 275
Platon 76
Plotin 274
Rabelais, François 274
Riemann, G. F. Bernhard 118
Rousseau, Jean-Jacques 101, 275
Russell, Bertrand 142, 207
Saint-Simon, Henri de 275
Sauer, Robert 39
Sauter, Gerhard 134

Servetus, Michael 100
Sokrates 156, 202, 206
Thomas von Aquin 58, 60, 122, 123, 152
Voltaire 101
Whitehead, Alfred North 142, 207
Wittgenstein, Ludwig 18, 137, 169, 256, 257
Wolff, Christian 101
Zenon von Kition 274

Allen Freunden von Altbischof Kurt Krenn, die sich um das Erscheinen dieses Bandes bemüht haben, sei hier gedankt: P. Werner Schmid, Herrn Michael Mayr und Herrn Andreas Wagner von der „Gemeinschaft vom heiligen Josef" in Kleinhain für die graphische Gestaltung und das Layout. Journalist Dipl.-Theol. Stephan Baier gab den Anstoß dazu, seinen ehemaligen Professor als Philosophen und Theologen zu präsentieren; er hat die vorliegende Publikation im Wesentlichen konzipiert. Dafür gebührt ihm besonderer Dank.

Rudolf Födermayr
Koordinator